COLEÇÃO
ABERTURA
CULTURAL

Copyright © Heidegger y su herencia: los neonazis, el neo-fascismo y
el fundamentalismo islâmico, 2010
Copyright © Grupo Anaya, S.A., (Editorial Tecnos)
Copyright © Víctor Farías Soto.
Todos os direitos reservados.
Copyright da edição brasileira © 2017 É Realizações
Título original: *Heidegger y su Herencia: Los Neonazis, el Neofascismo y el Fundamentalismo Islámico*

Editor | Edson Manoel de Oliveira Filho

Produção editorial e projeto gráfico | É Realizações Editora

Preparação de texto | Jane Pessoa

Revisão | Huendel Viana

Capa | Daniel Justi

Diagramação | Nine Design Gráfico / Mauricio Nisi Gonçalves

Imagem da capa | TheCrimsonMonkey

Reservados todos os direitos desta obra. Proibida toda e qualquer reprodução desta edição por qualquer meio ou forma, seja ela eletrônica ou mecânica, fotocópia, gravação ou qualquer outro meio de reprodução, sem permissão expressa do editor.

CIP-BRASIL. CATALOGAÇÃO NA PUBLICAÇÃO
SINDICATO NACIONAL DOS EDITORES DE LIVROS, RJ

F238h

    Farías, Víctor, 1940-
        Heidegger e sua herança : o neonazismo, o neofascismo e o fundamentalismo islâmico / Víctor Farías ; tradução Antonio Fernando Souza Borges. -- 1. ed. -- São Paulo : É Realizações, 2017.
        264 p. ; 23 cm.   (Abertura cultural)

        Tradução de: Heidegger y su herencia: los neonazis, el neofascismo y el fundamentalismo islámico
        Inclui bibliografia
        ISBN: 978-85-8033-292-6

        1. Heidegger, Martin, 1889-1976. 2. Filosofia alemã. 3. Nazismo. I. Borges, Antonio Fenando. II. Título III. Série.

17-39984   CDD: 193
                                                           CDU: 1(44)

24/02/2017   02/03/2017

É Realizações Editora, Livraria e Distribuidora Ltda.
Rua França Pinto, 498 · São Paulo SP · 04016-002
Caixa Postal: 45321 · 04010-970 · Telefax: (5511) 5572 5363
atendimento@erealizacoes.com.br · www.erealizacoes.com.br

Este livro foi impresso pela Gráfica Mundial em março de 2017. Os tipos são da família Sabon Light Std e Frutiger Light. O papel do miolo é o Lux Cream 80 g, e o da capa, cartão Ningbo C2 250 g.

HEIDEGGER E SUA HERANÇA

O Neonazismo, o Neofascismo e o Fundamentalismo Islâmico

Víctor Farías

TRADUÇÃO DE ANTONIO FERNANDO SOUZA BORGES

É como se a semente tivesse caído em solo fértil. Talvez ainda estejamos vivendo o clímax daquilo que começou em 1933. O que eu não sei é se dessa vez você o classificaria novamente de "renovação".

Herbert Marcuse, Carta (sem resposta) a Martin Heidegger
13 de maio de 1948

Sumário

Prefácio à Edição Brasileira
Víctor Farías 11
Prefácio 15
Apresentação à Edição Brasileira: Hitler e Sua Herança: Heidegger
João Ricardo Moderno 33

Capítulo 1 | Alemanha: "*Alles Grosse steht im Sturm*" – Heidegger
na Luta dos Neonazistas e Neofascistas Alemães pela Hegemonia
na Europa 37
    1. Os Preparativos do Revisionismo Histórico: Ernst Nolte e a
Nova Compreensão Antissemita da História Alemã e Europeia 37
    2. *Junge Freiheit* e o Papel Político do Filho de Martin Heidegger no
Advento do Neonazismo Alemão 50
    3. Martin Heidegger como Figura Emblemática para o NPD,
a Formação Política Central do Neonazismo Alemão 56
    4. Heidegger e o "Esquerdismo" dos Neonazistas Alemães 61
    5. "Toda a Grandeza Está no Ataque", na Filosofia Neonazista
e Neofascista: Heidegger, Pierre Krebs e Steuckers 65
    6. Heidegger e o Fascismo Ecológico: Rudolf Bahro e o Chamado
a um Hitler verde 88

Capítulo 2 | Heidegger e o Neofascismo Francês 97
    1. Antecedentes na Recepção Neofascista de Heidegger na França.
Foucault, Lacan, o Negacionista Claude Karnouuh e Baudrillard
Preparam o Terreno. Heidegger como Salva-Vidas de Marx 97
    2. Alain de Benoist: Heidegger e a Construção de uma
"Vanguarda Espiritual" Criptofascista, o Neopaganismo
Anticristão e Antijudaico 107
    3. Heidegger e Guillaume Faye: O Racismo do Espírito e o
Arquifuturismo 129

4. Heidegger, o Arquifuturismo e os Fundamentos Filosóficos da Nova Direita Francesa 136
5. Dominique Venner: O Suicida Heideggeriano na Catedral de Notre--Dame de Paris 139

Capítulo 3 | **Heidegger no Fascismo e no Neofascismo Italiano**............ 143
1. Heidegger, Julius Evola e o Homem "Ário-Mediterrâneo"............ 143
2. Heidegger, Giorgio Locchi e a Revolução Conservadora como Fascismo.. 150
3. Heidegger e Marco Baldino, ou A Superação Anarco-Heideggeriana de Heidegger 157
4. Gianni Vattimo, o Heideggeriano, em Defesa do Antissemita Hugo Chávez 162

Capítulo 4 | **Heidegger e o Islamismo Fundamentalista** 165
1. Sayyid Qubt e a Crítica Heideggeriana da Modernidade............. 165
2. A Experiência Berlinense e as Surpresas de Abu Bakr Rieger e seu *Islamische Zeitung* 168
3. Ahmad Fardid e os "Heideggerianos" como Arquitetos Ideológicos da República Islâmica do Irã. Mahmoud Ahmadinejad, Militante "Heideggeriano" 175
4. Jürgen Habermas e Dieter Thomä, Hóspedes do Irã Islamita e dos Filósofos Heideggerianos 178
5. Heidegger e o Neofascismo Muçulmano Fundamentalista. Heidegger como Ponto de Convergência Espiritual entre o Oriente (Islã) e o Ocidente (o Nazifascismo). Heidegger e Seyyed Abbas Maaref: A Constituição da República Islâmica e o Direito Trabalhista Islâmico 181
6. Os Antecedentes Históricos da Irmandade Alemã-Islâmica. Henry Corbin Abre as Portas na França para o Heidegger Muçulmano e para o Islã Heideggeriano. Tariq Ramadan, Heidegger e o Euro-Islã 186
7. O Heidegger Islamita na Itália. Maomé, Nietzsche, Hitler e Heidegger. As Contradições no Seio do Neofascismo Europeu (Faye e Mutti) e o Problema dos Muçulmanos na Europa. *Plädoyer* por um Heidegger Nazimuçulmano na Espanha. Os Ecos na Espanha e "os Signos que o Ser Escreve em Nós Mesmos e no Horizonte"................................196

8. Heidegger, Shamil Basayev, Doku Umarov e o Emirado do Cáucaso 202
9. Heidegger para uma Europa Islamita: Ahmed Rami e sua Rede Informativa Rádio Islã. Heidegger e a Ontologia para o Terrorismo 205
10. Umar Ibrahim Vadillo: Martin Heidegger e uma Crítica Islâmica da Economia. "Heidegger for Muslims" (2005).............................. 208
11. "Heidegger para Muçulmanos".. 210
12. Heidegger, o Islamismo Iraniano e a América Latina 215

Capítulo 5 | Heidegger na América Latina: O Nazi-Heideggeriano Norberto Ceresole, o Nacional-Bolchevique Heinz Dieterich e o Populista Antissemita Hugo Chávez.. 223
1. A Situação Objetiva na Venezuela: O Socialismo do Século XXI como Local de Encontro do Marxismo e do Neofascismo................ 223
2. O Neonazista Heideggeriano Norberto Ceresole, Conselheiro de Chávez 230
3. O Alemão Nacional-Bolchevique Heinz Dieterich como Sucessor de Ceresole.. 236

Capítulo 6 | Martin Heidegger, Alexander Dugin e o Neofascismo Imperialista Russo... 245

Capítulo 7 | Os Herdeiros Espirituais de Heidegger Promovem o Assassinato dos Imigrantes Muçulmanos 251

Capítulo 8 | Heidegger e a Violência Neofascista nas Ruas de Viena: Martin Sellner e os *Identitäter* (Identitários) 255

Referências Bibliográficas..261

Prefácio à Edição Brasileira

VÍCTOR FARÍAS

Publicar em um país da América Latina um livro como este é algo de extrema relevância. Sua temática se relaciona, antes de mais nada, à responsabilidade ética e política que a filosofia tem diante da vida humana, espiritual e cultural. A América, desde o Alasca até o Cabo de Hornos, não é apenas um continente, é também uma ideia histórica transcendental; é o lugar em que pela primeira vez se tentou realizar o programa ontológico-histórico que estava inserido na concepção judaica, e depois também na cristã, de que a igualdade, a compreensão racional, a liberdade e a tolerância constituem o essencial do humano e seus direitos. O que se denominou modernidade encontra, nesse contexto, seu espírito e seu programa em andamento.

Toda forma de agressão totalitária ao humano implica uma agressão a essa origem. Isso aconteceu de modo arrasador no nazifascismo racista exterminador e antissemita que surgiu na Alemanha. Sua erupção na América, ainda que hoje se limite ao ideológico, é uma espécie de terrorismo espiritual. Na filosofia de Martin Heidegger e no pensamento de seus herdeiros voluntários segue viva a intenção de desumanizar a existência e a sociedade. A historiografia e a filosofia deixaram em evidência o vínculo do pensador com os momentos essenciais do nazifascismo. E o próprio Heidegger, que, depois da publicação póstuma de seus *Cadernos Negros*, testemunhou seu antissemitismo racista irredutível.

Todas as teses que formulei em meu livro *Heidegger e o Nazismo* foram sendo demonstradas uma depois da outra. E é em meio à crise espiritual que hoje vive a Europa que se revela a perigosa influência do pensador alemão, tanto na radicalização totalitária neofascista como na "islamização" progressiva dos países europeus. E é certo também que, em nosso continente, os movimentos indígenas, como outros movimentos "progressistas", utilizam motivos heideggerianos para suas elucubrações, quase sempre improvisadas. Tenho descoberto ideólogos "mapuche-heideggerianos" que fundam suas proclamações em uma suposta superioridade da "língua mapuche" diante das "línguas latinas", e na superioridade racial desse "povo originário". Tudo isso baseado em inúmeras e pitorescas citações do "gênio alemão". O grave é, porém, que personagens como esses entregam um fundamento "filosófico" ao terrorismo Mapuche, que se transformou em um território de guerra no Chile.

Por tudo isso, é algo significativo, e ao mesmo tempo me sinto grato por meu livro ser publicado no Brasil, país de cultura e nobreza. Eu não teria conseguido sem o apoio entusiasta e solidário de meu estimado colega e amigo João Ricardo Moderno e, também, da É Realizações, que tornou esse trabalho possível.

Sempre estará presente na memória histórica latino-americana que o Brasil, durante a Segunda Guerra Mundial, apoiou, com seu espírito e suas armas, a defesa da civilização e da humanidade, nos defendendo da barbárie. Uma atitude que contrasta com o lamentável comportamento que o meu país, o Chile, assumiu, quando o governo da assim chamada Frente Popular de Esquerda vendeu sua neutralidade ao receber dinheiro do Reich nazista. Eu até descobri uma carta em que o então presidente da República, Pedro Aguirre Cerda, em meio à guerra, parabenizava Hitler por sua "louvável" gestão, chamando-o de "leal e bom amigo".

Outro contato que tive com o Brasil foi na época em que lecionei em Berlim Ocidental, quando um de meus alunos trabalhou no chamado "branqueamento", um projeto de branquear a pele dos afro-brasileiros, assumindo o racismo mais desprezível. Fiquei também muito triste ao encontrar fotografias de um carro alegórico que exibia dezenas de cadáveres, os quais, inegavelmente, queriam trivializar o Holocausto. Há pouco participei de um protesto por causa da discriminação racista antissemita de que foram vítimas jovens estudantes judeus de uma universidade estatal brasileira.

O esforço da editora é, portanto, uma força de espírito, da qual o agressor e seus herdeiros carecem. Brecht afirmou que "o pântano do qual surgiu o monstro segue prolífico", mas sem a verve que a verdadeira história exige e pela qual nos agradece.

Santiago do Chile, dezembro de 2016

Prefácio

É como se a origem de todas as coisas estivesse sempre relacionada com um ato simples e que pode ser formulado numa anedota. Há muito tempo eu tinha me proposto a levantar todas as publicações e novas fontes, acumuladas nos últimos anos, que reafirmavam as teses de *Heidegger e o Nazismo*, e também a importância crescente que o pensamento heideggeriano vinha assumindo na consolidação do neonazismo e do neofascismo na Alemanha e na Europa. Isso foi feito na nova edição do livro (*Heidegger y el Nazismo*. Palma de Mallorca, Muntaner, 2007). Mas o primeiro motivo que me estimulou a reunir num livro esses materiais tão vastos foi a enorme surpresa que tive certo dia quando assisti a um noticiário da televisão alemã que informava sobre as brutais e incontáveis atividades das organizações neonazistas em franca expansão. No meio de uma enorme manifestação do partido NPD (Nationaldemokratischer Partei Deutschlands) e de um mar de bandeiras da principal força neonazista, marchava um volumoso jovem de cabeça raspada e aparência ameaçadora, com um cartaz de seu partido em que se podia ler, citada entre aspas, uma frase bem conhecida: "*Alles Grosse steht im Sturm*" ("Toda grandeza está no ataque"). Tratava-se da frase com que Martin Heidegger, *Rektor-Führer* [Guia-Reitor] da Universidade de Freiburg im Breisgau, encerrou seu famoso Discurso Reitoral: "A Autoafirmação da Universidade Alemã", no início de seu reitorado em 1933. Era, como todas as suas frases, uma tradução bem peculiar de um trecho da *República* de Platão,[1] que já ajudou vários filósofos sérios a ironizar a arbitrariedade da compreensão heideggeriana dos "gregos". Enquanto a maioria das traduções fundamentadas fala que "toda grandeza deve ser pensada com cuidado" (Schleiermacher) ou "tem em si seus perigos" (Appelt), ou "Todas as coisas grandes são arriscadas" (Eggers Lan), a tradução de Heidegger colocava o texto num horizonte conceitual de violência e ruptura, mas também em relação direta com milícias SA (Sturmabteilung), que, naquele ato solene, exibiam suas bandeiras perto do reitor.

Toda a atividade nazista de Heidegger – inclusive a reconstituição fiel do "movimento" que faria na entrevista à revista *Der Spiegel*, publicada postumamente – esteve relacionada justamente com as SAs e com o que elas, como "tropas de ataque" (*Sturm*), significaram dentro do nazismo. Sem dúvida, o fato de que sua famosa frase aparecesse numa marcha neonazista no ano de 2004 não pode ser "imputado" a um pensador que morreu em 1976, mas sim a momentos relevantes de sua obra filosófica que tornam possível tal percepção. A surpresa inicial, no entanto, ainda iria aumentar. Tentando situar a origem e o contexto do cartaz, pude constatar que se tratava de uma ampliação fotográfica da capa de um alentado livro em homenagem aos 35 anos de existência do NPD, publicado pela direção do partido e editado por um de seus ideólogos mais importantes, Holger Apfel. A frase de Martin Heidegger, citada entre aspas, foi até escolhida como título da homenagem: Holger Apfel, *"Alles Grosse steht im Sturm": Tradition und Zukunft einer nationalen Partei. 35 Jahre NDP-30 Jahre JN* (Stuttgart, 1999). O livro tem aproximadamente 470 páginas e inclui 120 artigos. Destacam-se os textos dos mais importantes políticos e ideólogos do NPD: Udo Voigt, Holger Apfel, Stefan Rabe, Thomas Salomon Roff, Josef Leibicht e Michael Fiedler. Completam o conjunto líderes de outros

---

[1] Platão, *A República* (497, d, 9).

partidos extremistas europeus que enviaram suas homenagens, entre eles: John Tyndall, do British National Party; William Pierce, da National Alliance; Ovidio Gules, da *Gazeta de Vest*; e Alvaro Peñas López, da Democracia Nacional Española. Os capítulos mais importantes são:

I. A história do partido NPD escrita por Holger Apfel e uma série sobre a fundação do NPD (Wolfgang Frenz), a resistência (A. Damman), a vanguarda nacionalista da direita tradicional do NPD (Chr. Rogler);
II. Os jovens nacional-democratas e a associação de estudantes NPD;
III. O partido em sua estrutura, história e atualidade; e
IV. A concepção estratégica do NPD:
    a. A luta pelas ruas;
    b. A luta pelos espíritos;
    c. A luta pelos votos;
    d. Olhar sobre o futuro.

A apresentação do livro ocorreu em 27 de novembro de 1999 num ato festivo realizado na lendária cervejaria Mathäser am Hasenbergl, em Munique. Os textos destacam o caráter extraparlamentar do partido, em oposição à "direita conformista". Sua proposta estratégica de revolucionar as estruturas políticas de uma Alemanha mergulhada numa alienação estrangeirizante impõe uma "guerra civil dos espíritos". Entre as teses fundamentais, pode-se ler:

> Contra os assassinos da forma alemã de vida, dos costumes alemães, dos valores alemães e da vida alemã como tal, impõe-se uma luta muito dura. Quando nos relatam o conto de fadas de que todos os seres humanos são "iguais" debaixo da pele, devemos levantar nosso povo com toda decisão e consciência. Temos um aliado poderoso: a natureza. Ela não tem outra alternativa a não ser, como nós, de "extrema direita", "agressiva contra o estrangeiro" e "neofascista". (Op. cit., p. 287)

Publico aqui, de resto, uma carta recente do maior ideólogo neonazista, Holger Apfel, na qual ele informa as razões da decisão de seu partido de transformar Martin Heidegger numa figura emblemática. Tudo isso se reveste de uma gravidade especial em momentos em que aumentam vertiginosamente os atentados criminosos xenófobos dirigidos cada vez mais contra instituições, institutos, cemitérios e tempos judaicos, até o ponto em que só no primeiro semestre de 2001 já se contabilizavam quase 8 mil atos delituosos e, por tudo isso, o governo da República Federal da Alemanha decidiu solicitar, em coordenação com o Parlamento, a proibição e a dissolução do NPD, como o agrupamento mais radicalmente anticonstitucional de estratégias abertamente criminosas.

Na Alemanha oriental, o número de atentados nazifascistas cresce de forma ameaçadora de acordo com os dados do Ministério do Interior em Sachsen. Em Anhalt e Magdeburgo, em 2005, os crimes nazistas aumentaram (em comparação com 2004) de 741 para 1.100. Contam-se só ali 1.230 ativistas que são abastecidos regularmente com armamento e treinamento militar. Em fevereiro e março de 2007, os neonazistas começaram a incendiar até os *kindergarten*[2] da comunidade judaica de Berlim, e cidades como Gollwittz realizaram plebiscitos para se oporem a que judeus provenientes da Rússia se instalassem ali – e os ministros social-democratas cederam ao pedido. As vitórias eleitorais do NPD aumentam dramaticamente a cada ano. Na Saxônia, em setembro de 2007, as estimativas asseguravam que os neonazistas já tinham superado os social-democratas (*Der Spiegel*, 6 set. 2007). Só em Berlim, em 2006, os ataques a estrangeiros quase dobraram em relação ao ano anterior, e em vários casos foi possível comprovar a infiltração do NPD entre os funcionários da polícia (*Tagespiegel*, 24 jul. 2007). A dinâmica política e cultural que tornou possível que uma frase de Martin Heidegger se transformasse em grito de guerra neonazista parece, no entanto, fazer parte de um processo muito mais amplo de restauração teórica e prática de

---

[2] Em alemão no original: jardins de infância. (N. T.)

momentos definidores do fascismo racista – não só na Europa, mas especialmente nela.

A importância alcançada pelo debate internacional renovado a partir de 1987 sobre a relação de Martin Heidegger com o fascismo nazista, e o papel de guardiões da memória adotado por um grande número de intelectuais em processo de radicalização autoritária, constituem a motivação mais geral para a minha intenção de renovar o debate. Já pouco depois de publicar meu livro *Heidegger e o Nazismo*, começaram a aparecer vastos conglomerados documentais que, em maior ou menor medida, entregavam novos antecedentes à objetividade do problema colocado inicialmente. Mas ao mesmo tempo o ambiente histórico foi mudando de tal maneira que uma articulação da questão com os motivos centrais da filosofia heideggeriana se tornou cada vez mais evidente. O "racismo espiritual" (Rainer Marten) em que se fundamenta a ontologia historicista de Heidegger se encaixa perfeitamente na relevância cada vez maior atribuída aos "etnicismos", às "identidades nacionais", às "minorias" e às "raízes" pretensamente espirituais com que também a Nova Esquerda quer explicar processos sociais e culturais de uma forma mitologizante. Ao modelo de uma Europa de sociedades unidas racionalmente pelo consenso democrático, opõe-se de modo cada vez mais massivo uma "Europa dos povos", concedendo-se ao termo "povo" uma conotação claramente étnica, racista e tribal.

> A pretensa igualdade de todos os seres humanos, tese fundamental dos internacionalistas, é o fundamento do controle e do domínio sobre os homens. O projeto internacionalista de uma "humanidade" genérica é a verdadeira causa do imperialismo e do colonialismo. É uma generalização indevida e inaceitável. A realidade não é "a humanidade", e sim "o mundo dos mil povos". (NPD, "Teses sobre o Nacionalismo", op. cit., p. 205, tese n. 7)

O tradicional "antiamericanismo" foi se transformando paulatinamente numa agressão sistemática aos princípios do liberalismo iluminista, sob o pretexto de combater o "imperialismo". Ao longo deste livro, será possível verificar a assombrosa analogia de tudo isso com as grosserias antiliberais de Heidegger em suas palestras da década de 1940, só publicadas recentemente. E decerto as analogias não terminam nisso. Um setor muito importante da nova ideologia recebeu um apoio decisivo da Nova Esquerda. Fundamentados em momentos específicos, mas objetivamente válidos, das opções ecológicas, uma série de indivíduos e movimentos decidiu compensar o desaparecimento teórico e prático dos "proletários do mundo" e sua alternativa sistemática mediante a descoberta artificial dos "povos" e das "etnias", desamparados em face do desenvolvimento planetário da técnica e do capital internacionalizado. A luta contra a globalização vai assim se transformando num movimento que mantém as metas políticas tradicionais da esquerda iluminista, mas trocando os sujeitos históricos por entes mitologizados (identidades, raízes, "nichos ecológicos") de clara inspiração fascista e racista. As violentas tomadas de posição de "heideggerianos de esquerda" revelaram logo de saída a existência de um pântano espiritual em que os motivos mais primitivos do nacionalismo ganharam vida nova. A crítica ao capitalismo voltou a se transformar assim numa crítica fundamentalmente nacionalista, porque identifica de forma indiferenciada os Estados Unidos com o capitalismo e, fazendo isso, volta a renovar – como na década de 1930 – uma teoria da conspiração judaica mitologicamente viva em Wall Street. Todo o irracionalismo da assim chamada pós-modernidade, sua postura de prescindir de uma ética, sua agressividade relativizante de todos os valores (sejam de origem humanista ou religiosa), substitui a "classe" pela "etnia" e pela raça, a "sociedade" pelo "povo", a "história" pela "identidade" – e a fórmula de explicação se transforma no "mito". Certamente, em meio à pós-modernidade, ninguém se ocupa em documentar historicamente seus juízos. Nem mesmo os "historiadores". Todos os conceitos fundamentais da filosofia heideggeriana vão despertando assim para uma nova vida – uma vida que levou intelectuais heideggerianos importantes como Philippe Lacoue-Labarthe a dizer que "o nazismo é um humanismo". Essa restauração, que a esta altura já nem faz questão de disfarce, abarcou cadeias editoriais, congressos internacionais (às vezes com apoios ministeriais), políticas de ocupação de cátedras e até a promoção através de amplas campanhas nos meios de comunicação de massa.

A grande quantidade de novas fontes documentais que especificam de forma renovada a afinidade da filosofia de Heidegger com o nazifascismo exigia, então, não apenas uma nova valorização em si mesma, mas também uma exposição de todos os motivos espirituais que explicassem seu renascimento na engrenagem do neofascismo emergente em níveis que vão desde os experimentos teóricos mais abstratos até servir de proclamação patologicamente agressiva em meio a um mar de bandeiras do NPD. Mais ainda: é importante mencionar aqui também a extensa bibliografia sobre Martin Heidegger produzida ultimamente pela direita europeia mais extrema, tornando mais ameaçadora a advertência que Manfred Frank e Jürgen Habermas já faziam na década de 1980, de que a ultradireita racista europeia já havia abandonado Rosenberg, Klages e Spengler como seus mentores espirituais para transformar Heidegger numa figura relevante.[3]

Entre muitos outros textos, vale a pena destacar alguns. Uma visão geral do panorama filosófico europeu (isto é, França, Alemanha e Itália) oferece conclusões a respeito do problema. Por exemplo:

- Dr. Marco Baldino, diretor da revista "geopolítica" *Tellus*, publicou na edição de número 16 (de 1996) um artigo sobre a filosofia de Heidegger e sua relação com a vida camponesa e provinciana como fonte de uma "humanidade intacta";

---

[3] Manfred Frank, "Philosophie heute und jetzt", *Frankfurter Rundschau*, 5 mar. 1988, e Jürgen Habermas, "Heidegger: Obra y Cosmovisión", prefácio a Víctor Farías: *Heidegger y el Nazismo*. Frankfurt am Main, 1989. Tradução para o castelhano em *Textos y Contextos*. Barcelona, 1996, p. 180.

- Pierre Chassard, residente em Monschau, membro do conselho de redação de *Elemente*, do Thule-Seminar, publicou inúmeros artigos sobre Heidegger nas revistas da assim chamada Nova Direita. Em 1993, pronunciou uma conferência sobre "Nietzsche, Heidegger e a Modernidade" na primeira universidade de verão das ultradireitistas Synergies Européennes. Destacam-se também seus textos "Contra Heidegger" na *Nouvelle École*, n. 39 (1989) e *Heidegger: L'Être Pensé* (Paris, Albatros, 1988);

- Num colóquio da seção francesa das Synergies Européennes em Metz, Guillaume Desmond pronunciou em 29 de junho de 1999 a conferência "Heidegger, um Mestre da Alemanha";

- Carlos Dufour era representante para o exterior do partido neofascista argentino Partido Nacionalista dos Trabalhadores e participou em 1991 do congresso do NPD realizado em Herzogenaurach. Publicou em 1994, na revista neonazista *Ciudad de los Césares*, n. 36, o artigo "Heidegger: A Tematização do Ser e Seus Enigmas";[4]

---

[4] Tradução para o francês em *Vouloir*, n. 7, p. 87-94, verão de 1996. Nesse artigo, uma mistura de tradicionalismo filosófico, filosofia analítica e neofascismo, Dufour procura depurar a filosofia heideggeriana de suas limitações linguísticas para poder formulá-las sem as conhecidas deficiências de expressão coerente. Mas, acima de tudo, Dufour quer defender Heidegger dos ataques do filósofo judeu Emmanuel Levinas, "para quem as recorrências etimológicas e as metáforas camponesas revelam um pensamento vinculado ao sangue e à terra, e por isso essencialmente estranho às tribos nômades que um dia cruzaram filantropicamente o deserto [...]. Como 'especialista' nas lamentações, Levinas lamenta que o filósofo se inspire na poesia de Hölderlin e nos alaridos de Jó..." (*Elemente*, n. 6, p. 88). Mas Dufour quer refutar também os ataques feitos contra Heidegger por outros extremistas, os da "nova cultura", levantando a suspeita de que sua filosofia, graças a sua abstração, pode levar ao universalismo. Assim faz Pierre Chassard, em seu livro *Heidegger, Au Delà des Choses, Jenseits der Dinge*, Wesseling, 1993: "A grandeza de Heidegger se baseia em que, depois de dois milênios de luta de espada com as mitologias judaico-cristãs e suas secularizações, graças a ele a filosofia ganhou uma nova possibilidade. É ali que sua filosofia resplandece. No limite entre ciência e

- Desde o início da década de 1970 até 1986, ao lado de Alain de Benoist, Guillaume Faye é o ideólogo mais importante do grupo ultradireitista Grece. A partir de 1997, começou a trabalhar intensamente com Pierre Vial em sua organização Terre et Peuple [Terra e Povo]. Em 1989, Faye publicou seu artigo "Heidegger et la Question du Dépassement du Christianisme" [Heidegger e a Questão da Superação do Cristianismo] (*Nouvelle Écolle*, n. 39, 1989), traduzido para o inglês em 1989 (*Skorpion*, n. 13, 1989);

- Na revista neofascista *Hésperides* (n. 7, 1995), Eugenio Gil publicou "Heidegger y la Técnica";

- Em 1992, H. Hamacher publicou, em *Achte Etappe*, "Heideggers Kritik am Nationalsozialismus" [A Crítica de Heidegger ao Nazismo];

- Hans Köchler é, desde 1982, professor de filosofia na Universidade de Innsbruck e colaborador do *Jahrbuch für politische Erneuerung* [Anuário para a Renovação Política], órgão do partido ultradireitista FPÖ. Em 1995, publicou o artigo "Wie aktuell ist die Philosophie Heideggers? Zum Spannungsfeld von Philosophie und Politik" [Qual a Atualidade da Filosofia de Heidegger? A Dinâmica entre a Filosofia e a Política].[5] Essa edição da revista provocou fortes reações devido ao caráter neofascista, aberto e violento, de vários de seus artigos;

---

concepção de mundo, quando pensa a respeito da arte e da filosofia, supera os caminhos já trilhados e exige de nós que pensemos com todo o rigor. Só então podem nos falar a metafísica e a filosofia da cultura de Heidegger, iniciadas na Hélade: através de um pensamento situado entre o mito e o logos, um pensamento da liberdade poderosa, da lógica à arte – um resplandecente pensar pagão" (op. cit., p. 94).

[5] Hans Köchler, "Wie aktuell ist Philosophie Heideggers? Zum Spannungsfeld von Philosophie und Politik", *Jahrbuch für politische Erneuerung*, p. 88-96, 1995.

- Dr. Hans Cristof Kraus, professor universitário, trabalha desde meados da década de 1980 em setores juvenis conservadores e publica em seus órgãos de difusão. Em 1989, pronunciou uma conferência na Deutsch-Europäischen Studiengesellschaft sobre "O Liberalismo como Inimigo da Liberdade", e publicou na revista *Criticón* (n. 114, 1989) um artigo sobre a recepção da filosofia de Martin Heidegger;

- Giorgio Locchi foi um dos fundadores da organização extremista Grece, que ele abandonou em 1979 acusando-a de ter se convertido ao liberalismo. Morreu em 1992, e entre seus artigos publicados postumamente está "Martin Heidegger e la Rivoluzione Conservatrice" (*Carattere*, n. 1, p. 31-36, 2000);

- Jacques Marlaund é atualmente membro do conselho de redação de *Elemente*, e em 1990-1991 foi presidente do Grece. Na década de 1980, era professor na Universidade de Lyon III. Sua tese de doutorado, *Le Renoveau Païen dans la Pensée Française*, foi publicada pela editora do Grece – Groupement de Recherche et d'Études sur la Civilisation Européenne [Grupo de Pesquisas e Estudos para a Civilização Europeia]. Seu artigo "Heidegger Oracle: La Pensée a la Voie Unique" [Oráculo Heidegger: O Pensamento em uma Via Única] foi publicado em *Elemente* (n. 22, p. 24-29, 1997);

- Igualmente importante é o artigo "El Apartamiento en Heidegger y Kusch", de A. von Matuschka (*Disenso*, n. 2, 1994);

- Werner Olles é um dos muitos desertores da extrema esquerda para a extrema direita alemã. Colabora ativamente com os assim chamados nacional-revolucionários e, desde 1990, publica em seu órgão *Junge Freihet*. Em 1999, publicou ali (n. 39/99, p. 14) o artigo "Der Mensch als Platzhalter des Nichts: Zum 110. Geburtstag Martin Heideggers" [O Homem como Guardião do Nada: Homenagem ao 110º Aniversário de Nascimento de Martin Heidegger];

- Também merecem destaque os dois artigos de Jan Ollivier: "Heidegger e i Moderni" (*Transgressioni*, n. 9, 1989) e "Être et Temps: Un Chemin" [Ser e Tempo: Um Caminho] (*Krisis*, n. 2, 1989);

- Abel Posse, editor e diplomata argentino, membro do comitê de patronato da ultradireitista *Nouvelle École*, publicou em 1997 um artigo significativo sobre Heidegger em *Hespérides* (n. 10, 1997);

- Caterina Resta, professora universitária italiana, é coeditora da revista ultradireitista *Tellus*. Em 1996, participou de uma conferência sobre "Oltre la Modernità: Heidegger, Jünger, Schmitt" na Universidad Central de Verano das Synergies Européennes na Itália do norte;

- Luca Leonello Rimbotti é um historiador italiano, especialista no fascismo de esquerdas e no nacional-bolchevismo. Publica com frequência em órgãos da Nova Direita italiana. Ali apareceu seu estudo "Vita Ontologica: Heidegger" (*Sibente Etappe*, 1991);

- Michael Sallinger, jurista austríaco, publicou no *Jahrbuch für politische Erneuerung* seu texto "Auf verschwiegenen Pfaden: Politische Anmerkungen zu Denkwegen in Deutschland (Benn, Heidegger, Jünger, Schmitt)" [Rotas silenciosas: Observações Políticas sobre os Caminhos do Pensamento na Alemanha (Benn, Heidegger, Jünger, Schmitt)];

- O belga Robert Steuckers é sem dúvida, ao lado de Alain de Benoist e Guillaume Faye, o ideólogo mais importante e influente da Nova Direita europeia contemporânea. Desde 1993, dirige a organização Synergies Européennes, que tem várias seções em toda a Europa e disputa a hegemonia ultradireitista com o

Grece. Publicou em *Nouvelle École* (n. 37, 1993) seu importante estudo "Heidegger e Seu Tempo". "Os filósofos franceses da pós-modernidade Gilles Deleuze, Jacques Derrida, Michel Foucault, Michel Onfray e muitos outros são estudados e lidos na Alemanha, Inglaterra, Itália, América [...] e tornam possível o aparecimento de uma revolução conservadora muito sutil [...]. Por isso acaba sendo surpreendente que a Nova Direita não tenha mobilizado esses pensadores, todos fortemente influenciados por Heidegger, para a luta contra as ideologias dominantes [...]", diz Robert Steuckers em *Hagal* (n. 4/99, p. 7 ss.). E ainda: "A Nova Direita se limita a criticar o caráter antiestético do *american way of life*, mas não estuda sistematicamente a história e as estratégias contrárias" (op. cit., loc. cit.);

- Guillaume Faye, por sua vez, escreve: "Para Martin Heidegger, o adjetivo 'ocidental' não expressa a essência da Europa. Para entender plenamente a essência da modernidade europeia, ou melhor dizendo, seu devir, sua potencialidade, ele prefere o termo 'o ocidente'. É justamente o desaparecimento paulatino do 'ocidental' a condição para que surja 'o ocidente'" (*Elemente*, n. 6, p. 84, 1998);

- Angela Willig era redatora da seção cultural da *Junge Freiheit* e se doutorou em 1994 com um trabalho sobre a relação entre Heidegger e Jaspers. É colaboradora permanente desse órgão da Nova Direita Alemã. Ali publicou, em 1995, um artigo traduzido e republicado por sua vez em *Vouloir*: "L'Autre Signification de l'Être: La Rencontre Heidegger/Jünger" [Outra Significação do Ser: O Encontro Heidegger/Jünger] (n. 4, p. 27 ss., 1995. Traduzido de *Junge Freiheit*, n. 12/95);

- Também é importante um artigo de Eric Norden, "Heidegger Face au Nazisme" [Heidegger em Face do Nazismo] (*Elemente*, n. 80, p. 27 ss., jun. 1994);

- Mas, sem dúvida, do ponto de vista dos vínculos com o establishment heideggeriano, destaca-se com cores próprias o estudo de Silvio Vietta: *Heidegger, Critique du National-Socialisme et de la Technique* [Heidegger, Crítico do Nacional-Socialismo e da Técnica] (Puisseaux, Pardès, 1993), antes de mais nada pelos vínculos da família Vietta com Heidegger, e porque o autor pode ser situado na esfera de influência da Nova Direita. A editora que publicou seu livro é a mais importante dentro dos setores tradicionalistas integristas franceses e com estreitos laços com a extrema direita;[6]

- Alain de Benoist, numa entrevista a *Tellus* (1994), afirma, para exalar o novo racismo, que ele "assume plenamente a visão heideggeriana da modernidade (especialmente em relação à dimensão tecnológica) como uma plenitude da subjetividade [...]. O universalismo começa com a imposição de uma forma preestabelecida ou abstrata ao especial e singular. Prefiro acreditar que a universalidade só pode ser encontrada no caminho inverso...";

- Mas sem dúvida um dos textos que documentam melhor a incorporação da filosofia heideggeriana à propaganda da mais extrema direita é o livro revisionista de Norberto R. Ceresole: *La Falsificación de la Realidad: La Argentina en el Espacio Geopolítico del Terrorismo Judío* [A Falsificação da Realidade: A Argentina no Espaço Geopolítico do Terrorismo Judaico] (Madri, 1998), em que se dedica um capítulo inteiro ao problema:

---

[6] Silvio Vietta, filho de Egon Vietta, amigo íntimo de Heidegger, é inclusive o dono dos manuscritos das *Beiträge zur Philosophie* [Contribuições à Filosofia], uma obra quase esotérica que a escola heideggeriana considera um dos textos mais importantes do autor. Infelizmente, esses manuscritos também estão proibidos para consulta científica. Ver: *Beiträge zur Philosophie (Vom Ereignis)*, vol. 65 da *Gesamtausgabe*, Frankfurt am Main, 1989, p. 520. Sobre os limites filosóficos dessa obra, ver Dieter Thomä, Heidegger-Handbuch., p. 761-74.

> O pensamento "oficial" nacional-socialista nos parece hoje primitivo e realmente "vulgar". Sem dúvida, trata-se de um pensamento menor, comparativamente falando. Nesse sentido, pode-se afirmar que Heidegger é a expressão maior do socialismo alemão, entendido como comunidade do povo, ao passo que o nacional-socialismo, no que se refere à história do pensamento, ficará relegado a uma obscura instância secundária. Nesse exato sentido é que se costuma dizer que Heidegger se "distanciou do regime" em 1934. Não seria melhor afirmar que "o regime" se distanciou de Heidegger? [...]. A fidelidade de Heidegger ao nacional-socialismo é na verdade fidelidade a si mesmo, fidelidade ao Ser alemão, que ninguém expressou melhor do que o próprio Heidegger. Em seu pensamento, vive uma certeza radical da superioridade espiritual alemã. A Alemanha não é uma "sociedade", um contrato entre indivíduos isolados (essa herança nefasta do Iluminismo objetivada na Revolução Francesa), e sim um "povo", uma comunidade de destino imposta não só pela vontade humana, mas sobretudo pela evolução do Ser alemão. Na condição de comunidade de destino, a ideia do *Führerprinzip* é essencial para se encarregar da própria existência nacional. Nesse sentido, cabe retornar a Heidegger depois de analisar o comportamento do judaísmo a partir da criação do Estado de Israel, depois de saber que o "Holocausto" é apenas um mito que encerra uma extraordinária capacidade de destruição. (Op. cit., p. 443-44)

Para mim, foi notável constatar mais tarde que Norberto Ceresole se tornou um ideólogo decisivo para a formulação do projeto ideológico do governo "bolivariano" de Hugo Chávez na Venezuela. Sem dúvida, a presença ativa do pensamento de Heidegger no renascimento da Nova Direita e do neonazismo mais extremo constitui um tema da maior importância, que exigiria um estudo em si mesmo. Mas a constatação suficiente dessa influência obriga a aprofundar as conclusões já vigentes alcançadas na investigação até 1987.

Tudo isso torna compreensível outro fato surpreendente: que personalidades muito importantes do fundamentalismo islâmico e instituições afins tenham descoberto elementos fundamentais da filosofia de Martin Heidegger, utilizando-os sistematicamente na consolidação de ideologias de uma agressividade extrema. Surgiram inclusive críticos muito mordazes que, parodiando sarcasticamente Nietzsche ("O cristianismo é o platonismo para o populacho"), propõem que se chame o islamismo de "Heidegger para analfabetos".

Na verdade, a situação encontra antecedentes pelo menos em 1934-1938, época em que filósofos franceses especialistas no pensamento muçulmano e iraniano iniciaram laços estreitos com Heidegger em Freiburg, justamente durante seu período mais notório de militância nazista, para se transformar depois em promotores ativos de uma convivência ideológica iraniano-islâmico-heideggeriana. Personalidades importantes do ambiente islâmico viram na filosofia heideggeriana uma espécie de caminho real entre as raízes de uma religiosidade neopagã ocidental e a espiritualidade islâmica. O caso mais conhecido e relevante é o de Henri Corbin, que já em 1934 promoveu de Paris toda uma institucionalidade heideggeriano-franco-muçulmana, traduzindo pela primeira vez seus textos para o francês e organizando regularmente congressos. A conversão de Roger Garaudy ao islamismo é só um exemplo entre muitos outros, como os vínculos do revisionista Jean Beaufret a personagens islamitas.

Como era de esperar, a tudo isso correspondeu um movimento análogo muito forte na Alemanha. Junto com um movimento massivo considerável de milhares de alemães que foram se convertendo ao Islã, figuras relevantes da vida cultural alemã promovem o incentivo de uma colaboração político-cultural. Botho Strauss, o autor dramático alemão mais original e consagrado, vê no Islã um movimento religioso que, justamente com a ajuda de Heidegger, pode ajudar o Ocidente a redescobrir e recuperar sua própria espiritualidade neopagã germânica. O Islã, por sua vez, graças ao pensamento heideggeriano, poderia ter acesso aos resíduos de fontes espirituais virtualmente existentes no Ocidente. De sua parte, Günther Grass, expoente maior da social-democracia alemã, tinha surpreendido havia algum tempo a opinião pública alemã com sua exigência de transformar igrejas católicas em mesquitas. Há pouco tempo estourou o "escândalo Grass" e se descobriu que ele tinha escondido de maneira consciente e sistemática sua participação entusiasmada nos Panzerbataillone das SS em 1942.

Mas a historiografia também trouxe contribuições importantes. Os historiadores Klaus Michael Mallmann e Martin Cüppers, no livro *A Meia-Lua e a Suástica: O Terceiro Reich, os Árabes e a Palestina* (Frankfurt, 2006), descobriram documentos que relevam detalhes sobre os preparativos de Hitler e do Gran Mufti de Jerusalém Haj Amin el Husseini para organizar um comando formado por oficiais das SS, sob as ordens de Walther Rauff, e por terroristas muçulmanos, com o objetivo de exterminar os 600 mil judeus que, por volta de 1942, moravam na Palestina, assim que Rommel e a Wehrmacht tivessem ocupado o Egito. Os textos transcendentais de Nietzsche e Hitler sobre o Islã e seu papel na tarefa de eliminar a influência judaica e cristã no Ocidente constituem outro antecedente para compreender melhor essa camaradagem em nossos dias. Em 2001, Jürgen Habermas voltou assustado de sua viagem a Teerã, onde pôde verificar o entusiasmo dos filósofos iranianos por Heidegger. Dieter Thomä informou no *Neue Zürcher Zeituns* sobre o alucinante congresso de filosofia na Suíça, em que heideggerianos da Alemanha, da Áustria e da Suíça dialogaram sobre Heidegger com seus colegas iranianos. Pude encontrar até anúncios doutrinários do grupo filosófico islâmico fundamentalista formado na década de 1970 pelo aiatolá Khomeini – a fim de assumir o controle ideológico-cultural a partir da Revolução Islâmica – que se autodenominava "Grupo Heideggeriano". Entre seus integrantes figurava o atual primeiro-ministro iraniano Mahmoud Ahmadinejad, que se propõe eliminar Israel do mapa e organiza o primeiro congresso daqueles que negam "cientificamente" o Holocausto.

Alguns leitores hão de estranhar que este livro se encerre com um estudo sobre a presença da filosofia de Martin Heidegger na filosofia e na práxis políticas de um país latino-americano que ganhou certa notoriedade: a Venezuela.[7] Para mim também foi estranho constatar que, para formular seu "bolivarianismo", o quase ditador tenha recebido uma influência decisiva e considerável da figura mais importante do nazismo negacionista argentino e latino-americano, o sociólogo Norberto Ceresole, e que este, por sua vez, em seus escritos doutrinários, conceda explicitamente a Martin Heidegger a função espiritual mais importante na construção de uma nova sociedade ocidental. Tudo isso numa ação coordenada com o islamismo fundamentalista, particularmente do Irã, e o apoio direto de Mahmoud Ahmadinejad. Nas "teorias" do sucessor de Ceresole como assessor de Hugo Chávez – o alemão Heinz Dieterich –, vemos na verdade a reelaboração posterior de certo marxismo *ad hoc*, denominado "socialismo do século XX", que lembra em muito os nacional-bolcheviques que se anteciparam à fração populista do nazismo e que eram o suporte tático para o "socialismo alemão" promovido por Martin Heidegger. Na restauração desse neomarxismo venezuelano, o mais famoso heideggeriano, italiano, Gianni Vatimo, participa desde 2003.

Não pretendo aqui de forma alguma apresentar uma visão sistemática sobre a utilização da filosofia de Heidegger pelos neonazistas, neofascistas e pelos fundamentalistas islâmicos, porque isso requereria no mínimo uma reflexão fundamentada no vastíssimo espectro formado pelos países, sociedades e instituições onde o fenômeno aparece. Quero apenas fazer uma primeira aproximação do problema e caracterizar fonograficamente as peças do caleidoscópio.

Alguns críticos me repreenderam na época, sem o menor fundamento, por eu ter transformado Martin Heidegger num nazista *avant*

---

[7] A presente edição inclui, ao final, um capítulo inédito sobre Alexander Dugin e o neofascismo imperialista russo. (N. E.)

la lettre. Agora haverá aqueles que, também sem razões fundadas, irão me criticar por profanar seu túmulo, vinculando-o a personagens e organizações criminosas. Na verdade, meu estudo tem por objeto o fenômeno da assim chamada "recepção" e utilização de um conjunto teórico que permite também, ao menos parcialmente, outras leituras. Mas, no fim das contas, parece indiscutível que a filosofia heideggeriana continua sendo um corpus utilizável pelos piores de nosso tempo e do tempo que se aproxima. Em vida, o pensamento de Heidegger o levou ao compromisso mais radical com o nazismo. Depois de sua morte, serve a outros, para confirmá-los no irracionalismo e na pior agressividade. Esta é, de fato, sua herança.

Este livro, como os anteriores, não poderia ter sido escrito sem Teresa Zurita. Mas meu reconhecimento e minha gratidão vão também para:

Jean Cremet, Gideon Botsch (Berlim); Dra. Ingrid Belke; Literaturarchiv Marbach; Arquivo do Instituto de Patologia da Universidade de Freiburg; Prof. Dr. Rainer Marten (Freiburg im Breisgau); Dr. Dieter Fitterling (Berlim); Antifaschistisches Presse-Archiv und Bildungszentrum (Berlim); Prof. Dr. Hajo Funke (Berlim); M. A. Stefan Degenkolbe (Berlim); Jean Bollack (Paris); Prof. Dr. D. Pellnitz (Berlim); Horst Seferens (Berlim); Badische Landesbibliothek; Universitäts Archiv da Universidade de Freiburg; Prof. Dr. Dieter Thomä (St. Gallen); Emmanuel Faye (Paris); M. A. Piero Bellomo Roma/Berlim; Staatsbibliothek Berlin; Bundesarchiv (Berlim); Biblioteca Nacional (Santiago do Chile); Facultad de Humanidades de la Universidad Andrés Bello (Santiago do Chile); Hassan Towliati (Teerã/Berlim); Dra. Martha Zapata (Berlim); Basak Karagöl (Berlim/Ancara).

Berlim e Santiago do Chile, 2007

Hitler e Sua Herança: Heidegger

JOÃO RICARDO MODERNO[1]

Víctor Farías com *Heidegger e Sua Herança* traz uma das maiores revelações do mundo contemporâneo: a influência da filosofia totalitária genocida e racista de Martin Heidegger nos movimentos neonazistas, neofascistas e fundamentalistas islâmicos, sendo que estes últimos cumprem a agenda ditada por Hitler com a Solução Final, de resto um plano antissemita *avant la lettre* de Heidegger.

A ideia de um racismo ontológico ou espiritual foi acalentada por Heidegger diversas vezes, como nos livros *Nietzsche I e II*, escritos no período eufórico da Segunda Guerra Mundial, quando Heidegger acreditava cega e cruelmente na dominação planetária do nacional-socialismo, exterminando "tipos de humanidade", escravizando outros para extração de matérias-primas, e dando fim à história da filosofia e à história propriamente dita com o próprio heideggerianismo e a perfeição ariana da sociedade em escala mundial. Nietzsche, o pai do fascismo, como o caracterizou Norberto Bobbio, entre outros grandes nomes da filosofia europeia, cai como uma luva para

---

[1] Presidente da Academia Brasileira de Filosofia. Docteur d'État ès Lettres et Sciences Humaines – Philosophie, pela Université de Paris I, Panthéon, Sorbonne. Estudou com Olivier Revault d'Allones (orientador), Jean-François Lyotard, Jacques Rancière e François Châtelet. Doutor honoris causa pela Universidade Soka, Tóquio, Japão. Cavaleiro da Ordem das Palmas Acadêmicas, Presidência da República da França.

Heidegger exercitar o nazismo filosófico, dando base de autoridade à barbárie do genocídio.

Víctor Farías há muito tempo se destaca como um dos líderes mundiais diretamente contra a filosofia de Heidegger, ao lado de Jean-Pierre Faye, Guido Schneeberger, Hugo Ott, Julio Quesada e Emmanuel Faye, assim como no passado Theodor Adorno, Ernst Cassirer, Benedetto Croce, Karl Löwitt e Hans Blumenberg.

Heidegger e Sua Herança é um livro devastador. As consequências políticas internacionais da filosofia de Heidegger confessam a sua mais penetrante marca genética de nacional-socialismo, e que por si só invalidam todas as lavagens de reputação perpetradas pelo nanismo moral e intelectual dos heideggerianos. Todos são responsáveis por preservar uma farsa erudita e maligna, que totemiza o racismo como "metafísica", prega desavergonhadamente a seleção racial, levando a filosofia e a humanidade ao Holocausto.

Heidegger iniciou a carreira de reitor da Universidade de Freiburg queimando livros publicamente. Achou que era pouco. Avançou no apoio a queimar em massa judeus e "tipos de humanidade" que ele não considerava como seres humanos, mas sim como sub-raças a serem eliminadas pela extrema vontade de potência do super-homem ariano, aquele que afastou definitivamente a razão da história da humanidade e adotou a irracionalidade da natureza configurada na absolutização da animalidade, *animalitas*, como ele mesmo exalta em *Nietzsche II*.

A lavanderia Heidegger é uma máquina cega e mortal disseminada no mundo todo. Europa, Oriente Médio, América Latina, Estados Unidos, Rússia e Oriente, todos unidos convergindo espiritualmente no totalitarismo com as digitais de Heidegger. A maior prova de que o pensamento de Heidegger é absoluta e rigorosamente nazista vem demonstrada no livro de Víctor Farías, pois todos os nazistas e racistas filosóficos do mundo reivindicam sua filiação ao heideggerianismo, e seus pensamentos sempre se encaixam perfeitamente em todos os que pregam o genocídio, o racismo, a xenofobia, a violência gratuita e a guerra ideológica imperialista simultaneamente.

A filosofia de Heidegger é uma das mais sofisticadas máquinas de propaganda nazista do pós-guerra. A prática do heideggerianismo situa-se internacional e universitariamente no ensino, pesquisa e extensão a serviço do nazismo. É um discreto charme da gnose totalitária nacional-socialista, internacional-socialista e islâmica. A criptofilosofia nazista de Heidegger não é "desvelada" pelos que, sendo heideggerianos, dizem não ser nacional-socialistas. Justamente a filosofia do desvelamento não se desvela nazista aos cérebros argutos dos heideggerianos. São capazes de simular entender os difíceis conceitos heideggerianos, estes que de resto são objeto de escárnio entre os maiores filósofos da Europa, mas incapazes de decodificar os sinais secretos do pensamento totalitário racial e espiritual, e tampouco os mais objetivos, explícitos, claros e distintos pensamentos racistas e genocidas de Heidegger. Portanto, há uma desonestidade intrínseca no heideggerianismo, uma cínica demonstração de ocultação de cadáver. Os heideggerianos não percebem nem o pensamento oculto nem o explícito, por uma estratégia política de salvaguardar o prestígio do Führer da filosofia.

Desabando Heidegger, desaba a carreira universitária de todos. Condicionar a própria vida profissional acadêmica ao prestígio há décadas abalado de Heidegger é ridiculamente temerário. Ao optarem pelo heideggerianismo todos sabiam que corriam o risco de matar. Matar a filosofia, que segundo Heidegger terminava com ele, assim como o nacional-socialismo era o fim da história (*Nietzsche II*), e, com isso, apoiar um pensamento que havia produzido a maior catástrofe da história, o Holocausto. Matar a própria carreira profissional. Portanto, assumir hoje o heideggerianismo é fazer propaganda do genocídio, e tem valor doloso, e não culposo.

A herança de Víctor Farías é a verdade sem forçar conclusões, ou exagerar na condução lógica da problemática. A configuração totalitária revelada por Víctor Farías é de uma nitidez desconcertante, e une todas as pontas até então secretas e camufladas cujo ponto de convergência é a obra de Heidegger. Tudo faz sentido a partir das inevitáveis confissões públicas dos políticos e dos filósofos. Nada é fruto do acaso filosófico. Da teologia da libertação ao terrorismo islâmico, da revolução nacional-socialista à bolivariana, da revolução comunista à iraniana, Heidegger é o elo de ligação e de tragédia. Víctor Farías desmontou o quebra-cabeça do *networking* planetário de defesa do nazismo contemporâneo, mesmo que com diferentes nomes e vestimentas dissimulatórias. A democracia precisa conhecer seus inimigos e seus discursos.

Hitler e sua maior herança no planeta: Heidegger. Nascidos em 1889 como se fossem irmãos siameses, Hitler e Heidegger deixam um criminoso rastro universal de sangue inocente. É preciso estancar o mais rápido possível esse grande e poderoso aparelho de tortura jamais produzido pela mente humana: a máquina mortal Martin Heidegger.

Capítulo 1 | Alemanha: *"Alles Grosse steht im Sturm"* – Heidegger na Luta dos Neonazistas e Neofascistas Alemães pela Hegemonia na Europa

1. OS PREPARATIVOS DO REVISIONISMO HISTÓRICO: ERNST NOLTE E A NOVA COMPREENSÃO ANTISSEMITA DA HISTÓRIA ALEMÃ E EUROPEIA

Os alemães costumam ter uma relação muito especial com seu lugar na História e no mundo. Só conseguem ver a si mesmos como um povo com um vínculo privilegiado nos dois casos. Depois de sua infrutífera tentativa medieval de germanizar a latinidade e sua instituição fundamental, sede da cristandade – renovada também no fracasso posterior de destruí-la espiritualmente (Lutero e sua reforma) –, sua autocompreensão sempre foi entendida pelos alemães como uma espécie de compensação extradecisiva para a totalidade do mundo e de sua história. O barroco alemão (de Abraão a Santa Clara) afirmou com toda a seriedade que a linguagem e o espírito alemães eram os únicos realmente universais e, portanto, superiores. Hölderlin entendia e chamava os alemães de "o coração dos povos", e suas duras críticas à Alemanha eram no sentido de reforçar essa missão transcendental. As tentativas de instaurar o Segundo Reich (com Bismarck), e acima de todas as coisas a do assim chamado Terceiro Reich, são os píncaros de uma tendência histórica obsessivamente frequente e visível ainda hoje, inclusive na vida cotidiana. "Alemanha, Alemanha por cima de todas as coisas do mundo" tem uma significação subjetiva ("para mim"), mas também agressivamente objetiva ("para todos"). O pangermanismo obsessivo é obviamente compensatório para o fato de não ter conseguido consolidar nem um império, nem um sistema ideológico-político de dimensões universais, como o direito romano, nem tampouco um estado nacional emergente no período pós-feudal, apto a assumir a modernidade e sua revolução. A anedota surgida na época da fundação da Companhia de Jesus é reveladora ainda hoje. Quando, no século XVI, Santo Inácio de Loyola quis fundar sua primeira província germânica, seu enviado, após uma longa estadia, chamou a sua atenção para os riscos, por se tratar "de um povo assaz curioso e extremado: quando são fortes são cruéis e quando são fracos são servis". Essa tendência para os extremos, que destrói as inúmeras virtudes, pode conduzir ao extremo mais agressivo, aquele formulado virtuosamente pelo maior jurista nazista, Carl Schmitt: "O destino dos alemães é militarizar o mundo ou aniquilá-lo". Esse caminho conduziu a Auschwitz, quer dizer, à maior perversidade que os seres humanos conhecem, a um processo de destruição de seres humanos judeus concebidos não como "raça inferior" utilizável como servos, mas como antirraça, como uma "bactéria histórica" cujo extermínio se transformou na maior missão histórica dos alemães. Essa catástrofe espiritual, na qual os alemães não agiram sozinhos, colocou todos aqueles que iriam nascer diante de uma situação inédita: o eterno sonho de ser os "melhores do mundo" (resgatado em parte pelos avanços econômicos, sociais e culturais de alto nível) teria que se entender com esse "peso da noite". Abriu-se então um debate a respeito da "culpa coletiva" (Karl Jaspers), mas também um movimento restaurador "da grandeza interior e da verdade" não só do povo alemão, mas também de momentos "resgatáveis" do nazifascismo.

Nisso, Heidegger, como se sabe, desempenhou um papel fundamental. Antes de mais nada, na restauração cultural internacional, começando pelos ágeis colaboradores franceses próximos ao revisionismo mais extremo (Jean Beaufret). E também um trabalho de limpeza fundamental relativo, para eximir de "culpa" os alemães, em sua participação filosófica, política, econômica e militar, na guerra criminosa que causou 50 milhões de mortes e milhões de judeus exterminados. Era imprescindível não apenas tornar o genocídio "explicável", mas também resgatar um germe de racionalidade nele. A figura fundamental para assumir essa tarefa foi justamente um aluno (e discípulo político) de Martin Heidegger: Ernst Nolte. Ele foi aluno de Heidegger e assistiu às suas aulas em Freiburg, em 1942. Na nova edição de meu livro *Heidegger e o Nazismo*, revela-se o conteúdo dessas aulas, que Heidegger concebeu e articulou levando em conta que a maioria de seus ouvintes era formada por membros da Wehrmacht, o Exército nazista, cujos oficiais e soldados se deslocavam especialmente até Freiburg. O filósofo estava promovendo não apenas um trabalho restaurador de momentos genéricos fundamentais do nazifascismo, mas, também, e muito particularmente, assumia um antiamericanismo feroz e extremamente racista, chegando a afirmar, por exemplo, que "os americanos desceram abaixo dos animais" e que os soldados alemães não deviam lutar contra eles, e sim "caçá-los" e exterminá-los como se faz com os animais (Erlegen). A presença de Ernst Nolte nessas aulas e o próprio caráter delas representavam uma continuidade da presença do pensamento heideggeriano na restauração contemporânea do neonazismo alemão.

O elemento desencadeador do desenvolvimento ideológico da figura de Nolte provém de Heidegger e de sua filosofia. Nolte é um historiador medíocre, acima de tudo "narrativo" e com um domínio baixíssimo de seu ofício. É muito pouco frequente que suas altissonantes e provocadoras teses generalizantes estejam solidamente fundamentadas em documentação de fontes primeiras de arquivos. O próprio nível apenas regular de sua carreira universitária docente dá mostras disso, e, na verdade, uma opinião pública indulgente e o caráter escandaloso de suas propostas foram os fatores que o catapultaram a um pódio midiático. Depois da influência heideggeriana da década de 1940, verifica-se a influência exercida sobre Nolte por um antecessor importante: Armin Mohler e seus livros, uns vinte anos antes que eclodisse a chamada "polêmica dos historiadores". De fato, Mohler restaura o nazismo já em seus livros *Was die Deutschen fürhchten* [O Que os Alemães Temem], de 1965, e *Vergangenheitsbewältigung* [Superação do Passado], de 1968. Claus Leggewie chamou a atenção para esse fato (*Leitkultur*, 1987, p. 205). Não apenas a opinião pública, mas setores importantes do mundo político tinham amadurecido o suficiente para que a chamada "polêmica dos historiadores" pudesse aparecer em cena anunciada por esse discípulo de Heidegger. No surgimento do revisionismo histórico, pode-se falar de um trabalho coletivo do neonazismo e do neofascismo internacional. O revisionismo histórico já havia sido genericamente formulado pela primeira vez na França. Paul Rassinier, com seus estudos *A Mentira de Odisseu* e *E Agora, Odisseu?*, começou a pôr em dúvida a realidade do Holocausto. Maurice Bardeche em seu ensaio *A Política da Destruição* (1950) relativizou a responsabilidade do fascismo alemão na guerra e no extermínio. Os historiadores americanos de militância neonazista Basil Henry Lidde II-Hart (*As Verdadeiras Causas da Guerra*, 1946), Harry Elmar Barnes (*Perpetual War for Perpetual Peace*, 1953) e David L. Hogan (*A Guerra Imposta*, 1960) fizeram a mesma coisa. Os alemães começaram a erguer a cabeça só na década de 1970. O professor Hellmut Divald escreveu em 1978 sua *História dos Alemães*, e nela afirmou que "o que realmente aconteceu a partir de 1940 é uma coisa que permanece obscura, nas questões fundamentais, apesar de tudo que já foi escrito" (p. 74).

Foi então que, em 1986, Ernst Nolte publicou pela primeira vez, no *Frankfurter Allgemeine Zeitung* (no artigo "Um Passado que Não Quer Passar"), sua hipótese fundamental. Nesse artigo inaugural, Nolte recorreu justamente à mesma estratégia de malabarismo conceitual com que Martin Heidegger acreditou poder responder às objeções que seu aluno Herbert Marcuse tinha formulado depois da guerra, em sua famosa carta: relativizando. O Holocausto não tinha nada de "único": o extermínio de 6 milhões de judeus era perfeitamente comparável ao que milhares de alemães tiveram que suportar quando abandonaram sua Heimat. Nolte começa por se perguntar se Auschwitz é realmente um fato "singular", único e sem imitações. Para isso, procurou fatos comparáveis na história humana e estabeleceu a tese de um "nexo causal" entre o Arquipélago Gulag soviético e Auschwitz. Com isso, relativizou os crimes nazistas, afirmando que o Arquipélago Gulag era "mais originário" do que Auschwitz, e que o "assassinato classista" dos bolcheviques era anterior no tempo aos "crimes raciais" dos nacional-socialistas. Talvez Hitler só teria cometido seu "crime asiático" porque teria se sentido vítima potencial de um "crime asiático" anterior. Nolte nunca apresentou documentos para fundamentar suas generalizadoras e improvisadas afirmações panfletárias. Ele também não quer ver que, com todo o caráter massivo e criminoso do stalinismo, o "crime de classe" tinha pelo menos um objetivo "racional": a destruição do inimigo de classe *para* instituir uma sociedade sem classes, que deveria beneficiar todos os homens (os proprietários do mundo inteiro). Por mais disparatada que seja essa tese, ela não pode ser comparada ao programa de extermínio nazista que se propôs como meta estratégica fundamental à hegemonia germano-ariana sobre o planeta e ao extermínio de seres humanos por "serem o que são" (bactérias judias). A própria guerra mundial foi transformada assim pelos nazistas num meio para o fim decisivo: o Holocausto. É por isso que Ernst Nolte quer avaliar de outro modo as "razões" para o desencadeamento da Segunda Guerra Mundial. O verdadeiro motivo de Hitler não teria sido seus planos de conquista no Leste Europeu (*Volk ohne Raum*, um "povo sem espaço"), com a correspondente escravização dos "humanoides eslavos". Na verdade, foi Stálin quem viu na Alemanha altamente armada e no agressivo Hitler uma oportunidade para realizar seus anseios expansionistas. Ele queria o ataque alemão com o objetivo de poder, finalmente, desencadear sua ofensiva. Com isso, Nolte reduz, no mínimo, à metade a responsabilidade alemã e nazista na mais feroz guerra conhecida. Stálin teria sido o "modelo" de Hitler e o Holocausto foi "tão somente" a imitação dos métodos de dominação com que Stálin havia consolidado seu poder durante anos. Em linhas ainda mais gerais: sem bolchevismo não há nazismo, sem Stálin não há Hitler, e sem Arquipélago Gulag não há Auschwitz.

Essa hipótese, "demonstrada" de forma muito deficiente, provocou uma verdadeira catástrofe junto à imensa maioria dos historiadores alemães sérios, acostumados a fundamentar sua argumentação na documentação, expressada principalmente em monografias. Mas, exatamente porque Nolte é acima de tudo um propagandista culto e um ativista que serve objetivamente à restauração ideológica de que os ativistas políticos necessitavam, seus efeitos foram muito mais percebidos nesses ambientes. A radicalização agressiva que o próprio Nolte desenvolveu depois de suas publicações da década de 1980 foi extremada e provocativa. Em 1993, ele assumiu em seu livro *Questões Discutíveis, Controvérsias Atuais e Futuras sobre o Nacional-Socialismo* as teses de Paul Rassinier e Robert Faurisson, segundo as quais nunca houve o propósito ideológico do extermínio e que inclusive o assassinato de centenas de milhares em campos de concentração ou guetos, ou mediante fuzilamentos promovidos pelo Exército alemão nazista devem ser entendidos no contexto das exigências e das certamente excessivas exigências da própria guerra. Numa entrevista ao semanário *Der Spiegel*, em outubro de 1994, a respeito do extermínio em massa nos campos de concentração, Nolte chegou a declarar:

> Não posso excluir a possibilidade de que a maioria das vítimas não tenha morrido em câmaras de gás, e sim que houve um número comparativamente maior dos que morreram por epidemias, maus-tratos e fuzilamentos em massa. Não posso assim diminuir a importância dos exames feitos nas câmaras de gás pelo engenheiro americano Fred

Leuchter, [...] e não posso negar que no nacional-socialismo houve elementos positivos e tendências louváveis. [...] Hoje eu sou muito cético em caracterizar todas as guerras iniciadas por Hitler como "ataques", porque Hitler não era decerto apenas um ideólogo, e a Segunda Guerra Mundial era tendencialmente, conforme as possibilidades, também uma guerra de unificação europeia.

Com isso, o heideggeriano Nolte assume a mesma atitude niveladora que Martin Heidegger havia enunciado na tristemente famosa conferência de 1953 em Bremen, em que não via diferenças essenciais "entre a fabricação de cadáveres nas câmaras de gás e a transformação da agricultura em indústria alimentícia". Mas em 1994 ele vai ainda mais longe, se isso é possível, justificando seus autores, as SS: "Se a multiplicação das naturezas soldadescas no povo é um objetivo legítimo e máximo, então é preciso aceitar que as SS, com sua política positiva junto à população (deportações e execuções), foram a única tentativa séria de impedir um desenvolvimento que hoje parece ser insuperável" (*Streitpunkt*, 1994, em Steinberg, <wsws.orglde>). Com isso, deixava aberta a consolidação da posterior (e atual) proposição racista e ativamente agressiva que se desencadeia na Alemanha e em toda a Europa, e que veremos ser articulada não só nos neonazistas alemães, mas em seus camaradas ideológicos da Itália e da França. O filósofo mexicano Bolívar Echeverría formulou isso com exatidão: "Discípulo de Heidegger, Nolte emprega aqui um argumento heideggeriano [...] um argumento que Heidegger sugere, revestido numa forma literária, naquele 'drama filosófico' que ele redigia enquanto ocorria a capitulação da Wehrmacht alemã em 1945" (Echeverría, *O Sentido do Século XX*, em <www.lainsignia.org/2204/noviembre/int 036.htm>). Em seu livro *A Alemanha Neonazista e Suas Ramificações na Espanha e na Europa* (Anaya/Mario Muchnik), Michael Schmidt e Cesar Vidal estudaram a influência e a aceitação de Nolte também entre os círculos não necessariamente fascistoides alemães (op. cit., p. 181

ss.). Foi assim que ele, por exemplo, recebeu nesse meio-tempo a mais alta distinção do partido Democrata Cristão Alemão (CDU), o Konrad-Adenauer-Preis.

Ernst Nolte, assim como outros acadêmicos alemães, publicou depois de 1987 livros obviamente escritos com uma pressa descontrolada, com o objetivo de enfrentar a polêmica internacional provocada por *Heidegger e o Nazismo*. Nas aulas sobre Heidegger em sua cátedra da Universidade Livre de Berlim, os estudantes devem ter ouvido, consternados, declarações ofensivas sobre meu ensaio. Nolte publicou seu livro *Heidegger, Política y Pensamiento en Su Vida y Pensamiento* (Madri, 1989) com um evidente objetivo político. No prefácio, ele confessa ao leitor que o texto deve ser entendido como uma continuação de seus livros anteriores. Também do ponto de vista metodológico, podem-se observar ali as mesmas deficiências. Ele confessa que "à diferença de Farías e Ott", ele não baseia suas proposições em documentos e fontes primárias, mas "em literatura secundária e textos de Heidegger" (op. cit., p. 21). Com isso, Nolte não apenas se poupava de muitíssimo trabalho, mas abria as comportas para escrever um extenso panfleto com o objetivo de recuperar um Heidegger capaz de ser utilizável na promoção do neofascismo alemão e europeu. O texto está repleto de hipóteses não confirmadas, insinuações veladas, perguntas não respondidas e uma absoluta falta de fundamentação mais séria. Nolte é um historiador que em geral trabalha com documentos e, quando tenta analisar textos filosóficos, deixa evidente que carece absolutamente de um ofício que certamente tem uma sólida tradição na Alemanha.

Nolte afirma que Heidegger assumiu o nazismo como "Socialismo Alemão", opção que era um tanto calculada e que procurava atingir uma "aproximação entre as diferentes camadas sociais", vinculada com o "Ente em sua totalidade", diferente dos propósitos exterminadores de Hitler (op. cit., p. 173). Também não precisaria exagerar em relação a Hitler, porque este, só em alguns casos parece ter tomado os judeus como seu grande adversário [...] e em nenhum caso seu conceito de extermínio foi tão plenamente compreendido quanto no leninismo (até 1939 ou 1940, dificilmente Hitler teria em mente outra coisa além de um escalonado e progressivo afastamento dos judeus alemães). O nacional-socialismo, diferentemente de Heidegger, não tinha apenas um conceito de extermínio quase filosófico-histórico, mas também biológico. Ao denunciar a concepção "moderada" de Heidegger, Farías sonha com uma humanidade unitária e homogênea, desde o ponto de vista de um iluminismo vulgar. Por isso, não tem o direito de atacar Heidegger. (Op. cit., p. 174)

Em seu esforço para resgatar um Heidegger útil para a promoção de um neonazismo definido, mas apresentável na República Federal Alemã de 1987, Nolte interpreta as aulas sobre Hölderlin (1934-1935), tomando como evidente e aceitável o ultranacionalismo da exegese heideggeriana, protegendo-o com um suposto distanciamento do regime hitlerista transformado num nazismo burocratizado (op. cit., p. 192). Em seu estilo conscientemente impreciso, Nolte afirma mais de uma vez que "estaríamos inclinados" a pensar que, em suas aulas na época da guerra mundial, Heidegger evita dar à sua filosofia um componente bélico, e que "só quer desdobrar forças espirituais e históricas" (op. cit., p. 192). Mas ao mesmo tempo ele lembra afirmativamente que, para Heidegger, tal como na *Introdução à Metafísica* de 1936, também em 1941-1942 – isto é, em plena guerra – o "inimigo" é demoníaco e exige, portanto, um tratamento extremo: "Há indícios que apontam que Heidegger achava inevitável uma luta armada da Europa unificada em torno da Alemanha contra a fúria bárbara das duas gigantescas potências continentais" (op. cit., p. 192). Então, obviamente, quando Nolte mostra que a crítica heideggeriana se dirige contra a Rússia, os Estados Unidos e também a Alemanha nazista, revela que era justamente outra Alemanha, a espiritual e metafísica, a que realmente importava, e era dela que Heidegger esperava que se tornasse a vanguarda de uma nova Europa, numa renovada luta armada contra os bárbaros russos e americanos. Nolte define assim com perfeição exatamente o Heidegger de que os neonazistas e neofascistas germanófilos necessitam:

> Estilizar Heidegger até transformá-lo num "combatente de resistência" acaba sendo tão disparatado quanto estilizar Hitler até transformá-lo num mero "criminoso". Somente o moderno iluminista vulgar e contador de lendas vê na história desta época uma luta titânica entre o Bem e o Mal que, em última instância, teria encontrado um final aceitável e benéfico na ocupação da Europa pelas novas superpotências. (Op. cit., p. 203)

Quando Nolte observa que Heidegger criticava o nazismo "vulgar" como um dos "imperialismos planetários", ou seja, um imperialismo que "concebe o homem como nação, que se quer como povo, que se cultiva como raça, e por último se habilita como senhor do mundo", ele está abrindo as comportas para um novo nazismo, um neonazismo em que se conservam os modelos autoritários da sociedade fundamentados no "espírito" alemão superior, e não em sua "raça". Mas não numa força espiritual determinada, como a "vontade de Nietzsche", como o condutor espiritual que os nazistas vulgares "poderiam" ou "deveriam" ter. "Nietzsche atinge o ápice insuperável do subjetivismo e da essência da vontade modernos, abrindo a possibilidade de passagem para um novo 'envio'" (Nolte, op. cit., p. 207). Esse novo "envio" é justamente o Heidegger pangermanista e "espiritual" de que os neonazistas necessitam para atuar intelectual e politicamente num mundo que não quer falar de "raças" e que lhes é quantitativamente estranho. Mas, ao mesmo tempo, Nolte, sinuosamente e se autoprojetando, não perde os vínculos com as "fontes": "Parece que, na época imediatamente anterior à eclosão da guerra, Heidegger ainda não tinha proposto a ideia do 'povo metafísico' preso 'numas tenazes'. No entanto, essa ideia efetivamente se destaca em algumas ocasiões, ainda que essas ocasiões sejam escassas, e apenas na forma de vagas insinuações" (op. cit., p. 208). A clara alusão às "assombrosas vitórias germânicas" (op. cit., p. 211) é relativizada pela transformação de Nietzsche em alguém que teria se distanciado da "mobilização total". Por outro lado, Nolte deixa claro que Heidegger apoiou intelectualmente a guerra nazista:

> Seria falso afirmar que, durante esses anos de guerra triunfal, Heidegger tinha se limitado a "esconder a cabeça", a separar seus interesses da política concreta ou, simplesmente, a se refugiar na posição de um "exílio interior". Existe um alentado número de declarações procedentes dessa época que permite supor, sem grande risco de errar, que Heidegger acompanhou o desenrolar da guerra com um profundo interesse, e que de alguma forma equiparou o nacional-socialismo com o americanismo ou o bolchevismo. (Nolte, op. cit., p. 221)

Nolte, que afirmava mais acima o caráter "moderado" do "socialismo alemão" heideggeriano e que interpreta em 1936 o povo metafísico na tenaz *da qual o nazismo vulgar faria parte*, deixa então manifesto aqui: obrigado por sua vinculação à origem nazista, exatamente durante a guerra criminosa, Heidegger "puxa com tenaz" o nacional-socialismo vulgar para transformá-lo na força armada que defende o povo metafísico. Inclusive, ele diz:

> Seja como for, Heidegger utiliza o pronome "nós" quando na mesma aula volta a expressar sua posição em relação a um acontecimento político contemporâneo: "Se, por exemplo, os ingleses disparassem agora por todos os flancos nas unidades da frota francesa atracadas em Orã, então, de sua posição de poder, isso seria completamente 'justo', pois 'justo' significa apenas aquilo que é útil para o incremento do poder". Com isso, está se dizendo ao mesmo tempo que *nós* não podemos nem devemos justificar esse ataque em nenhum caso. Todo poder tem, metafisicamente falando, seu direito. (Nolte, op. cit., p. 222-23)

Quando faz essas afirmações, Heidegger se permite "certa ambivalência", e a própria "certa ambivalência" (op. cit., p. 225) se manifesta nas aulas sobre Hölderlin em 1942, quando "Heidegger não parece se identificar imediatamente com o nacional-socialismo, mas sim com o Reich alemão, como o lugar central da Europa, cujo destino, no entanto, não podia se desligar do destino do nacional-socialismo [...]. Nesse ponto, a ambivalência é ao mesmo tempo um enigma" (op. cit., p. 224). Mas, em contrapartida, Nolte não vê enigma algum numa "verdade" de vigência permanente, particularmente nos esforços neofascistas para restaurar a "nova Europa": "No entanto, também podemos encontrar declarações aparentemente evidentes, como, por exemplo, a que aparece na página 179: 'A natureza é a-histórica e o americanismo é anti-histórico e, portanto, catastrófico, como nenhuma natureza pode ser' (Martin Heidegger, *Gesamtausgabe*, vol. 53, p. 179)". Mas o nacionalismo compulsivo, que certamente era a *Stimmung* predominante nessas aulas a que Nolte assistiu em Freiburg, rompe as barragens e faz o historiador revisionista escrever:

> E também em Heidegger "um abismo se abriu" e o separou de suas próprias esperanças e desejos de gênero "político", quando a grande guerra, próxima de seu desenlace, foi decidida nos campos de batalha da Rússia e no céu da Alemanha. Mas durante esses anos Heidegger não desapareceu no silêncio, e sim deixou de se pronunciar (ou fez isso de uma forma cifrada) sobre o curso da História, sobre o americanismo, o bolchevismo ou o nacional-socialismo. (Op. cit., p. 225)

Com isso, Nolte deixa bem claro qual a missão de Heidegger em prol de uma Alemanha nova, natural e filosoficamente dotada para conduzir a Europa:

> Será que Heidegger imaginava que o nacional-socialismo era o fim de uma resistência legítima contra a modernidade e, nessa medida, uma antecipação daquilo que chegaria a ser, nas décadas vindouras, a tarefa da Alemanha? E o que Heidegger quer dizer quando nega o perigo de um ocaso? Será que ainda acredita na vitória ou isso significa que o ocaso inevitável não seria na verdade nenhum "perigo", mas uma "possibilidade essencial"? (Op. cit., p. 236)

E ainda: "Durante os primeiros meses de 1945, era como se os Cavaleiros do Apocalipse tivessem atravessado a Alemanha, e em

30 de abril ocorria o suicídio de Hitler" (op. cit., p. 226). Diante disso, só restava a Heidegger o caminho de uma retirada tática, mas Nolte, o preparador de caminhos para o neonazismo, vai mais longe e repreende Heidegger por haver se rebaixado a "dar explicações" a um semanário massivo e liberalista como *Der Spiegel* a respeito de sua atitude perante o nacional-socialismo. Nolte destaca que Heidegger defende de forma tosca sua conhecida ligação com as SAs e seu pangermanismo:

> Heidegger diz que (no princípio) o nacional-socialismo havia caminhado numa direção correta para conquistar uma ligação satisfatória com a essência da técnica. Heidegger reafirma que cabe aos alemães uma tarefa especial, e isso devido justamente ao parentesco intrínseco entre as línguas alemã e grega, que são, de um modo incomparável, as mais adequadas para o pensamento. (Nolte, op. cit., p. 300-01)

No entanto, para o fundamentalista Nolte, a defesa intransigente desses dois elementos genéricos do nazismo está em contradição com a humilhação assumida por Heidegger ao dar "explicações", perante *Der Spiegel*:

> Ninguém que tenha nascido depois daquela época tem o direito de julgar uma tendência de comportamento tão generalizada quanto foi a de Heidegger, pois essa tendência era o resultado da situação, inteiramente extraordinária, provocada por uma derrota catastrófica produzida por rendições e vitórias fora do comum e impossíveis de serem geradas por um homem isolado ou um reduzido "bando de criminosos". Mas Heidegger não era simplesmente um entre tantos alemães, e sempre tinha se oposto ao "Se". Também tinha se comprometido neste ponto como muitos outros, e o fato de que, ainda por cima, tivesse escolhido a *Der Spiegel* foi uma coisa indigna dele, e marcou o ponto mais baixo que sua vida dedicada ao pensamento tinha chegado. (Nolte, op. cit., p. 302)

Assim como Heidegger pediu uma vez a Hitler que fosse mais consequente, aqui Nolte pede mais radicalidade a Heidegger pensando nos "vindouros", mas, qualquer que fosse o conflito, numa coisa Heidegger merece respeito incondicional: em sua recusa teimosa em reconhecer a monstruosidade insuperável do Holocausto, o extermínio dos judeus. A discussão com um Marcuse que enfrenta Heidegger com "a tortura, a mutilação e o extermínio de milhões de seres humanos", comparando esses crimes com o "translado forçado" dos alemães de seu habitat, para Nolte é uma discussão "eminentemente política e os argumentos esgrimidos também poderiam ter ocorrido em qualquer discussão sustentada entre um judeu indignado e um alemão decidido a opor resistência [...]. Heidegger e Marcuse argumentaram como membros de uma nação ou de uma comunidade de crença, mas não como historiadores nem, naturalmente, como filósofos" (Nolte, op. cit., p. 305-06). Nolte improvisa uma atitude de filósofo quando justifica que Heidegger, em 1953, havia dito que "a fabricação de cadáveres nas câmaras de gás é a mesma coisa que a transformação da agricultura em indústria alimentícia mecanizada". Quando afirma que são "a mesma coisa", argumenta Nolte, não significa que "são iguais". Chegando a esse ponto, é possível entender sua mensagem profunda. Nolte deixou claro que ele, Heidegger e os nazistas não são iguais, mas que são a mesma coisa, e entrega aos "vindouros" alemães e a seus servos europeus a verdade interior e a grandeza da filosofia de Martin Heidegger, a chave para uma nova tentativa de construir uma nova Europa, fundada num nazismo renovado.

2. *JUNGE FREIHEIT* E O PAPEL POLÍTICO DO FILHO DE MARTIN HEIDEGGER NO ADVENTO DO NEONAZISMO ALEMÃO

Junge Freiheit é um dos periódicos alemães que assumem uma função relevante na difusão de um ideário criptofascista na Alemanha do pós-guerra. Autodefine-se como uma publicação que "cultiva a honra da grande tradição cultural e espiritual da nação alemã. Sua meta é a emancipação política da Alemanha e da Europa e o cuidado com a identidade e a liberdade dos povos do mundo". Foi fundado em Freiburg justamente em 1986, ano da primeira publicação agitadora de Ernst Nolte. Em 1988, superava os limites de um periódico pensado, antes de mais nada, para os estudantes universitários, e já em 1990 se transferia definitivamente para Berlim. Em 1997, o estado da Renânia-Westfália, como capital da Alemanha, decide colocar a *Junge Freiheit* sob a observação do serviço de inteligência, devido aos "indícios ostensivos de seus vínculos com círculos extremistas". Apesar dessas suspeitas, em 2005 o Tribunal Constitucional Federal declara que as medidas adotadas pela Renânia-Westfália são inconstitucionais. O amplo espectro de seus colaboradores deixa claro que o periódico procura endereçar suas mensagens a um público virtualmente influenciável. Em seu folheto de apresentação, inclui uma vasta lista de seus entrevistados, revelando o amplo setor que procura abranger. Ao lado de alguns inexoráveis dirigentes políticos da comunidade judia e conhecidos sociais-democratas, aparecem nomes como Plácido Domingo, mas também personalidades bem próximas ao ambiente reacionário ou até pró-fascista: Jörg Haider, Hans Georg Gadamer, Ibrahim Helal (redator-chefe do canal de televisão Al-Jazeera), Leni Riefenstahl e Kurt Waldheim. Em 12 de junho de 1993, o jornal *El País*, na seção "Barbelia", informava sobre a *Junge Freiheit*:

> Os jovens lobos da *Junge Freiheit* proclamam a revolução conservadora. Num horripilante artigo que analisa a programação da televisão alemã na Sexta-Feira Santa, esses autoproclamados discípulos de Heidegger, Spengler e Jung chegam à conclusão de que são muitos os programas sobre a perseguição aos judeus durante o Terceiro Reich e que, em muitos deles, "falsifica-se a história alemã". Para a autora do artigo, Jutta Wickler, "os judeus", especialmente aqueles liberais assimilados, perderam a identidade, e para substituí-la tentam estigmatizar os alemães e construir pelo mundo inteiro memoriais para as vítimas do Holocausto. Para a *Junge Freiheit*, "a dádiva do Holocausto cria um mito que permite estilizar o complexo de Auschwitz para reconstruir uma nova identidade. Para os judeus, o memorial substitui

o Deus que perderam". Não contente com isso, a autora finaliza dizendo que "o antijudaísmo da cristandade europeia é teologicamente legítimo e necessário", e para isso ela cita São Paulo, "que relaciona a chegada de Deus, quer dizer, o fim dos tempos, com a conversão dos judeus. Quer dizer, os judeus devem se declarar a favor de Cristo como o Salvador e o Pantocrator". (*El País*, loc. cit., p. 28)

Em que contexto objetivo a *Junge Freiheit* dizia isso? Em 1993. Numa documentação sobre "Antissemitismo: A Alemanha de Todos os Dias", pode-se ler:

> Em 1992, bombas incendiárias são lançadas no memorial do campo de concentração de Sachsenhausen, e em janeiro de 1993 centenas de judeus berlinenses recebem cartas de ameaça quando se comemora o ataque de Hitler ao poder, exigindo deles que abandonem a Alemanha. Em Eisenhüttenstadt, o cemitério judeu é profanado. Na comunidade judaica de Prenszlau, placas recordatórias são destruídas. No mês de março, em Berlim, deputados pró-nazistas exigem a expulsão dos judeus soviéticos e a sinagoga de Berlim é profanada com pichações nazistas. No mesmo mês, a placa recordatória em Oranienburgo, lembrando "o primeiro campo de concentração alemão", é destruída. Pela segunda vez em poucas semanas, no mesmo mês, o cemitério judeu em Eisenhüttenstadt é profanado, com lápides sendo destruídas e túmulos sendo rabiscados com suásticas. Em abril, frases racistas e antissemitas são escritas em edifícios públicos de Repten, próximo a Vetschau. Em Berlim, onde já tinham sido instalados os escritórios centrais da *Junge Freiheit*, a polícia prende dois militantes neonazistas que participavam de um atentado incendiário contra o memorial de Sachsenhausen. No cemitério judeu de Lindow, numerosos túmulos são profanados, em junho alguns estudantes antifascistas tentam denunciar através de desenhos a tradição antissemita da cidade, mas a polícia destrói os desenhos. Um neonazista é acusado de participar da formação de um grupo neonazista, "Camaradas Alemães", mas no Tribunal Supremo o fiscal-geral federal Alex von Stahl suspende a causa – o mesmo fiscal que tinha defendido a causa da *Junge Freiheit* contra o estado da Renânia-Westfália. Em agosto, o cemitério da comunidade Adass Isroel é profanado, e em setembro o cemitério judeu de Wriezen é atacado

com pichações de "NSDAP".[1] O monumento aos soldados soviéticos é coberto com suásticas e a legenda "Judeu incomoda". Em outubro, os escritórios de parlamentares judeus em Berlim são assaltados, e nas muralhas são escritos slogans antissemitas e nazistas. No mesmo mês, em Ravensbrück, três neonazistas ameaçam uma funcionária do memorial, e sujam os livros dos hóspedes e os fornos crematórios. No memorial para os judeus deportados de Berlim-Grunewald, as instalações são profanadas com a colocação de duas cabeças de porco. Em novembro, o presidente da Comunidade Judaica da Alemanha, Ignaz Budis, era ameaçado com bombas, e no memorial de Oranienburgo voltam a aparecer inscrições nazistas. No mesmo mês, e pela quarta vez, as janelas de vidro da Sinagoga de Berlim são destruídas, e em dezembro o túmulo de Marlene Dietrich é profanado mais uma vez com pichações do NPD e com excrementos.

O catálogo prossegue e cresce vertiginosamente até nossos dias. Estou reproduzindo apenas o que aconteceu na época em que o *El País* decidiu falar sobre os heideggerianos da *Junge Freiheit*, para que o leitor conheça o contexto e o ambiente. É a situação e a época em que Ernst Nolte fazia suas declarações improvisadas. Foi então, nesse periódico, que em 2001 iria aparecer uma entrevista muito significativa com Hermann Heidegger, filho plenipotenciário de Martin Heidegger, com o título: "Meu Pai Não Queria Se Aviltar – Entrevista de Hermann Heidegger, o Filho do Grande Filósofo, sobre Seu Pai, Seu Legado e a Luta contra Historiadores Escandalosos e Sensacionalistas".

Esse texto é uma peça antológica não apenas de simpatia e colaboração com tendências criptofascistas, mas também de uma adulteração sistemática e consciente da realidade. Perguntado a respeito dos antecedentes ideológicos do desenvolvimento ulterior do filósofo, Hermann afirma que nas cartas à sua mãe, escritas do front de "guerra", não é possível encontrar nenhum rastro dos pensamentos que os comprometeram mais tarde. Agora que conhecemos grande parte da

---

[1] Sigla do Nationalsozialistische Deutsche Arbeiterpartei, o Partido Nazista alemão. (N. T.)

correspondência, sabemos de numerosas declarações do mais radical antissemitismo, escritas em 1916. Hermann fala também do "peso anímico" que a guerra teria provocado em seu pai, e acrescenta que, de maneira nenhuma, como pretende Ernst Nolte ("a quem conheço e estimo muito..."), Heidegger teria tido "uma experiência guerreira positiva" no front, e que "teve uma visão terrível dos horrores da guerra" [...]. "Quando for publicada esta correspondência com minha mãe, há de surgir uma luz inteiramente nova sobre ele."

De resto, na correspondência se encontram os antecedentes mais crus do racismo antissemita e do pró-nazismo precoce de Heidegger, em documentos de 1916 a 1933, período até então desconhecido. Numa carta de 1918, Heidegger expressa seu temor de que "a raça alemã" seja superada pela "raça judia". "A judaização da nossa cultura e das nossas universidades é uma coisa espantosa, e eu acho que a raça alemã deveria reunir suas forças interiores para enfrentar" (*Mein Liebes Seelchen: Briefe Martin Heidegger an Seine Frau Elfride 1915-1970*, Munique, 2005, p. 51). A verdade é que a única luz nova foi a revelação sensacional para certa imprensa de que Hermann Heidegger não era na realidade filho legítimo do filósofo, mas de um amigo do casal. Mais adiante, Hermann defende seu monopólio para autorizar a alguns cientistas seletos o acesso aos manuscritos de seu pai, um fato que acarretou vários desastres editoriais e provocou uma crítica quase unânime dos especialistas do mundo inteiro.

Como exemplo do mau uso dos manuscritos, ele acusa Hugo Ott, um cientista de indiscutível seriedade. Também denuncia (dessa vez com justa certeza) não apenas as imprecisões da biografia jornalística de Rüdiger Safranski, mas também o fato de que faz uso ilegítimo das fontes, "copiando dos livros de Hugo Ott e Víctor Farías". Aproximando-se dos assuntos decisivos, ele admite que "o erro político de meu pai foi uma coisa indiscutível", mas ao mesmo tempo afirmando de forma sibilina que ele mesmo ingressou no Exército em 1937, "não apenas para escapar das sombras de meu pai, mas também porque sabia que na Wehrmacht já não teria que lidar com o partido". Chegando a esse ponto, ele relata sua presença pontual nas mesmas aulas a que Ernst Nolte assistia. À pergunta da *Junge Freihet* sobre se "os sentimentos mais agressivos de seu pai parece que estiveram dirigidos contra o Ocidente e os Estados Unidos", Hermann responde sem rodeios: "Isso é verdade, e alguns encontros com americanos depois da guerra acabaram reforçando ainda mais essa convicção". Com isso, fica bem claro o que o filho pensa sobre as perspectivas que seu pai tinha à época: "Ele tinha a esperança, em 1933, de impor suas ideias para reformar as universidades alemãs com a ajuda do nacional-socialismo".

Mas, se alguém quiser medir o que existe de paradoxal na declaração de Hermann Heidegger, pode ler a pergunta seguinte, em que Hermann Heidegger e *Junge Freiheit* formulam ao mesmo tempo uma versão daquilo que consideram "resgatável" no nazifascismo: "Ele pensou na Alemanha quando agia assim?". A resposta: "Era um anseio de servir à Alemanha, porque ele via a missão dos alemães em sua capacidade de assumir a tarefa dos gregos para o mundo ocidental [...]. Para ele a consolidação do Ocidente era muito importante [...]".

A denúncia fundamentada das incoerências, das falsidades e da tática para infiltrar as consciências com um neo-heideggerianismo despertou também em Hermann um sentimento descontrolado: "Quando determinados autores perceberam que com ataques a Heidegger poderiam conseguir muita atenção, certamente não deixaram a oportunidade escapar, como fica demonstrado pelo fato de cientistas alheios à disciplina, como o sociólogo (sic) Farías e o historiador de economia Ott, escreverem diversas falsidades sobre o filósofo Heidegger". O leitor de *Junge Freiheit* deve com isso entender que Heidegger teria se tornado nazista para transformar a universidade alemã, com a ajuda dos nazistas. Mas no caráter absurdo dessa hipótese o filho de Heidegger envolve a "nova" verdade": seu pai queria apenas salvar o Ocidente, porque só a Alemanha conhece a fórmula do resgate, que é a recuperação de Hellas.

Isso, de fato, não é o nazismo de ontem, mas justamente a proposição de Heidegger para o nazismo de hoje e do futuro.

3. MARTIN HEIDEGGER COMO FIGURA EMBLEMÁTICA PARA O NPD, A FORMAÇÃO POLÍTICA CENTRAL DO NEONAZISMO ALEMÃO

A presença insólita de Martin Heidegger no mundo da mais representativa e poderosa instituição neonazista alemã, com uma influência que chega a aparecer nas lutas de rua dos novos nazistas, surgiu para mim ao ver num programa de televisão do NPD aqueles rapazes enormes, de cabeça raspada, usando jaquetas e calças de couro pretas, marchando com botas pretas e com os típicos cadarços brancos, que significam sua repulsa pelos estrangeiros, e levando nos braços um enorme cartaz onde estava escrita com letras garrafais a famosa frase final do Discurso Reitoral: *"Alles Grosse steht im Sturm"* ("Toda a grandeza está no ataque"). Após uma rápida busca, compreendi que a frase e aquele mar de bandeiras neonazistas provinham da capa desenhada para ilustrar o grosso volume em homenagem aos 35 anos de existência do NPD, editado em 1999 por seu ideólogo mais conhecido: Holger Apfel. O volume publicado, com suas 470 páginas, serve assim de base para nos aproximarmos do significado da ligação entre o partido neonazista e sua compreensão do sentido político atribuído por essa organização ao pensamento de Martin Heidegger. As *Thesen zum Nationalismus* são uma espécie de extenso manifesto ideológico fundamental. Destaco algumas delas:

> 1. O nacionalismo é a busca dos povos pela independência, por sua autodeterminação, liberdade e unidade. É a vontade de um povo pela autoafirmação e autorrealização ante interesses alheios e exigências de poder. É a concentração de um povo em suas próprias forças. A independência e autonomia são os pressupostos para a preservação da identidade de um povo. Os povos independentes e orgulhosos, e somente eles, são os sujeitos dos fatos políticos e o motor dos acontecimentos históricos.

2. A história não é a história da luta de classes, mas a das lutas entre os povos. O nacionalismo é uma resistência atemporal permanente.

3. A perda da consciência nacional é um retrocesso social e histórico, um sinal de decadência, e também o início da luta que traz a morte.

4. A consciência nacional se fundamenta na raça originária comum na tradição e na concepção de vida comuns. Quanto maior é a parcela de um povo que tem consciência de sua nacionalidade, tanto mais capaz de progredir é a nação a que ele pertence. Um povo consciente de si mesmo, que se unifica num Estado independente, desenvolve a mais alta forma de sua identidade comum.

[...]

6. O nacionalismo assume o novo conceito de ser humano que a ciência revela. A ciência refuta e rechaça a tese fundamental dos internacionalistas sobre a suposta igualdade entre os homens. O desajuste entre exigências e realidade, que se revela nas ideologias internacionalistas, é a verdadeira causa do colonialismo. O ideal de uma "humanidade universal" é uma generalização imprópria e inaceitável. A realidade não é "a Humanidade", mas o mundo dos mil povos.

7. O nacionalismo luta contra o liberalismo e o comunismo porque essas duas ideologias são materialistas e por isso mesmo inumanas. Visto que o liberalismo se impôs por sua força maior, ele será o inimigo principal do tempo vindouro.

[...]

10. Na nova "Comunidade do Povo", pela qual lutamos, as contradições e deficiências do sistema político e econômico vigente serão superadas.

[...]

12. O nacionalismo denuncia o procedimento do imperialismo, de distrair os povos em sua luta de libertação, inventando oposições fictícias, como a do capitalismo contra o imperialismo. O nacionalismo reconhece que os inimigos não são os povos, mas apenas o opressor

explorador universal comum, que é o verdadeiro inimigo de todos os povos. (Op. cit., p. 205)

Quais seriam as razões pelas quais um partido como o NPD escolheu uma frase tão emblemática de Martin Heidegger como uma divisa de ação e combate políticos?

Para chegar a uma resposta consistente a essa questão, em junho de 2006 enviei uma carta ao líder ideológico do NPD, Holger Apfel, membro eleito do Parlamento da Saxônia e líder de sua bancada parlamentar, solicitando-lhe que me explicasse as razões doutrinárias da ligação de sua organização com Martin Heidegger. Reproduzo aqui sua resposta.. O texto fala por si mesmo:

NPD
Os nacionais
03/07/2006
Sr. Dr. Víctor Farías
Lateinamerika-Institut
Rüdesheimer Str. 54-56
14197 Berlim

Assunto: Sua carta de 1º de junho de 2006/ *"Alles Grosse steht im Sturm"*

Respeitável Sr. Dr. Farías:

O senhor deseja se informar a respeito da procedência ideológica conceitual do título do livro editado por mim, *Toda a Grandeza Está no Ataque: Tradição e Futuro de um Partido Nacionalista*. Ou seja: o que o NPD tem a ver com Heidegger?

Se o senhor ler nossas publicações, e inclusive o volume mencionado, poderá constatar que não usamos citações de Heidegger como os partidos comunistas costumam fazer com Karl Marx, para abençoar uma atitude política com a citação de um texto. Não aceitamos uma dependência direta entre teoria e práxis, como as concepções totalitárias do mundo fazem. Isso não corresponde à nossa visão da história.

O título *Toda a Grandeza Está no Ataque* não é, porém, de forma alguma, uma casualidade. Heidegger chamou a atenção, com urgência, para a situação diferenciada da filosofia ocidental desde Nietzsche. Hoje já não é possível decidir sobre questões políticas seguindo-se receitas teóricas preestabelecidas. Sabemos desde então que não existe um "fim da história" predeterminado. A vida é uma luta eterna, e o homem não representa uma exceção a isso.

E com isso me refiro à citação. Como o senhor sabe, ela provém do grego Heráclito, e é citada por Heidegger em seu Discurso Reitoral. Ela se alinha junto a uma série de outros princípios famosos: "Tudo é devir" e "A guerra é o pai de todas as coisas". De acordo com isso, não existe um princípio supremo para o qual tudo deve se dirigir. A história está em aberto e permanecerá assim. Daí obtemos também nosso dever e nosso direito para a política nacional. Quem espera que algum dia, e após o aparecimento de uma "ordem universal justa", ele e seu povo receberão um lugar adequado, pode esperar um longo tempo. Essa promessa da modernidade já revelou uma ilusão há muito tempo. Depois do colapso do comunismo, ela se mantém em vigência em alguma forma moderada de liberalismo, que também promete a todos o Maná da abundância e da paz, mas a cada dia aumenta o número de seres humanos que não acreditam nisso.

Com isso, chegou também ao fim a autoridade sacerdotal dos intelectuais. Heidegger quer nos dizer também que sua própria decisão política, apesar de ele mesmo ser um filósofo, continua sendo um risco (um *Wagnis*), exatamente como no caso do simples trabalhador. Ninguém pode saber qual será o resultado final.

É assim que eu entendo a citação, e por isso a considero programática para nosso Partido, que novamente arrisca um ponto de vista completamente novo, sem se refugiar em outras autoridades além da própria vida, que dá a cada um a oportunidade de se autoafirmar, mas nada mais do que isso.

O que seria o "pequeno" que se opõe ao "grande" que emerge na tormenta e que de uma forma enganosa nos promete segurança? Essa "pequenez" aparece para nós na denúncia que o senhor fez em 1987 contra Heidegger, e há pouco tempo contra Salvador Allende... Sua intenção de estudar "as relações dos filósofos alemães com a política" promete coisas interessantes muito positivas. Aconselhamos o senhor a começar por Jürgen Habermas e se interrogar sobre sua participação e sua atividade responsáveis pelo estado atual lamentável da Alemanha. Trata-se, neste caso, de uma personalidade conhecida. De uma denúncia perfeita e, além disso, de uma contribuição autêntica para a renovação cultural.

Desejo-lhe muito sucesso e lhe envio saudações cordiais,

Holger Apfel, Mdl
Líder da Bancada Parlamentar do NPD no Parlamento da Saxônia

Não seria adequado chamar a atenção para a confusão entre Heráclito e Platão, justamente porque o vínculo que Apfel faz com o primeiro serve para deixar clara a militarização (combatividade) da história que movimenta seu partido. Mas, no que se refere à função agitadora da invocação heideggeriana que conclama ao ataque com a finalidade de fazer "a grandeza" emergir, lembrando nisso as SAs (*Sturm* = Ataque), é importante ler o que diz sobre isso o "Documento para Estratégia da Direção do NPD":

> Todas as ideias e conceitos relacionados com a mobilização das massas devem ser experimentados mais de uma vez. Também isso deve ser entendido como um processo dinâmico. O caminho que conduz da escrivaninha à rua e desta novamente à escrivaninha deve estar livre de obstáculos. O trabalho programático não apenas define as metas do NPD, como também faz parte da prática operacional. A luta política só pode ser bem-sucedida quando se unem o homem de pensamento e o de ação. Os intelectuais, os tribunos oradores, os organizadores e os que marcham devem agir unidos, nenhum pode fazer coisa alguma sem os outros. Porque a *Palavra* perde muito de sua força quando não é colocada à frente das massas, e as massas irão se diluir e se dispersar se a *Palavra* não marcha em sua vanguarda. Só a força unida das duas pode conseguir alguma coisa contra o poder estabelecido do dinheiro. (Op. cit., p. 359)

4. HEIDEGGER E O "ESQUERDISMO" DOS NEONAZISTAS ALEMÃES

Em *Heidegger e o Nazismo*, demonstrei pela primeira vez que a opção de Heidegger pelo nazifascismo populista era a viga mestra de sua atividade política e a equivalente fundamentação filosófica do nazismo, e que isso se traduziu numa decidida simpatia pela variante de Ernst Röhm, suas SAs e as organizações estudantis que proclamavam pelas ruas que "O inimigo está à direita". A assimilação de momentos fundamentais da filosofia heideggeriana pelos movimentos e teóricos esquerdistas é manifesta e se estende aos setores que agora e durante o Terceiro Reich se autodenominavam "nacional-bolcheviques". Do mesmo modo como na década de 1930 os nazistas aproveitaram os momentos críticos e deficitários que o capitalismo em plena crise oferecia, no presente os neonazistas e os neofascistas também irão encontrar nas contradições agudas do capitalismo europeu um ponto de partida para a agitação social. A elevada margem de desemprego e as desvantagens do capitalismo globalizado oferecem uma frente de mobilização que pode harmonizar o "socialismo" com a xenofobia e o racismo desenfreado.

São exatamente a estratégia populista do NPD e sua conotação heideggeriana revolucionária que ficam manifestas nos textos doutrinários incluídos no livro *Toda a Grandeza Está no Ataque*, o texto citado anteriormente, em que o NPD estabelece suas metas estratégicas e põe tudo às claras quando fala da luta contra "o poder estabelecido do dinheiro". Isso será ampliado nas metas internacionais que o NPD propõe a todo o espectro neofascista europeu e mundial para lutar contra o imperialismo americano (conduzido pelo "judaísmo internacional"). Essa estratégia se refletirá na proposição tática de criar uma frente ampla que certamente deverá incluir os marxistas-leninistas que forem capazes de entender o socialismo como um empreendimento e uma tarefa nacional:

> Nessa tarefa, devem ser incorporados não só os direitistas "clássicos", mas também os numerosíssimos ativistas ecológicos desiludidos

e os esquerdistas idealistas da antiga República Federal. Mais ainda: também os marxistas-leninistas que acumularam experiência na RDA podem se converter nos companheiros de luta mais valiosos, se entenderem o socialismo como Comunidade do Povo. (Op. cit., p. 359)

A situação política e social da Alemanha exigiria isso. Trata-se de lutar

contra os poderosos da Alemanha, unidos ao grande capital da indústria alemã, que construíram um complexo político neonacional e que rechaçam a identidade nacional [...]. É preciso começar a se separar do internacionalismo e promover uma decisão equivalente no âmbito racial ("*Völkisch*"), orientada por um nacionalismo que protege o espaço vital (*Lebensraum*) independentemente de quais forem as forças que impulsionem o novo desenvolvimento histórico. (Op. cit., p. 357)

Nessa estratégia "socialista" e "nacional", o NPD não esquece os princípios neonazistas. Já citei o estudo sobre "A Volta dos Socialistas". Os neonazistas do Leste alardeiam uma ditadura que não pode ter sido tão grande assim. Apoiando-se numa ampla representação parlamentar neonazista, os dirigentes do NPD se valem das graves deficiências na reconstrução da antiga Alemanha comunista para estimular os ressentimentos e as desilusões, o ódio inveterado por tudo o que não seja alemão, os "estrangeiros", para propor reformas populistas racistas, que vão desde a expulsão e agressão física dos estrangeiros (inclusive incendiando em larga escala edifícios habitados por asilados políticos) até reformas da legislação social para aliviar as altíssimas cotas de desemprego. Mas não renunciam a questões fundamentais. Numa concentração, o dirigente do NPD Manfred Roeder (Stralsund), condenado pela justiça como terrorista, disse: "Quando o NPD chegar ao poder, vamos derrubar os 5 mil monumentos supérfluos que honram o Holocausto", e faz ameaças às instituições alemãs: "Quem hoje reprime os patriotas, quem como juiz manipula o direito e proíbe nossas manifestações, quem hoje nos golpeia, este perdeu todo o direito de ser tratado com decência. [...] Nós alemães estamos moral e juridicamente muito acima de qualquer outro povo. Somos nós que deveríamos exigir reparações" (op. cit., *Frankfurter Rundschau*, 31 jul. 1998, p. 3).

Afirmando, por outro lado, que o NPD não aceita a violência como um meio político para não ser colocado na ilegalidade, seu líder máximo Udo Voigt e seu ideólogo Holger Apfel conseguiram aquilo que até agora tinha sido impossível: reunir numa única organização os tradicionalistas, os populistas nacionalistas da DVU e os neonazistas militantes, contando com uma importante representação parlamentar nas províncias do Leste. Caminham separados, mas batem juntos.

Do ponto de vista histórico, é notável constatar o número crescente de trânsfugas ou convertidos do movimento "revolucionário e marxista", terroristas também, que assumiram as mesmas posições extremas, mas sob o novo signo, e se tornaram figuras emblemáticas do neonazismo ou da Nova Direita.

Certamente, o caso mais relevante é o de Horst Mahler, um dos mais importantes ideólogos e ativistas do NPD. Com seu trabalho de advogado hábil, foi uma figura-chave na defesa e apoio das quadrilhas terroristas da RAF, e conseguiu uma vasta rede de apoio internacional em que incluiu figuras emblemáticas da filosofia e do esquerdismo europeu, como Jean-Paul Sartre e Simone de Beauvoir. Sua transformação em líder do NPD é um exemplo paradigmático do processo de mutações entre recalcitrantes totalitários partidários da violência. Eles foram denominados "nacional-bolcheviques", recorrendo a uma nomenclatura da década de 1930, época em que, no seio do nazifascismo, as contradições pela linha estratégica ainda não estavam resolvidas. Por outro lado, complementando os direitistas enaltecidos e revolucionaristas como Heidegger, Jünger ou Schmitt, impôs-se a denominação de "nacional-revolucionários", e certamente se concede a eles uma função paradigmática na nova revolução que deve transformar a Europa. O caso dos "nacional-bolcheviques" representa uma transformação ideológica e política que pressupõe uma traição completa a alguns momentos definidores da "esquerda". No novo discurso, o internacionalismo cede seu lugar ao nacionalismo populista, a igualdade dos seres humanos é substituída pelos "nichos étnicos", pelas identidades nacionais, que são em si mesmas excludentes, e o antissemitismo – que entre os marxistas é frequente, mas só de fato, e nunca por princípio, como entre os nacional-socialistas ou assemelhados – também ocupa um lugar preferencial entre os ex-revolucionários.

O caso de Horst Mahler é dramático: ele chegou, inclusive, a ultrapassar taticamente a prudência oportunista mas oficial do NPD. Num comentário desconcertante, um dia depois do atentado às Torres Gêmeas, Mahler afirmou: "Finalmente chegou ao fim o culto mundial de Javé, da Usura. Os ataques a Nova York e Washington foram eminentemente eficientes e por isso legítimos". Em meio ao antiamericanismo que percorre hoje toda a Europa, e no qual se articulam os mais profundos ressentimentos pela perda de sua hegemonia mundial, reúnem-se assim sem problemas "as lembranças alemãs nostálgicas com a crítica dos velhos esquerdistas ao liberalismo, e estes por sua vez se aproximam dos conceitos burgueses conservadores e das reservas alemãs-nacionalistas que, com gosto, proclamam os argumentos da Revolução Conservadora dos tempos de Weimar" (Berndt Ostendorf: "Die sogenannte Amerikanisierung Deutschland", em <www.ejournal.at/essayusgerm-html/>).

Fazendo uso do reservatório reacionário tradicional, para o qual "a origem do comunismo deve ser procurada no mundo americano/anglo-saxão" (Heidegger), e do revolucionarismo marxista, para o qual a América é o exagero da liberdade, as duas facções acreditam ter encontrado um inimigo comum que as une. Mahler e outros antigos revolucionários afirmam que, na luta contra a América, os antigos esquemas de "esquerda-direita" perderam a atualidade e o sentido. É assim que se fala também de um "nacional-marxismo", de uma unidade nova entre os esquerdistas leninistas e os hegelianos da Nova Direita para a luta contra a suposta hegemonia americano-judaica. O parceiro de Rudi Dutschke, Bernd Rabehl, professor de ciências políticas na Universidade Livre de Berlim, lamenta hoje que "os valores alemães tradicionais e suas elites, o dever, a fidelidade, a honra e a obediência, ao serem destruídos pela esquerda, deixaram o terreno livre para a *reeducação* americana. Por isso hoje é necessário lançar uma nova 'Reforma', dessa vez racial(*Völkisch*)-nacional e uma oposição extraparlamentar de 'direita'", e por isso ele e outros camaradas das barricadas guevaristas aparecem frequentemente como oradores em atos políticos neonazistas (B. Ostendorf, loc. cit.). Quando em sua entrevista a *Junge Freiheit* o filho de Heidegger confirmava, em 2002, o antiamericanismo atávico e agressivo de seu pai, renovado depois da guerra, obviamente fazia isso no contexto conceitual que se reflete na atualidade alemã do problema e reatualizava a presença de Heidegger na luta política atual.

5. "TODA A GRANDEZA ESTÁ NO ATAQUE", NA FILOSOFIA NEONAZISTA E NEOFASCISTA: HEIDEGGER, PIERRE KREBS E STEUCKERS

PIERRE KREBS

Se alguém imaginar que a famosa frase do Discurso Reitoral só está presente nos desfiles de rua do NPD, estará completamente enganado. Ela serve também para articular conceitualmente a mensagem político-filosófica do pensador e ativista mais importante do neofascismo franco-alemão: Pierre Krebs. No número inaugural da principal revista neofascista que Krebs dirige, *Elemente für die europäische Wiedergeburt* [Elementos para o Renascimento Europeu], pode-se ler intitulando o artigo editorial a famosa frase: "*Alles Grosse steht im Sturm*".

A frase paradigmática foi admiravelmente escolhida. Não só porque tinha sido retomada pelo próprio Heidegger com posterioridade e sem os ranços platônicos (metafísicos) do início. "*Alles Grosse ist einmalig*" (Toda grandeza é única"), ele proclamava nas aulas de 1934-1935 sobre Hölderlin (op. cit., p. 145), e em 1935 diz nas aulas da *Introdução à Metafísica* que "*Alles Grosse kann nur gross anfangen*" ("Toda grandeza só pode começar grandiosamente") (op. cit., p. 12), e repete com insistência na mesma aula, acrescentando que: "A grandeza, para ser grande, só pode chegar grandiosamente a seu fim" (ibid.). Em *Der Satz vom Grund* (1957), ele dirá que a "grandeza do que é grande só é pensada pelo moderno homem pensante sob o predomínio do *principium rationis*" (p. 197).

Um exame cuidadoso do texto já citado e de outros textos de Pierre Krebs documenta o processo de recepção da filosofia de Martin Heidegger no movimento neofascista europeu. A revista *Elemente für die europäische Wiedergeburt* é um dos mais importantes órgãos de difusão e análise do ultradireitismo racista, e em sua direção, conselho diretor e colaboradores regulares se reúnem preeminentes ideólogos extremistas. Antes de mais nada, o criador da "Nova Cultura", Alain de Benoist, mas também Guillaume Faye (Paris), Dante Goosen (Pretória), Pascal Junod (Genebra), Isidro J. Palácios (Madri), Stefan Sete (Milão) e Michael Walter (Londres). *Elemente* é uma publicação do Thule-Seminar (Kassel), uma das instituições mais importantes vinculadas ao Grece, a *think tank* da Nova Direita (ver: Horst Seferens, "*Leute von übermorgen und vorgestern*": *Ernst Jüngers Ikonographie der Gegenaufklärung und die deutsche Rechte nach 1945*, Bodenheim, 1988, p. 251). Sobre Pierre Krebs e o Thule--Seminar, ver Wolfgang Gessenharter: *Kippt die Republik? Die Neue Rechte und ihre Unterstützung durch Politik und Medien*, Munique, 1994, p. 131 ss., em Seferens, op. cit. (loc. cit).

O Thule-Seminar é observado pelo Verfassungsschütz, o Serviço Secreto de Segurança Interior, encarregado da observação dos cidadãos (ver *Informe Annual NRW*, 1997, cap. 2. "Rechtsextremismus", 2.5 "Neue Rechte", também sobre P. Krebs). De acordo com o relatório do órgão,

> o Thule-Seminar trabalha distribuindo desde 1997 as *Cartas-Informes Thule*. Seu redator é um neonazista que mantém ativo o mailbox extremista *Widerstand BBS* na Red Thule, e que já é conhecido desde o passado [...]. A publicação de *Elemente*, iniciada em 1986 [...], é uma imitação de *Elemente*, revista análoga francesa editada desde 1973 pela Nova Direita. Eminentemente elitista, a revista não foi planejada para amplas massas. Apesar de tudo, forma com seus leitores células "metapolíticas". Um diretório que controla hierarquicamente o conjunto editou um "Regulamento para a Organização de Células". (Ibid.)

Pierre Krebs começa seu editorial definindo a *Elemente* a partir das "três dimensões de nossa luta": a "dimensão humana, que nos aproxima da comunidade"; a "dimensão intelectual, porque a revista deve se transformar na plataforma decisiva de nossas ideias"; e a "dimensão estratégica, porque *Elemente* será o sujeito difusor delas".[2]

Esses três momentos definem a linha de atuação da revista e do texto como fundamentalmente político-cultural, mas isso porque "cultura" e "povo" são a mesma coisa. A elite intelectual europeia emitiu, unânime, seu veredito sobre a degeneração histórica da Europa. Moeller van den Bruck, Arnold Huelen, Oswald Spengler, Konrad Lorenz, José Ortega y Gasset, mas também Saint-Exupéry e Kipling,

---

[2] Pierre Krebs: "*Alles Grosse steht im Sturm*", *Elemente für die europäische Wiedergeburt*, n. 1, 1986, Editorial. "'Heidegger-Fausto', que assume o Ser helênico como ninguém, conclama-nos à preservação e ao cuidado de nossa identidade, de nossa vida, da vida de *todos* os povos: 'Nós amamos a nós mesmos. Porque as forças jovens já decidiram isso. A glória e a grandeza dessa irrupção só serão compreendidas quando sentirmos vivas em nós toda a profundidade e a amplitude de onde nasceu a antiga sabedoria grega': 'Toda grandeza está no ataque'", Pierre Krebs, "Unser inneres Reich". In: P. Krebs (ed.), *Mut zur Identität: Alternativen zum Prinzip der Gleichheit* [Coragem em Defesa da Identidade: Alternativas contra o Princípio Igualitário]. Struckum, 1988, p. 9-39 e 36-37.

deixaram claro que "a Europa já deixou de ser ela mesma. Com isso o deserto se expande, o direito dos povos às diferenças e à sua própria identidade é colocado num índex, o significado do político, do projetar-se (*Entwurf*) e o risco, o significado do sagrado e o desafio, em resumo, tudo o que representa o *sentido da vida* está desaparecendo de forma irreversível" (loc. cit.). A humanidade que conta é colocada apocalipticamente diante da crise mais radical:

> As metástases da sociedade de consumo já não respeitam nenhum país. A economia nos impõe a ditadura do mais horrível e mais perigoso totalitarismo. Os povos, imobilizados em sua segurança conquistada, já são totalmente propensos a ele. Parece que renunciaram a continuar a história num mundo que os aprendizes de feiticeiro do igualitarismo transformaram em uma coisa morta, superficial, uniforme e medíocre. Um mundo que carece de crises, diferenças e espontaneidade – um mundo que renega a vida. (Ibid.)

É a hora de Heidegger, portanto. Martin Heidegger enfrenta toda essa ameaça, escreve Krebs, "ao denunciar a ausência de espírito que irrompe como uma destruição de forças espirituais, como uma repugnância por todo questionamento originário a respeito dos fundamentos (*Introdução à Metafísica*)" (ibid.). Pierre Krebs compara depreciativamente a grandeza espiritual de Heidegger com "a mascarada mais terrível, que fez da Alemanha um títere estúpido, quando Richard von Weizsäcker, há um ano, degradou-a num número circense em que o desprezível concorreu com a imbecilidade pelo prêmio de honra" (ibid.). Pierre Krebs está se referindo ao discurso do presidente Richard von Weizsäcker diante do Parlamento, no qual pediu o perdão da comunidade internacional pelos crimes que os alemães cometeram em nome da Alemanha. Não apenas contra os judeus, mas também contra cristãos, comunistas, ciganos e outras minorias: "Heidegger, pelo contrário, deixa claro que a amnésia histórica e política caíram sobre a Alemanha. A pátria de Fausto e Novalis, a pátria da alma interrogadora e dos desafios espirituais está sofrendo um tremendo retrocesso, de um tipo que é elevado à categoria de Sistema de Estado" (p. 1). É contra isso que se rebelam os melhores espíritos da Alemanha: Jünger e Benn, e sobretudo Heidegger. Krebs vai estilizar a mensagem heideggeriana de rebeldia que faz da Alemanha o centro do conflito decisivo, e anuncia ao mesmo tempo que a reconquista se iniciará a partir dela. "A Alemanha, o lugar de nossas fraquezas mais vergonhosas, de nossa mais baixa *infidelidade*, o lugar onde nossa identidade está mais ameaçada, mediante uma justa inversão das coisas, irá se transformar no lugar da resistência mais forte, da reconquista implacável. Nesse sentido, *Elemente* será a pátria intelectual e espiritual da nova vontade alemã, da vontade mais atrevida" (ibid.).

Aos pessimistas, *Elemente* tinha demonstrado que "o desespero mais extremo sempre cria as condições para a mais alta esperança" e, parafraseando estilisticamente o mestre, Pierre Krebs diz que, "através do ato de se retirarem da História, os povos podem morrer, mas no 'meridiano zero' de seu destino também podem encontrar as motivações mais elevadas para seu renascimento". A Europa, diz ele, "de Lisboa até Roma, de Paris até Genebra, Londres, Viena e Madri, vai organizar a partir de *Elemente* a contraofensiva dos intelectuais". A incorporação nessa frente ampla, comandada da Alemanha, torna possível mencionar não apenas Ernst Jünger e Julius Evola, mas também os espanhóis: "Em todos os níveis, nossa proclamação assume o direito soberano do que foi heroico e aristocrático [...] o protesto sustentado contra a cínica invasão da tirania econômica e social, e também contra a destruição de todos os objetivos elevados" (*La Torre*, n. 1, Editorial. Ibid.). O editorial de *Elemente* termina como começou, realçando a decisiva função espiritual e política que Pierre Krebs concede a Heidegger e sua filosofia: "'*Alles Grosse steht im Sturm*', Heidegger vem nos lembrar, e com isso volta a nos vincular à nossa origem grega. A Europa levantará voo novamente junto com o despertar de seus titãs adormecidos. *Elemente* só pode crescer no ataque, porque, nas palavras de Hölderlin, 'ali onde o perigo está, ali cresce também a salvação'" (ibid.).

O Thule-Seminar, a instituição de onde *Elemente* provém, enxerga a si mesmo como a vanguarda intelectual para o restabelecimento da hegemonia europeia sobre o mundo, sob o comando alemão: "A Europa foi humilhada em sua soberania e liberdade. A Europa deve entrar nos anos decisivos da resistência espiritual. A Alemanha é a plataforma do destino europeu. A Alemanha é o Reich interior, a partir do qual pode surgir uma nova era para a cultura europeia. Por isso realizamos a contraofensiva da intelectualidade".[3] Como diretor-geral do Thule-Seminar, Pierre Krebs, além disso, num extenso artigo adicional (n. 1, 1986), explicita outros momentos e objetivos relevantes de sua organização. Para ele, é da maior importância submeter a uma crítica radical não só a Escola de Frankfurt (Horkheimer, Adorno, Habermas), mas também o neomarxismo de Marcuse, o marxismo freudiano de Wilhelm Reich e Eric Fromm, e as "utopias primitivas" de Ivan Illich. Mas ao mesmo tempo é preciso denunciar as "catastróficas consequências da influência norte-americana. Porque, juntamente com rechaçar a Europa soviética do Leste e a Europa americana do Ocidente, o Thule-Seminar proclama uma Europa europeia que deve tomar consciência de sua identidade e de seu destino". Ele rechaça igualmente "o coletivismo totalitário e o sistema liberal-capitalista". Repete, assim, quase textualmente, as condenações heideggerianas de 1935: "A Europa, numa cegueira atroz e sempre a ponto de apunhalar a si mesma, jaz hoje sob a grande tenaz formada de um lado pela Rússia e do outro pela América. Do ponto de vista metafísico, a Rússia e a América são a mesma coisa: a mesma fúria desesperada da técnica desencadeada e da organização abstrata do homem normal...".[4] Todo universalismo, "seja de origem oriental ou

---

[3] Capa da revista do Thule-Seminar, Kassel.

[4] *Introducción à Metafísica*, Tübigen, 1953, p. 21. In: *Heidegger y el Nazismo*, p. 429.

ocidental, seja aristotélico ou tomista, judaico-cristão ou marxista", é uma imposição "totalitária". Todo universalismo totalitário "nega, antes de mais nada, a diversidade do mundo, as especificidades culturais e as diferenças raciais e étnicas". "Todo povo tem direito à sua diversidade, isto é, o direito de cuidar de suas particularidades raciais." A autovinculação de cada povo à sua mesmidade excludente, à sua "identidade", sem dúvida não elimina e sim pressupõe as diferenças e também as categorias desse povo. "Reafirmamos que o homem dispõe de uma (para ele essencial) liberdade de decisão, mas isso dentro de suas estruturas biológicas, genéticas e psicológicas, e também dentro de seu meio ecológico" (p. 2).

Para o Thule-Seminar, é muito importante assumir e ativar o "debate atual sobre as renovadamente comprovadas consequências das transgressões às leis da herança racial..." (ibid.). Pierre Krebs chega assim a reformular seu mestre: "A época que anunciamos é uma época de uma hierarquização acentuada dos povos [...]. Porque ela corresponde à vida, à sua diversidade e à desigualdade que constitui seu princípio básico" (p. 3). Parafraseando Hitler, Krebs conclui que, da vigência da desigualdade entre os seres humanos, "emerge a única dignidade irrenunciável: a dignidade de um homem que enxerga a si mesmo dentro de uma hierarquia".[5] Seria o caso, portanto, do único "humanismo" que não está subordinado a "nenhuma ficção

---

[5] "O ariano é o arquétipo daquilo que se entende por 'ser humano', mas sem a possibilidade de utilizar seres humanos inferiores, o ariano nunca teria conseguido dar os primeiros passos para sua cultura ulterior, do mesmo modo como, sem dúvida, sem a ajuda dos animais adequados, que ele soube domesticar, nunca teria conseguido conquistar a técnica que lhe permite paulatinamente prescindir desses animais. Mas, em todo caso, cabe dizer que a primeira cultura humana se deve menos ao animal domesticado do que à utilização anterior de seres humanos. Utilizando-os, deu-lhes inclusive um 'destino' que era muito melhor do que sua pretendida 'liberdade' anterior. Na medida em que soube manter sem escrúpulos sua posição de senhor, não só continuou sendo o senhor, mas também o preservador e o criador da cultura" (Adolf Hitler, *Mein Kampf*. Munich, 1932, p. 322-24).

metafísica, porque é orgânico e está fundamentado nas leis da vida, quer dizer, no povo" (p. 3).

A meta do Thule-Seminar é, portanto, alcançar uma "nova determinação do espírito europeu, e que por isso será metapolítica", vinculada tão somente à individualidade espiritual. Ela deve unir, numa direção comum, "a nova determinação da vontade contemporânea a fim de canalizar a influência efetiva de todas as fontes endogermânicas na criação do humanismo europeu do futuro" (ibid.). Até aqui, é *Elemente* em 1986. Por volta de 1990, a radicalização de Pierre Krebs e de sua organização, se podemos chamar assim, fez progressos. E com isso progrediu também a função atribuída a Martin Heidegger na "contraofensiva espiritual" do neofascismo. Na *Jahresausgabe* [edição anual] de 1990, Krebs publicou um longo artigo.[6] Em meio aos acontecimentos que deram início à derrubada do bloco comunista europeu e que eram vividos, não só na Alemanha, como o advento de tempos históricos inéditos, Krebs põe em movimento todo o instrumental filosófico-político heideggeriano para fazer o devido diagnóstico da época. Para ele, a mutação fundamental, em que pese toda a agitação, na verdade não aconteceu porque "a Rússia e a América, Heidegger *dixit*, são metafisicamente entendidas como a mesma coisa". Em 1990, portanto, pode-se dizer apenas que, "no momento em que se derruba o aparato do poder comunista, ergue-se o bezerro de ouro da sociedade liberal. Karl Marx já tinha adotado havia muito tempo sua nacionalidade verdadeira em sua verdadeira pátria: a América!" (p. 1).

Krebs pensa que, com isso, surge um desafio único. Heidegger tinha deixado claro que era o liberalismo quem tinha produzido o comunismo, seu "irmão gêmeo no monoteísmo da economia, e que o tinha tornado possível. Por isso, impõe-se a tarefa de desmascará-lo

---

[6] Pierre Krebs, "Eine Epoche in der Krise", *Elemente der Metapolitik zum europäischen Neugeburt*. Ed. Thule-Seminar-Forschungs und Lehrgemeinschaft für die indoeuropäische Kultur, n. 4, pp. 8-19, 1990.

agora e transformá-lo no inimigo fundamental dos espíritos lutadores" (p. 1). Para Krebs, tudo isso exige uma renovação espiritual. É Heidegger quem irá entregar novamente o diagnóstico e o tratamento exato: "Em sua *Introdução à Metafísica*, Martin Heidegger torna manifesto o papel decisivo que cabe ao espírito no renascimento da pátria alemã como a base insubstituível e a condição para o renascimento europeu: 'Justamente, se a grande decisão sobre a Europa não vai se dar pelo caminho do aniquilamento, então só poderá se dar através da aplicação de novas forças histórico-espirituais, provenientes do centro'" (p. 1).

Está-se também, em 1990, diante de uma "revolução", dessa vez no Leste alemão,

> uma revolução que está emprenhada de espírito, porque, por cima do desejo de reunificação política, expressa o amor pelas raízes, o anseio de recuperação da memória histórica, a busca do Ser alemão. Encerra em si uma nova dimensão do sagrado [...], um olhar interior para o nosso ser mais originário de onde provém o mito fundador de nosso povo. O mito de nossa origem, a fonte primária de nossa especificidade única, de nosso ser-diferente. (p. 1)

Evidentemente, essas grosserias devem ser lidas não apenas como promoção ativista do violento ultranacionalismo surgido na parte da Alemanha a que Krebs atribui toda uma revolução, mas também levando em conta o componente "socialista" que o neonazismo assumiu entre os alemães do Leste.[7]

---

[7] A atividade propagandista de Pierre Krebs e suas organizações se articulam harmonicamente com o forte movimento neonazista na Alemanha do Leste. Seria o caso de investigar se houve relações anteriores à queda do Muro de Berlim, dado o enorme número de atas que documentam as atividades neonazistas na época anterior. Mas, em todo caso, as convocações de Krebs a uma "segunda revolução" nacionalista estão ali dirigidas a um setor político neonazista que "voltou a descobrir o socialismo" e a "louvar uma ditadura que não pode ter sido tão má". O NPD declara sua convicção, como na época o NSDAP em seus inícios, as SAs e em especial toda a facção com a qual

A segunda seção de seu longo artigo não só vai ser intitulada com uma citação de Hölderlin/Heidegger ("No perigo nasce a salvação"), como no corpo do texto ele continuará falando de Heidegger, dessa vez aplicado criativamente à nova situação surgida depois da queda do Muro. "Esta Alemanha em ebulição transformadora esconde em si uma quase esquecida e poderosa esperança: uma Alemanha reunificada nos daria maior confiança e esperança num renascimento de toda a Europa e sua unificação. Mas, ao mesmo tempo, nunca antes essa esperança esteve tão ligada ao perigo do máximo desespero" (p. 8). Porque com a esperança emerge também a possibilidade de que cada país deixe de ser uma "comunidade" para se tornar uma "sociedade". "Como Moeller van den Bruck, Martin Heidegger e Max Scheller advertiram, apontando para a destruição das uniões que cresceram organicamente, o liberalismo é apenas a forma de expressão de uma sociedade que já não é uma comunidade."

Heidegger se identificou, de "não ser de modo algum um partido de direita". Foi o que declarou sua autoridade máxima, Udo Voigt, numa turnê eleitoral por Mecklenburgo-Vorpommern (Anette Ramelsberger: "Die Rückkerhrb der Sozialisten. Mecklenburg-Vorpommern: Die eigentümliche Wahlstrategie der NPD, *Süddeutsche Zeitung*, n. 174, p. 3). A crítica ao capitalismo e ao liberalismo, que provocaram a difamação da Alemanha, a desocupação através de uma verdadeira invasão de estrangeiros "radicalmente estranhos", "levou o NPD a propagar no Leste o socialismo, um socialismo em invólucro nacionalista que apela para a ainda latente educação da Alemanha comunista, para a domesticação humana, para a ordem e as estruturas claras. E os vincula com a desilusão a respeito da economia de mercado, com o ódio pelas grandes empresas e bancos" (ibid.). Voigt resume com audácia: "Estamos muitíssimo mais próximos do PDS [O partido sucessor do SED, o partido comunista] do que dos partidos de direita. Queremos um socialismo nacional" (ibid.) Assumindo esse paralelismo, é muito importante destacar o fato de que, em 1992, ativistas neonazistas, com o apoio e o beneplácito da população, incendiaram edifícios habitados por estrangeiros. "Nós nos unimos à Nova Esquerda na medida em que ela também assume a Europa como o centro, e estamos contra a Velha Direita, que insiste na terrível ameaça do Atlantismo", Pierre Krebs, *Mut zur Identität*, p. 33.

Pierre Krebs assume não apenas o conteúdo, mas também o estilo duvidoso das invocações do mestre: "Aquele que pode ler os signos e interpretar corretamente os símbolos sabe, no entanto, que no mais terrível perigo se oculta também a maior salvação: 'Talvez a noite do mundo se aproxime de seu centro. Talvez o tempo do mundo se transforme completamente num tempo indigente', como nos ensina Heidegger" (p. 9). Esse perigo implica "o cansaço pela vida, o niilismo materialista, a destruição da natureza e do meio ambiente, o culto ao consumo, a perda das categorias e hierarquias, a loucura do igualitarismo... e a decadência" (p. 9). Mas o antídoto transcendental nos põe a salvo: "Heidegger nos ensina que é possível um renascimento se nos reencontrarmos em nossa mesmidade, se lutarmos por nossa essência identificadora, se reconquistarmos nosso *ethnos* [...]. Até agora o bolchevismo e o americanismo eram duas forças correlativas, em certo sentido, os dois braços da tenaz materialista. Os povos da Europa do Leste destruíram o braço bolchevique a tenaz; a pressão cede" (p. 9-10).

O liberalismo e o comunismo foram incapazes de perceber a importância decisiva do "espírito", e por isso o triunfo aparente de um sobre o outro não significa uma mudança verdadeira e profunda. O marxismo sucumbiu graças à sua carência de espírito e o liberalismo deverá desaparecer pela mesma razão. Só desaparecerá no final, porque foi quem, com suas próprias forças, teve a capacidade de produzir e tornar possível o comunismo, "a diástole da demência universal igualitária..." (ibid.). "A América é, então, o principal inimigo" e, ao declarar isso, Pierre Krebs reúne num mesmo cacho os motivos de todos os antiamericanistas já citados[8] e acres-

---

[8] Recentemente, em sua obra *Im Kampf um das Wesen* [Em Luta pelo Ser] (1997), Krebs chega ao paroxismo em seu antiamericanismo: "O Big Brother faz com que a Europa se afunde na *morte étnica*, o modelo americano 'pós--europeu' da sociedade multirracial. A Europa está diante de um etnosuicídio..." ("Americanopolis", p. 82-84).

centa outros: Ernst Jünger, Julius Evola,[9] Roggero,[10] Hermann von Keyserling:[11] "A batalha que a One-World-Ideology perdeu indica que ela deve perder também a guerra. Os alemães do Leste se levantam contra 'os aprendizes de feiticeiro da sociedade multirracial' e 'nos dão coragem em nossa luta contra os sátrapas que, no Ocidente, ainda manipulam as alavancas do poder'". "Na alma alemã, seu sentir e seu pensar foram infectados e destruídos até o limite pelo *american way of life*" (p. 12). Nesse processo, "no qual a Alemanha foi desgermanizada por carecer de cultura", Krebs não vai ameaçar apenas com "perda da consciência da própria identidade". Em plena sintonia com as advertências de Heidegger, que em sua época ameaçava os alemães com "a perda da saúde do povo" e a invasão

---

[9] Julius Evola: "O etnocentrismo se esforça paradoxalmente em separar a Rússia do tronco asiático de sua existência, para dissolvê-la no mundo dos homens-máquina americanos. Em nossa época, a América inventou a religião da práxis. Pôs acima de tudo o apetite do lucro, o culto da produção, a fé na realização mecânica, imediata, notória e massiva. Construiu um organismo titânico em que o sangue se chama ouro, os membros, máquinas, e o cérebro, técnica. Nele, a Europa descobre uma espécie de *reductio ad absurdum* que só poderia ser aceito pagando-se o preço do sacrifício irremediável de uma cultura mais antiga e essencialmente estranha a ela" (ibid., p. 12). Julius Evola publicou também em *Elemente*, n. 5, "A Tradição Solar Indoeuropeia".

[10] R. Roggero: "O americanismo é a eliminação do homem individual, instinto de manada animal, maquinismo, repreensão de todos os costumes e usos, aniquilamento de toda a variedade vinculada à terra, uniformidade, mediocridade" (*Lavoro d'Italia*, 5 jun. 1928).

[11] Hermann von Keyserling: "O 'homem coletivo' bolchevique, que não é outra coisa além de um órgão social, diferencia-se do americano socialmente comprometido apenas no fato de que expressa as mesmas ideias em outro idioma" (Krebs, op. cit., p. 12). "Heidegger mostrou que os Estados Unidos fizeram da Alemanha um satélite no qual fazem seus próprios tumores cancerígenos crescerem. [...]. Para cumprir a tarefa que o filósofo da Floresta Negra lhe confiou, a Alemanha terá que empreender a mais violenta luta contra a Cosmópole americana-ocidental. Com a energia mais extrema, com a energia da legítima autodefesa. Aquela que exige usar os meios mais violentos contra o maior perigo" (Pierre Krebs, *Mut zur Identität*, p. 30).

de "uma barbárie qualquer", caso não assumissem a tarefa de serem eles mesmos,[12] Pierre Krebs os assustará aqui até com o fantasma de uma sociedade "neoprimitiva" (*Gehlen*). Numa sociedade assim, "serão criadas na Alemanha" as condições para o surgimento de uma "sociedade" em que "os costumes, os usos, as roupas e os alimentos, o ócio, a música e a educação vão destruir para sempre as formas de vida enraizadas, assim como toda forma de um ser-diferente não dominada pela mentalidade mercantil [...], os monopólios internacionais levam assim a um bom termo os ideais do 'cidadão do mundo' com uma eficiência até agora desconhecida" (p. 13). O que surge dali pode ser visto como uma resposta coordenada de Krebs à pergunta dramatizada por Heidegger em 1935: "Quando o temporal como história tiver desaparecido da existência de todos os povos, quando o boxeador comandar como o grande homem de uma nação, quando o fato de que milhões assistam a assembleias populares seja considerado um triunfo, então essas perguntas voltarão a travessar todo esse sabá, como fantasmas: para quê, para onde e depois o quê?".[13]

---

[12] "Perguntaram-nos se aprendemos com nossa experiência e se compreendemos que o momento do destino alemão coloca nossa existência diante da necessidade de decidir se queremos ou não um universo espiritual para o futuro de nosso povo e de nosso Estado. Se não queremos, e se não podemos fazer isso, cairá sobre nós uma barbárie qualquer, vinda do exterior, e teremos perdido definitivamente a função do povo criador de história" (*A Pergunta Fundamental da Filosofia*, 1943, em *Heidegger y el Nazismo*, p. 259-60). Heidegger, assim como Pierre Krebs e todo o pensamento próximo a algumas das formas do fascismo, opera com variações da estrutura da temporalidade histórica, mas todas elas concebem a temporalidade como a correlação entre "irrupção" e "perigo abissal imediato", de maneira que sua irrupção violenta sempre é a única resposta possível diante da explosão iminente de que o fascismo se adianta, no último momento.

[13] *Introdução à Metafísica*, op. cit., p. 28 ss., em *Heidegger y el Nazismo*, p. 429. Em 1934, 1935 e em numerosos outros textos, Heidegger chama o nazifascismo não só de uma "revolução", mas também de uma "eclosão", "irrupção". Ele o chama de "irrupção" nesse mesmo sentido na entrevista póstuma.

O que acontecerá então, responde Krebs, é a "barbárie", uma aberração que em nossa época recebe o nome de "sociedade multicultural ou multirracial". Num sobrevoo vertiginoso, Krebs afirma que todos os textos sagrados da humanidade (hindus, maias, gregos e "até judaicos") "condenam o cruzamento entre as raças e o veem como a origem da destruição e do caos [...]. A homogeneidade entre raça e cultura será sempre a única garantia para o desenvolvimento harmônico dos povos..." (p. 12-13). Para ser mais concreto e apontar melhor o "inimigo principal", Pierre Krebs cita então outro dos mais importantes ideólogos da ultradireita racista europeia: Guillaume Faye. Enquanto para Krebs a sociedade do futuro multirracial será composta "por seres semelhantes a zumbis [...], que desperdiçam a vida no vazio de sua existência inútil" (p. 14), Guillaume Faye vê nos frutos da mescla plural "mutantes que sacrificaram sua herança no buraco negro da exploradora sociedade mundial dos comerciantes".

> Todo mundo deve se enxergar como Nova York. Para que IBM, Coca-Cola e NBC-Network simplifiquem os modelos e costumes humanos e possam vender no mercado mundial seus produtos e programas, deve-se começar ocidentalizando os povos até pouco tempo atrás colonizados. A Europa, que baseada em sua tradição enraizada poderia se transformar num possível polo geopolítico e cultural de resistência, deve ser transformada numa mixórdia humana heterogênea e "multicultural", a fim de ser reduzida ao modelo universal da *northamerican society*. (p. 15)

No fundo, o problema poderia ser resolvido com medidas simples de "repatriamento" massivo daqueles que sejam naturalmente alheios a um povo essencialmente estranho a eles. "Nesse sentido, pode-se resumir numa única frase a grande oportunidade que emerge do impulso autônomo proveniente da Europa oriental: os alemães e aqueles que pertencem a uma raça estranha têm os mesmos interesses!" (p. 16). Em toda essa situação dramática em que a Alemanha luta procurando seu próprio *ethnos*, procurando a "mais longa memória", da qual Nietzsche e Heidegger falam (p. 16), há de triunfar a ideia de que só um mundo heterogêneo de povos homogêneos é capaz de sobreviver (p. 16). Todo desvio dessa necessidade será um atentado contra a vida. E, portanto, decadência. É nesse sentido que Martin Heidegger já havia denunciado esta "decomposição da alma em que os povos correm o risco de perder a última força espiritual que lhes permitiria pelo menos perceber essa decomposição (relativa ao destino do 'ser') e valorizá-la" (p. 17). A proposta alternativa, incluindo sua implementação prática, também leva a marca do nazismo pequeno-burguês – tanto no político ("uma democracia orgânica e um socialismo natural") quanto no econômico ("uma economia orgânica"). Ela coincide em tudo com o modelo do "socialismo nacional" de que as aulas de *Lógica* de 1934 falavam. E, por último, também para Pierre Krebs, a essência de todo esse projeto não deve ser entendida, naquilo que realmente é decisivo, como um chamado e um programa "políticos". Assim como Heidegger – que, como os gregos, dizia realizar "o nacional" tão adequadamente que "não precisava falar de política" –, Krebs também situa seu projeto na *arte*. Nela, há de se fundamentar transcendentalmente a verdadeira Alemanha, "a Alemanha de Hölderlin, sempre em revolta, sempre em busca de sua identidade, a Alemanha pagã..." (p. 18).

A conclusão se torna assim transparente:

> Os sinais que antecipam essa nova irrupção não podem ser vistos nem apontados na política, mas primeiramente e acima de tudo na *arte*, porque "a origem da obra de arte, quer dizer, a dos criadores e conservadores, isto é, por sua vez, a do ser histórico de um povo, é a arte. Isso é assim porque a arte em sua essência é uma origem, e não outra coisa: uma forma extraordinária em que a verdade é e se torna história", como Heidegger adverte mais de uma vez a todos os ignorantes de nossa época. (p. 18)

Daí deve surgir a nova Europa e a Alemanha que, por ser o centro do poder, já se libertou da "tenaz". E também por ser "o povo com mais inimigos por conta de ser o povo metafísico".

Pierre Krebs não limitou sua ação ao trabalho intelectual. Sua atividade, autodefinida como "metapolítica", frequentemente ultrapassa o limite tênue entre o pensamento filosófico e a crítica político-cultural. Por isso mesmo, suas críticas não vão se limitar apenas ao "inimigo principal" e suas variantes. A direita conservadora e "nacional", como na década de 1930 e também então para Heidegger, deixou de ser para ele um aliado tático na "hora dramática" em que acredita estar vivendo. No entanto, Krebs visualiza nela setores recuperáveis, mas justamente por isso sua crítica filosófico-política se torna implacável. E nessa práxis o paradigma heideggeriano volta a ser fundamental. Em 1992, Pierre Krebs acusa a direita tradicional de

> ser incapaz de pensar nos últimos quarenta anos [...], ela não gera nenhuma ideia realmente nova, e só vive de suas críticas ao inimigo. Acredita ter lido Nietzsche, mas leu sem entender nada e utilizando os prismas deformadores dos preconceitos cristãos de que nunca conseguiu se libertar. E, certamente, suas interpretações da filosofia existencial de Heidegger brilham apenas por sua ignorância. Ele é, na verdade, uma filosofia que tem a maior importância para a transformação e o enraizamento de nossos valores autênticos.

A atividade teórica e ideológica de Pierre Krebs não só continuou, mas se tornou mais radical. Em 2006, ele publicou no *Deutsche Stimme* seu texto "As Ideias Têm um Alcance Mais Amplo do que os Canhões! Estratégias para uma Nova Convicção Europeia", lido como conferência num congresso de nacionalistas europeus realizado em Roma com o nome de "A Europa dos Povos". Ali ele radicaliza seu racismo neonazista ao máximo e torna a fundamentá-lo na filosofia de Heidegger:

> É um fato: toda a Europa afunda na decadência e está ameaçada de morrer. Por isso a época atual é uma época de luta e, cabe dizer, uma luta da qual dependerá todo o destino biocultural da Europa. O combate titânico entre o suicídio étnico e a consciência étnica, entre os aniquiladores da raça e os etnotecnocratas começa num ano de ferro

e aço. Devemos, portanto, desde já preparar o pensamento para o que virá depois do caos. Precisamos ter a coragem de reconhecer que somos os culpados pelo que a Europa terá que sofrer. Ninguém nos obriga a abrir nossas fronteiras a todas as raças estranhas de qualquer canto do mundo. [...] Nossa impotência ou potência dependem apenas da nossa vontade. Mas a Europa já não tem vontade, não tem força, e continuará impotente enquanto não quiser mudar. No entanto, sabemos que, quando um povo começa a não ser por si mesmo, ele já está maduro para a escravidão, e aí tem início sua decadência. Quando um povo acredita que encontrou seus fundamentos vitais em outros povos, entrou em decadência total. Quando um povo absorve os caracteres hereditários de uma raça estranha, ele assinou sua sentença definitiva de morte cultural e biológica [...]. A demencial teoria multirracial conduz a um doce genocídio, e esse genocídio é apenas a expressão de uma sociedade que despreza profundamente a raça, porque a destrói. A raça é a lei da natureza e da vida, o resultado de uma filogênese. Sua destruição documenta o maior crime contra todos os povos do mundo. A heterogeneidade natural se alimenta, no entanto, da homogeneidade interior de cada raça! As culturas são a expressão de uma única característica espiritual, o reflexo original do caráter anímico e estético dos povos. O mundo, portanto, é multirracial conforme a medida do equilíbrio homogêneo das culturas e dos povos. O conhecimento racial estimula o respeito racial. A ignorância racial e a desordem cultural promovem, pelo contrário, a intolerância, o desprezo racial, o assassinato racial. [...] Somos os únicos que defendemos o pensamento étnico com radicalidade e consequência. Sabemos que a cultura europeia de 4 mil anos está enraizada num único povo. [...] Descendemos dos povos da *Ilíada* e da *Edda*, não dos da Bíblia. A história do cristianismo é a história de uma guerra cultural permanente contra os valores greco-romanos e celta-germânicos. Devolvamos, portanto, aos Pais da Igreja o que lhes cabe: a Europa judaico-cristã do Ocidente bastardo. Temos que cruzar o Rubicão de uma época desprezível, colocarmo-nos na vanguarda étnica, na condução de uma modernidade etnocultural. Precisamos saber, com Martin Heidegger, que "o mundo espiritual de um povo não é a superestrutura da cultura, mas o poder da mais profunda preservação de suas forças de sangue e solo, e também o poder da agitação mais interior e da excitação mais vasta de sua existência". É assim que esta hora decisiva hoje nos reúne. [...] Nunca antes alemães e franceses, flamengos e suíços, irlandeses e italianos, espanhóis e russos tinham estado tão unidos por seu destino numa unidade e irmandade de sangue. [...] Toda grandeza está no ataque. Vamos acender a fúria teutônica e todas as outras fúrias que ainda estão vivas na Europa! Dessa fúria europeia surgirá a labareda que destruirá e exterminará a besta, até acabar com sua sombra. A vida pode começar novamente para nós a partir do mesmo molde e do mesmo sangue porque, na medida em que os caracteres hereditários da raça estiverem sãos, poderão fazer renascer e despertar a força e a audácia de nossos antecessores. Devemos cuidar para que todos os povos sejam os pastores de sua verdade para bendizer assim o mundo com seus próprios gênios. Todos devem promover a expansão misteriosa do Deus interior que é a raça. Conquistemos juntos esse futuro e submetamos a besta com o arsenal de nossas ideias, alternativas e iniciativas, porque as ideias têm um alcance mais amplo do que os canhões! É a antiga sabedoria grega que nos ordena: "*Ales Grosse steht im Sturm!*". Fiquemos de pé e caminhemos, porque o tempo já está maduro! (Pierre Krebs, op. cit., *Deutsche Stimme*, loc. cit.)

ROBERT STEUCKERS

Numa entrevista feita pelo jornalista político Marc Lüdders ("Entrevista com um Demiurgo do Eurocentrismo: Robert Steuckers", em *Inteligencia Estratégica*, novembro de 2004, <www.harrymagazine.com/200411eleccmundouno2.htm>) com Robert Steuckers, outra das figuras filosófico-políticas do neofascismo contemporâneo, podemos ler:

Com Heidegger, os revolucionários conservadores, que constatam a quebra das últimas substancialidades, dizem: "A *substância* do homem é a existência". O homem se lança (*geworfen*) efetivamente no movimento aleatório da vida sobre este planeta: porque não tem outro lugar onde atuar. As boias substancialistas de antes servem apenas para os que renunciam ao combate, que pretendem escapar do fluxo furioso dos fatos desafiadores, que abandonam a ideia de decidir, cortar – enfim, de existir e sair dos entorpecimentos diários, ou seja, da inautenticidade. *Essa atitude revolucionária conservadora (e heideggeriana) favorece, portanto, o gesto heroico, a ação concreta que aceita a aventura, o risco (Faye), a viagem neste mundo imanente sem estabilidade consoladora.* Desse ponto de vista, o "rebaixamento" não é uma vontade de apagar o que existe, o que é herança do passado, o que incomoda, mas uma utilização imediata de todos os materiais que estão aí (no mundo) para criar formas exemplares e mobilizadoras.

Robert Steuckers, um belga nascido em 8 de janeiro de 1956 em Uccle, morou sempre em Bruxelas. Estudou filosofia germânica e, em 1981, se tornou secretário de redação da revista dirigida por Alain de Benoist, *Nouvelle École*. Colaborou em *Elemente*, a revista do grupo Grece na França. Para a primeira, entregou um importante estudo sobre Martin Heidegger. Em 1982, fundou *Orientations* e, em 1983, *Vouloir*. Colabora em inúmeras revistas, como *Elemente*, dirigida por Pierre Krebs (Kassel), *L'Uomo Libero* (Milão), *Diorama Litterario* (Florença), *The Skorpion* (Londres), *Criticón* (Munique), *Transgressioni* (Florença), *Junges Forum* (Hamburgo), *Futuro Presente* (Lisboa) e *Les Partisan Européen* (Beziers), entre outras. Em seu extenso artigo publicado na *Revue Nouvelle École* (n. 37, primavera de 1982), "Conception de l'Homme et Revolution Conservatrice: Heidegger et Son Temps" [Concepção do Homem e Revolução Conservadora: Heidegger e Seu Tempo], Steuckers busca, antes de tudo, clarear a dúvida sobre a convivência de "dois Heidegger" – um muito concreto que exalta a terra, o sol, a floresta, o trabalho dos camponeses; e, de outro lado, a linguagem extremada de um catedrático excessivamente rigoroso, a quem nenhum conceito escapa. Steuckers postula que Heidegger é na verdade a síntese dos dois princípios, que nele se enriquecem e fecundam de forma contundente. O texto sobre a origem da obra de arte (1936) tornaria manifesto que a arte – como revelação, como a verdade do que é – no fundo enuncia a filosofia e a própria vida do pensador (op. cit., p. 2).

Steuckers descobre assim, na verdade, o fundamento trágico e romântico que certamente vive na base de todo o espírito nazista e neofascista: "A tensão que essa tarefa de construir um mundo acarreta é trágica, pois nunca se encontrará uma adequação total entre a origem telúrica e o mundo instaurado pelo gesto humano, a finitude que a terra nos atribui é o que nos condena a ficar *inacabados*" (op. cit., p. 3). Depois de fazer um percurso impressionista e bastante ligeiro sobre os altos e baixos no currículo do mestre, Steuckers entra em seu objetivo específico: fazer de Martin Heidegger a figura mais importante da assim chamada "Revolução Conservadora", o movimento político-cultural que Steuckers quer reavivar e transformar no programa espiritual do "Eurocentrismo" benéfico. Para Heidegger, o ser jamais é uma posse, é um destino histórico que encontra sempre o homem de uma forma diferente, porque ele é sempre sua própria obra (op. cit., p. 6). Heidegger nos exorta a agarrar o acontecimento histórico como um fato que nunca pode ser concluído (ibid., p. 7). Os homens que não compreendem esse fato fundamental são inautêntica e preferencialmente também os ideologemas que o levam a isso. "As mistificações ideológicas petrificam o tempo, esse tempo que sempre é suscetível de quebrar suas certezas reconfortantes, a 'realidade' para Heidegger nunca é dada de uma vez por todas. Depois, mais tarde, outra vez e por toda a eternidade Heidegger pôs toda a existência, a vida em sua imanência, nas experiências existenciais" (op. cit., p. 11).

Com isso, Steuckers pensa ter descoberto a viga mestra conceitual fundamental para um aproveitamento político-filosófico do pensador:

> A filosofia heideggeriana da existência pode ser entendida como uma ontologia [...], mas vivemos no "esquecimento" do ser. O esquecimento é a própria raiz do niilismo que aflige a sociedade europeia, particularmente a sociedade alemã depois da Primeira Guerra Mundial. Agora todo o movimento daquilo que foi chamado de *Konsertative*

Revolution está marcado por uma busca da totalidade, da globalidade perdida [...]. O caos social e espiritual provoca então uma busca febril de "substancialidade", ou melhor, de "intensidade". [...] Tais situações empurram a existência dos homens e das comunidades políticas para o imperativo das decisões necessárias para responder aos desafios que brotam [...]. A revolução filosófica do século XXI se realizará quando os europeus perceberem que o ser não é, mas *chega a ser*. Para expressar essa ideia, Heidegger recorre à velha raiz alemã *Wesen*, sobre a qual ele lembra que deu origem a um verbo. O ser em si não "é", mas "*West*" (vem a ser), pois é pura potencialidade e não pura presença. O homem deve trabalhar para que uma coisa se manifeste no prisma dos fenômenos. Tal vocação constitui seu destino (loc. cit., p. 15). "O trabalho é o que faz surgir os fenômenos. A atitude de amanhã, se quisermos encontrar palavras para defini-la, será o realismo heroico, uma espécie de filosofia da vigilância que nos exorta a evitar o desvio do "Ser" para a *All Täg-lichkeit* (cotidianidade)" (op. cit., p. 16). Para Heidegger, a possibilidade de escolher se reveste de uma valorização positiva. A marca do tempo pode ser percebida muito claramente em suas reflexões. A Alemanha, de fato, encontra-se então diante de uma alternativa. Conforme sua decisão, ela deve esclarecer sua situação e tornar possível o "projetar" (*Entwerfen*) e o "determinar" (*Bestimmen*) de uma nova "facticidade" [...]. Tem-se razão então quando se transforma Heidegger no filósofo por excelência da Revolução Conservadora: longe de ser uma fuga rumo ao patético, a filosofia de Heidegger procura compreender com serenidade o encaixe de potencialidades que se oferecem à existência humana. Essa filosofia é revolucionária porque busca fugir do mundo do "se", marcado pelo repetitivo e pela uniformidade. É conservadora porque se recusa a excluir a totalidade das potencialidades que restam ao estado de latência. O que o pensamento heideggeriano conserva são justamente as possibilidades de revolução que a ontologia tradicional desconhece. A ideologia conservadora assume por isso a tarefa de gerar o aventurado. [...] A negatividade heideggeriana se impõe como objetivo colocar um fim com urgência no declínio dos valores resultante do esquecimento do ser; é herdeira da tradição pessimista alemã, mas percebe perfeitamente a insuficiência do pessimismo. Heidegger escreveu: "O obscurecimento do mundo, a fuga dos deuses, a destruição da terra, o espírito gregário do homem, a suspeita odiosa diante de tudo o que é criador e livre – tudo isso já atingiu, sobre todo o planeta, tamanhas proporções que categorias tão infantis quanto pessimismo e otimismo há muito tempo já se tornaram ridículas". Para Heidegger, não há evolução histórica, e sim involução. São as origens que são ricas e misteriosas. (loc. cit.)

Mas isso vale também para Steuckers: quando finalmente trata de precisar um pouco as coisas, recorre a modelos e horizontes do passado nazista. Essa concepção heideggeriana da existência na verdade renova com uma ética aquilo que já está presente na velha mitologia nórdica. Evocando a clara percepção de sua situação experimentada pelo herói da epopeia germânica, Hans Naumann (*Germanisches Schicksalsglaube*, Jena, 1934) mostrou que ele tem plena consciência disso (op. cit., p. 18). Em *Heidegger e o Nazismo*, mostrei o caráter da hermenêutica do cientista nazista Hans Naumann e o debate que ele provocou, particularmente com o camarada nazista Ernst Krieck, o maior inimigo de Heidegger naquele tempo, por procurar harmonizar a filosofia heideggeriana com os mitos germânicos. De todo modo, Steuckers acaba afirmando a irmandade espiritual entre Heidegger e o artífice da Revolução Conservadora e do conceito de Terceiro Reich, Moeller van den Bruck:

> Em 1922, sob a direção de Moeller van den Bruck, surgia uma obra coletiva chamada *O Novo Front*, em que se fazia menção a uma atitude heroico-trágica necessária para a superação da situação que então reinava na Alemanha. A ideia heideggeriana de conhecimento claro da situação já estava presente ali, mas a expressão "realismo heroico" ainda não fazia parte da linguagem: empregava-se apenas a expressão "entusiasmo cético". Mas em todo caso já havia uma convergência entre os amigos de Moeller van den Bruck e Heidegger, seu *Ser e Tempo* e a filosofia que se confundiria com a intensidade das experiências (loc. cit., p. 20)

Numa excelente e muito bem documentada contribuição ao VII Congresso Espanhol de Ciência Política e da Administração: Democracia e Bom Governo, Miguel Ángel Simón (do Institut d'Études Politiques de Paris) delineou de forma muito bem-sucedida a substância histórica da assim chamada Revolução Conservadora alemã, no conjunto mais amplo de sua participação no Congresso: "O Decadentismo da Direita Radical Contemporânea", em que concentra a atenção na importância da ideologia para entender as características da restauração neofascista europeia. Ele aponta, antes de tudo, as condições objetivas para que na Alemanha emerja essa curiosa combinação de termos que pareciam se excluir: a conservação e a revolução como mudança qualitativa ("essencial", Martin Heidegger dizia). Os antecedentes terminológicos e sintomáticos que remontam a Dostoiévski, Mauras e Hugo von Hofmannsthal conduziram a numerosas tentativas desiguais de classificação, como "reação moderna" (Louis Dupeux), "modernismo reacionário" (Jeffrey Herf), "modernização radical do conservadorismo" (Miguel Ángel Simón).

Mas é preciso encontrar um denominador comum, e este seria, antes de tudo, o fato de que os autores da Revolução Conservadora constituem uma parte do substrato intelectual que dará consistência ao fascismo como movimento de massas, ajudando a propagar certos sentimentos e percepções que, sendo compartilhados pela direita radical (e não só a nacional-socialista), familiarizarão as massas com ideias e temáticas que fizeram da revolução conservadora a ideologia dominante na Alemanha de Weimar (op. cit., p. 51). A grande novidade desses autores é que eles recuperam a ideia da revolução para a tradição intelectual da extrema direita. São assim participantes ativos na criação de uma nova corrente de extrema direita. De fato, desde a Revolução Conservadora, acrescenta-se à extrema direita tradicionalista e reacionária a extrema direita radical. Moeller van den Bruck sinalizava expressamente que seu objetivo era arrancar a revolução das mãos dos revolucionários, e abriu seu livro com a seguinte epígrafe: "Queremos ganhar a revolução para realizar um ressurgimento radical, utilizando determinadas formas da modernidade" (op. cit., p. 51-52). Explica-se assim sua meta estratégica para construir uma "terceira via" que supere o capitalismo e o comunismo, desde o "socialismo prussiano" de Moeller van den Bruck, o "fascismo vermelho" dos "nacional-bolcheviques" de Ernst Niekisch e Kart-Otto Pastel, até o nacional-revolucionarismo de Ernst Jünger, para "colocar as bases de um novo mundo capaz de materializar a síntese da esquerda e da direita, da Revolução de Outubro e da contrarrevolução" (op. cit., p. 52).

É no meio desse torvelinho confuso de ideias e atitudes que emerge a filosofia de Martin Heidegger, e por isso a interpretação e a valorização do papel e da categoria do pensamento heideggeriano feita pelo famoso "revolucionário conservador" de nossos dias, Robert Steuckers, têm uma importância tão significativa. E mais ainda porque, nesse contexto, o desprezo com que Heidegger avalia os textos e a função de Ernst Jünger ("um nietzschiano que não entendeu nem uma só palavra de Nietzsche") equivale a um reconhecimento do papel único de seu próprio pensamento no que se refere à compreensão cabal daquilo que ele chamou de "a verdade interior e a grandeza do nacional-socialismo".

6. HEIDEGGER E O FASCISMO ECOLÓGICO: RUDOLF BAHRO E O CHAMADO A UM HITLER VERDE

A publicação de *Heidegger e o Nazismo* em 1987 ajudou a abrir novas perspectivas relativas a problemas politicamente tangenciais, mas de importância e atualidade sempre renovadas.

> Farías revela detalhadamente o grau em que a filosofia nacional-revolucionária de Heidegger da década de 1920 preparou espiritualmente o fascismo, incluído aí o fato de que ela era a verdadeira filosofia do fascismo alemão. Jünger Habermas, no seu prefácio ao livro de Farías, afirma que Heidegger, depois de *Ser e Tempo*, voltou-se para o neopaganismo e para a Revolução Conservadora. Arnim Moler também chamou a atenção para isso. No entendimento fáustico da Técnica

("como um Destino que deve ser ao mesmo tempo Mistério, Garantia e Perigo", como diz Habermas no livro de Farías) é o Realismo Heroico fascista da Nova Direita e da New Age, todos os quais se sentem e se sabem herdeiros de Heidegger. Habermas afirma que "Heidegger permanece convencido, até o colapso final, do peso histórico universal e da significação metafísica do nacional-socialismo". E até mais além do colapso de 1945, porque o fascismo alemão continua sendo para ele a resposta espiritual ao desgaste técnico do mundo. (Peter Kratz, "Rudolf Bahro im 'Neuen Zeitalter'", em *Die Götter des New Age*. Hamburgo, 2002, p. 11-15)

A versão heideggeriana da "terra" (*Erde*), a "pátria-solo" (*Heimat*), a recusa agressiva e irracionalista da modernidade e do senso comum, o desprezo visceral pela latinidade e por tudo que fosse não alemão ou "grego", e em particular pela democracia política e cultural, tudo isso constitui a base da empatia com o pensamento e a práxis política posterior à sua morte. Essa empatia pode ser percebida com toda a clareza nas formas variadas do fascismo ecológico.

Os vínculos entre o movimento ecológico e as tendências racistas e antissemitas se assentam nas empatias genéricas de uma transcendentalização da natureza em que "a raça" e as assim chamadas "etnias" têm um significado relevante. A Ecologia, tal como Ernst Haeckel (1839-1919) a inventou, era uma opção aparentemente científica referente às ligações dos organismos com o mundo a seu redor. Na "visão ecológica do mundo", Haeckel incluiu momentos sociodarwinistas e esotéricos para entender a evolução como uma energia cósmica que se materializa na natureza. Por isso a ordem social deveria retornar à natureza a fim de se tornar uma ordem social harmônica com as leis naturais eternas. Dilthey, Spengler e Klages inventaram sistemas filosóficos afins, de caráter vitalista. O ecologista Friedrich escreveu em 1934:

> A onda de concepções ecológicas cresceu com amplitude em todos os aspectos da vida: o cuidado da terra e da pátria-solo, a planificação urbana, o povo como comunidade e as paisagens como expressão do

> "espírito dos povos". Assim as paisagens dos alemães também se diferenciam em todas as suas formas das paisagens de polacos e russos, do mesmo modo como os próprios povos. Os assassinatos e as crueldades dos povos orientais estão talhados a cinzel nos traços de suas paisagens. (Peter Bierl, "Ökofaschismus und New Age", <projekte.free.de/texte>, p. 2)

São muitos aqueles que, como Bierl, incluem Heidegger entre os filósofos mais importantes para essa transcendentalização da terra e da natureza. Uma das personalidades mais importantes desse ecologismo fundamentalista é Hubertus Mynarek. Ele escreve:

> A angústia é um dos fenômenos fundamentais da religião ecológica. Ela deve ser entendida, de acordo com sua procedência de Heidegger, na medida em que a "angústia metafísica" é uma consequência de um "estado de incerteza entre o Ser e o Ente [...]. O Ente é uma manifestação limitada do Ser. O valor e a potência de cada Ente são uma parte do poder de do valor infinito do fundamento do Ser como princípio gerador". Com Heidegger, que nos apresenta isso com longas passagens de *Ser e Tempo*, constata-se que "o Ser se manifesta no Ente de acordo com a necessidade de sua própria essência", o que pode levar à "angústia diante da contingência" que é experimentada diante do abismo do Nada, "a diferença entre Ente e Ser". (Hubertus Mynarek, *Mystik und Vernunft*, Münster, 1991, apud Helmut Walther, em Der Kreisbogen der Metaphysik, <www.helmutwalther.privat.t-online.de>)

Paralelamente, o movimento se expandiu para os Estados Unidos, com o "biorregionalismo" de Kirkpatrick Sale. Na Itália, esse movimento se chama "geofilosofia" e é comandado pelas filósofas heideggerianas Catarina Resta e Luisa Bonesio, ambas redatoras da *Tellus*. "À geofilosofia italiana vem se somar Eduardo Zaretti, com seu 'biorregionalismo' baseado numa vontade de enraizamento no Povo e na Terra para manter o mais intactas possíveis as paisagens naturais alpinas e um enfoque filosófico bem complexo, que combina a herança de Martin Heidegger e de Ludwig Klages" (Marc Lüdders,

"Cinco Perguntas a Robert Steuckers sobre a Nova Direira", Synergies Européenes, Bruxelas, Hamburgo, Barcelona, out. 2004, p. 25).

Outra figura emblemática desse complexo criptofascista é a filósofa alemã Sigrid Hunke. Ela nasceu em 1913 em Kiel, e estudou filosofia, psicologia e teologia em Marburgo com Heidegger, entre outros, e se doutorou com o "psicólogo racial" Ludwig Ferdinand Clauss com a tese *Origem e Influência dos Modelos Estrangeiros sobre os Alemães*. Como "narradora da religião", pertenceu ao ambiente de Alfredo Rosenberg. Seus trabalhos no pós-guerra têm como tema a "Religião Europeia", que deve ser "germânica e religioso-natural" e nunca "semita oriental". Sigrid Hunke trabalhou organicamente para a *Elemente* do Thule-Seminar. Sua influência sobre a assim chamada Nova Direita é notória, particularmente sobre Alain de Benoist. Sigrid Hunke e Hubertus Mynarek

> consideram-se explicitamente como parte da tradição *völkisch* e nacional-socialista que há décadas reprovavam no "judaico-cristianismo" o desprezo pela natureza: em seu conceito de divino, ele teria separado Deus e o mundo, o espírito e a natureza, venerando exclusivamente o espírito. As missões cristãs alienaram os europeus do norte e do centro de sua relação religiosa originária com a natureza. O domínio espiritual mundial do judaísmo pende manifestamente na sociedade civilizada igualitária e destrutiva. [...] Mynarek assume as convicções do agitador e propagandista nazista Wilhelm Hauer, que, em 1934, em seu livro *Fé Alemã* (*Deutscher Glaube*) proclamava uma guerra implacável contra o judaísmo e o cristianismo como "religiões estrangeiras" por suas raízes semíticas e orientais em comum. Existe desde sempre uma fé que provém da herança genérica dos povos indo-germânicos criadores. Ela provém do sangue e, como os antigos germânicos, venera a natureza enquanto origem da raça germânica. No contexto das "Unitarischen Blätter", Mynarek e Hunke editaram um *Livro de Ética* para o doutrinamento das juventudes. (Eduard Gugenberger e Roman Schweidlenka, "Mutter Erde, Magie und Politik. Zwischen Faschismus und Neuer Gesellschaft", Wien, 1987, em *TAZ*, 29 out. 1988)

Por tudo isso, não é de estranhar que, quando na década de 1970 o movimento verde quis se transformar em partido político, a sessão inaugural teve que ser suspensa porque a maioria dos presentes era proveniente das SAs nazistas. A reestruturação do movimento verde na Alternative Liste não pôde nem quis se desligar de suas origens: seus principais dirigentes não têm permissão para visitar Israel devido às suas frequentes declarações antissemitas.

O caráter marcadamente populista da versão heideggeriana do nazifascismo e sua simpatia radical pela filosofia e pela práxis das Sturmabteilung (SA) tornam compreensível que "esquerdistas" como os verdes ou os socialistas nacionais vejam em Heidegger um revitalizador de sua versão do marxismo. O caso mais relevante e paradigmático é o de Rudolf Bahro. Ex-marxista, dissidente preso na República Democrática Alemã, eurocomunista, era uma figura emblemática da esquerda ocidental antes do colapso do bloco comunista. Na década de 1970, publicou o livro *Die Alternative* [A Alternativa], em que propôs um marxismo aparentemente diferente do "socialismo real", mas já ali as tonalidades racistas, nacionalistas e racional-revolucionárias eram perceptíveis. Em 1987, em sua obra mais importante, *Lógica da Salvação: Quem Pode Deter o Apocalipse? Um Ensaio sobre os Fundamentos de uma Política Ecológica* (Stuttgart, 1987), ele manifesta que "uma transformação ecológica é absolutamente impossível sem uma poderosa Revolução Conservadora" (op. cit., p. 60-69). Em *Alternative*, Bahro já defendia um conceito de comunidade que se orientava de acordo com o organismo biológico e manipulava o indivíduo e sua vida pessoal, até a política habitacional. Em *Lógica da Salvação*, ele relaciona de forma explícita e positiva as fontes ideológicas da Revolução Conservadora com sua projeção na Nova Direita, com o nacional-revolucionário Günther Bartsch e com Sigrid Hunke e seu conceito fascista da "religião propriamente europeia". Na natureza e na sociedade, imperam as mesmas leis, e são igualmente inalcançáveis para a práxis democrática. A "ordem natural originária das coisas trará a correção arcaica das relações sociais [...], uma transformação moral-espiritual" (R. Bahro, *Lógica da Salvação*, p. 20, 74, 345, apud Peter Kratz, op. cit., p. 3). Aqui se torna visível a influência de Evola: "Bahro valoriza extraordinariamente o fascista italiano Julius Evola, um místico e teórico da violência e das elites do século XX, que a Revolução Conservadora festeja como 'o primeiro e mais significativo representante do pensamento nórdico em sua acepção ítalo-fascista'" (Kratz, op. cit., p. 4). Em contraponto à invocação heideggeriana póstuma ("Só um deus pode nos salvar"), Rudolf Bahro emitiu seu próprio grito de alerta:

> A salvação como movimento só pode emergir das profundezas do espaço histórico interior. Então, uma política de salvação conquistará a alma do povo para si. [...] Os valores de que se trata só podem ser salvos se optarmos pela renovação revolucionária do sistema institucional e, fazendo isso, articularmo-nos com as disposições político-psicológicas de nosso povo [...]. Apesar de todas as experiências ruins, os alemães conservaram um sentimento de que deve haver uma instância do bem comum, em todo caso uma instância digna, de verdadeira autoridade, do jeito que nenhum parlamento conseguirá produzir. Os alemães continuam sendo mais aptos do que outros povos para assumir uma direção carismática. (R. Bahro, *Lógica da Salvação*, p. 344)

"Na verdade, a alma de nosso povo chama por um Adolf verde. Diante disso, a esquerda sente apenas medo, em vez de compreender que um Adolf verde seria um Adolf completamente diferente daquele que se conhece. Esse é o componente alemão do movimento verde" (Rudolf Bahro, "Gespräch mit Prof. Dr. R. Bahro: Die deutschen Linden und die nationale Frage", *Streitzeitschrift zur Erneuerung der Politik*, n. 3, p. 6, nov. 1990, apud Kratz, op. cit., loc. cit.). "Bahro escreve em 1987, como se nesse mesmo ano não tivesse sido publicado o livro de Víctor Farías, *Heidegger e o Nazismo*, e com isso deixa claro com qual espiritualidade ele deseja se articular: a espiritualidade ariana" (Kratz, op. cit., p. 11). No entanto, Rudolf Bahro havia abandonado o Partido Verde e radicalizado sua empatia pela restauração do fascismo. Seu "pessimismo cultural", também um típico movimento heideggeriano, atinge traços extremos. O socialismo que Bahro propõe como "alternativa", do mesmo modo que Heidegger, já não é um socialismo marxista, mas "espiritual" e nacional-populista.

> Bahro se despede completamente da crítica ao capitalismo em favor de um pessimismo cultural. As intervenções do ser humano na natureza conduzem ao "isolamento dos seres humanos do círculo energético natural. A Physis e a Psyche humana degeneram inevitavelmente, fazendo-se presente desde o câncer até a delinquência". Bahro dá uma explicação biologista para o fenômeno, situando a causa em "forças motrizes genotípicas do paleolítico", que comandam o cérebro de forma inconsciente e podem levar a pessoa a "capacidades super-assassinas" (Bierl, "Une Curiosité: Ecofascismo. Vuelve el Adolf Verde de la Mano de Rudolf Bahro", em: <artobjects.wordpress.com>, p. 214)

Em sua *Lógica da Salvação*, vai traduzir então sua ideologia criptofascista para a linguagem da práxis restauradora do nazismo:

> Considero uma necessidade esclarecer o aspecto positivo que tenha havido em forma larvar no movimento nazista e que depois foi pervertido cada vez mais profundamente, porque se não fizermos isso ficaremos sem saber as necessidades a partir das quais poderia crescer agora o que há de nos salvar. Não há uma ideia mais condenável do que a de um novo 1933! Mas esta é, exatamente, a que pode nos salvar. O movimento ecopacifista é o primeiro movimento popular alemão desde o movimento nazista. Ele tem que corredimir Hitler: essa tendência do espírito, mesmo sendo mais fraca, continua presente em nós. (R. Bahro, op. cit., apud Bierl, loc. cit.)

Da mesma forma que os fascistas do Thule-Seminar e da Nova Direita, Bahro toma como referências Nietzsche, Carl Schmitt e, acima de tudo, Heidegger. Em 1990, Bahro

> realiza uma desdramatização do nacional-socialismo e, consequentemente, uma relativização de seus crimes. Bahro exige assim "situar o nacional-socialismo como um acontecimento necessário, quer dizer,

em princípio não disponível *a priori* e inevitável. Deve ter havido um desafio para o qual ele era a resposta psicológica mais próxima, e deve ter havido também, de forma massiva e majoritária, uma disposição anímica justamente na inteligência que não foi capaz de dar uma resposta melhor – talvez ainda não – por que, caso contrário, como é possível que obras como as de Heidegger [...] possam ser hoje em dia, em meio à crise ecológica, sugestivas como colocação teórica, ao passo que muitas análises antifascistas perderam sua força? A esquerda antifascista não serve para esse momento nacional-popular. Na verdade, o que ela faz é apelar, no mais profundo do povo, a um Adolf Verde." (R. Bahro, apud Bierl, op. cit., p. 2)

E, finalmente: "O grupo em torno de Bahro reúne os autores do âmbito da Revolução Conservadora, como Carl Schmitt ou Ernst Jünger, mas acima de tudo Martin Heidegger, numa mesma relação com o nacional-socialismo: distância em relação à política realista do nacional-socialismo, porque seus agentes traíram os verdadeiros objetivos do movimento" (Bierl, loc. cit., p. 4).

Capítulo 2 | Heidegger e o Neofascismo Francês

1. ANTECEDENTES NA RECEPÇÃO NEOFASCISTA DE HEIDEGGER NA FRANÇA. FOUCAULT, LACAN, O NEGACIONISTA CLAUDE KARNOUUH E BAUDRILLARD PREPARAM O TERRENO. HEIDEGGER COMO SALVA-VIDAS DE MARX

Como se sabe, depois do colapso do nazifascismo e do fascismo italiano institucionalizados estatalmente, as forças fascistas e nazistas dispersas, munidas muitas vezes de uma enorme infraestrutura financeira, procuraram formas de se restabelecerem, recorrendo aos mais variados esquemas práticos e ideológicos. Toda uma série de grupelhos e até corpos paramilitares se pretendiam continuadores dos fascismos históricos. Diego L. Sanromán, entre outros, analisou como essas organizações passaram paulatinamente da primeira fase, mais ou menos artesanal, para as atuais formas mais sofisticadas, para construir inclusive redes na internet destinadas à sua doutrinação e às equivalentes agitação e mobilização em toda a Europa (cf. Diego L. Sanromán, *La Nueva Derecha en Europa: Una Revisión Crítica*, em <https://www.stormfront.org/forum/t284296/>).

Os primeiros movimentos restauradores começaram exatamente na França: a Jeune Europe, de Jean Thiriart, e a Europe-Action, de Dominique Venner, são talvez as organizações iniciais, mas do ponto de vista ideológico-doutrinário as mais significativas e expansivas foram certamente a Nouvelle Droite [Nova Direita], de Alain de Benoist, e os agrupados no Grece (Groupement de Recherche et d'Études sur la Civilization Européene).

Por volta de 1960, a revista *Nouvelle École* os reúne, formando assim pequenos grupos concêntricos em torno da figura de Alain de Benoist, que passa a controlar editoras ágeis vinculadas ao Grece. Ideologicamente falando, os discursos teóricos da Nouvelle Droite se articulam com coerência em 1968 e, embora tenham sofrido cisões e transformações, perdendo ativistas que abandonaram o Grece para se integrarem ao Front National de J. M. Le Pen, mesmo assim pode-se reconhecer nesse conjunto uma identidade ideológica com perfis próprios. Em 1980, o Grece empreendeu uma virada efetiva. Alain de Benoist se uniu aos assim chamados "terceiro-mundistas", os antiliberais e antiamericanos. Guillaume Faye, por sua vez, iria se incorporar em 1998 à política ativa, defendendo as teses mais radicais: o arquifuturismo e a racista guerra étnica europeia.

Mas já em épocas anteriores a intelectualidade francesa já havia enfrentado a crise do capitalismo e seus efeitos sobre a sociedade liberal democrática, produzindo teóricos ou intelectuais como Louis-Ferdinand Céline, Pierre Drieu la Rochelle e Bertrand de Jouvenel. Robert Soucy, e com ele Miguel Ángel Simón (cf. Robert Soucy, *Fascisme Français?*, Paris, 2004, p. 389-90), sugere com muita coerência que

> um dos elementos centrais da cosmovisão fascista da década de 1930 se encontra na "revolta contra a decadência" [...]. Entre as ideias que esses intelectuais punham em circulação, a que provavelmente predominava era a do ódio à decadência. Justificavam a intolerância, a pressão e a violência, certamente as características mais repugnantes do fascismo, como necessidades que a luta contra a decadência exigia. (R. Soucy, op. cit., apud M. A. Simón, op. cit., p. 47)

O que estava em jogo era uma "revolta cultural" contra os ideais frustrados e a civilização moderna. O ponto comum entre esses escritores e o fascismo europeu é sua revolta contra a decadência e sua defesa da espiritualidade. Bertrand de Jouvenel formula assim a questão: "O grande problema de nosso tempo não é o das instituições políticas nem o do regime social, mas o das relações entre o temporal e o espiritual" (B. de Jouvenel, *Le Réveil de l'Europe*. Paris, 1938, p. 269-76). Trata-se, portanto, de tentar uma síntese, inclusive e especialmente no caso da relação entre o Estado e a sociedade. O que a modernidade separou (o temporal e o espiritual) só pode ser superado num Estado forte, um Estado total "que elimina lealdades concorrentes e se beneficia da contribuição de legitimidade e obediência incondicional que tal empreendimento requer. Jouvenel reclama assim para a França e para toda a Europa uma reforma análoga à da Itália fascista e da Alemanha nacional-socialista, onde o Estado é uma potência espiritual" (ibid., p. 48). Impõem-se assim os valores e as virtudes que fundamentam a primazia do Ocidente: força, sacrifício, coragem, orgulho, magnanimidade e lealdade. É o novo homem fascista, o guerreiro asceta impregnado de valores viris, de austeridade e espiritualidade, a antítese da decadência (R. Soucy, op. cit., loc. cit.).

Pierre Drieu la Rochelle repete os mesmos princípios e fundamenta neles sua identificação entre fascismo e espiritualidade, e dá os motivos de seu apoio ao governo nazista, que com as SS e a Gestapo escravizaram muitos franceses (ainda que não todos, como se sabe): "Medi o progresso da decadência na Europa. Vi no fascismo o único meio de conter essa decadência, e de reduzi-la. Não encontrei outro recurso além do gênio de Hitler e do hitlerismo" (P. Drieu la Rouchelle, *Le Socialisme Fasciste*. Paris, 1934, p. 210). É bem conhecido o alto grau de aceitação dos franceses ante o ocupante nazista, uma colaboração ativa de muitíssimos que levou inclusive a enviar para os campos de extermínio milhares de judeus que os próprios nazistas não planejavam eliminar, a muito tardia e hesitante vontade de confessar verbalmente sua verdadeira responsabilidade.

> Céline iria ser, no entanto, o representante arquetípico da degradação, da acentuação da suposta decadência com o objetivo de legitimar a

agressão. Seria preciso que essa sociedade desmoronasse para se poder falar verdadeiramente de higiene generalizada. Na Europa, logo haverá um problema de vitalidade, de uma vitalidade maior. [...] De fato, todos somos absolutamente dependentes de nossa sociedade... podre, agonizante. Apressar essa decomposição é a tarefa. (P. Almerás, *L'Idées de Céline*, Paris, 1992, p. 32; 45)

"A Europa senil não aprendeu nada [...], a varíola reina e as tabernas governam" – e por isso ela estaria melhor sob o comando de Adolf Hitler. Este mundo assim descrito coincide surpreendentemente com a imagem do mundo que a estética, a "ética" e a filosofia procuram nos impor. Exatamente por isso, é urgente e relevante procurar analogias e pressupostos no tempo histórico pré-fascista europeu. Tudo indica, no entanto, que a sociedade e a intelectualidade não só produziram "direitistas" sem remédio, como os três casos emblemáticos citados. É surpreendente constatar que, em consonância harmônica com temas heideggerianos, intelectuais pertencentes ao pensamento correto fornecem material para uma forma de destruição da sociedade na qual transparecem momentos do mais reacionário talante. Num estudo surpreendente, e que deveria ser traduzido para o castelhano e para o português, Gerhardt Scheit mostra os vínculos de Michel Foucault, Jacques Lacan e Jean Baudrillard com o mundo espiritual que constituiu a condição de possibilidade da Revolução Conservadora alemã, e também com valores que seriam indiscutíveis para Céline.

Em seu ensaio "Subjekt und Opfer: Thesen zur postfaschistischen Ideologie der Macht bei Foucault und Lacan" [Sujeito e Vítima: Teses sobre a Ideologia do Poder Pós-Fascista em Foucault e Lacan], Scheit revela as ligações dos dois pensadores com o criptofascismo, objetando radicalmente seu postulado sobre a necessidade de destruir – isto é, desconsiderar – o sujeito (as pessoas humanas), propondo a vigência de "estruturas" essencialmente impessoais e "neutras". Inspirados pela despersonalização dogmática formulada acima de tudo por Martin Heidegger, e apesar de fazerem acenos "humanistas", eles carecem de qualquer instrumental teórico para compreender os agentes da injustiça, da repressão e do extermínio (o Estado, os grupos de interesse, os feitores, as vítimas). Scheit inicia seu ensaio com uma citação chocante: Didier Eribon, biógrafo de Michel Foucault, revela que o filósofo viajou até o "Irã revolucionário", e seu interesse era "encontrar-se com os membros do Islã que estavam dispostos a se imolar" (Didier Eribon, *Michael Foucault (1926-1984)*. Paris, 1989, p. 301). Desse encontro, resultou uma declaração sua sobre "a espiritualidade que só se pode atingir pagando com a vida":

> No alvorecer da História, a Pérsia criou o Estado e entregou sua carga ao Islã: seus administradores serviam ao califa como funcionários. Mas este Islã gerou uma religião que entregou a seu povo recursos incalculáveis para resistir ao poder do Estado. É preciso ver agora nesta vontade de um "governo islâmico" uma reconciliação, uma contradição ou começo de um novo desenvolvimento histórico [...]. Este pequeno canto da Terra, cujo solo e subsolo se transformaram em objeto de estratégias planetárias, tem sentido para os humanos que o povoam, procurar (ainda que ao preço de dar a vida) esse elemento em cuja possibilidade nós já acreditávamos desde o Renascimento e as grandes crises do cristianismo: a espiritualidade política. Já sinto daqui que os franceses estão rindo de mim. Mas sei que eles não têm razão. (Michel Foucault: "Com Que os Iranianos Sonham?", *Le Nouvel Observateur*, 16 out. 1978, apud D. Eribon, op. cit., p. 302)

Para poder adivinhar isso, Foucault teria que dispor de um conceito coerente de poder. "As características da sociedade, justamente aquelas que ele denuncia com determinação e originalidade, não aparecem fundamentadas em realidades ontologicamente articuladas, e por isso fica difícil para ele entender e explicar através de que as mudanças acontecem e em que consistem as forças que as executam" (G. Scheit, op. cit., p. 2). Foucault não consegue descobrir e compreender a função da "forma da nação". Assim ele pode dizer que "povos inteiros são organizados com o objetivo de se eliminarem reciprocamente, em nome da necessidade de continuar vivendo" (M. Foucault,

Der Wille zum Wissen, Sexualität und Wahrheit. Frankfurt am Main, 1983, p. 162-63), mas o diz sem entender que é preciso distinguir a vítima do feitor, que os massacres se tornaram nacionalistas, racistas e antissemitas e com atores identificáveis individual e coletivamente. Michel Foucault chega inclusive a afirmar que a política criminosa e exterminadora de Hitler incluía e pressupunha ao mesmo tempo o extermínio dos judeus e a destruição das condições de vida para o povo alemão (Foucault, p. 307-08).

Os judeus, diz Foucault, eram "o símbolo de todas as raças, inclusive de sua própria, a raça ariana". No fim das contas, "todos eram vítimas, até os alemães. As ordem são dadas pelo poder, algo que de resto se parece muito com o 'Ser' de Heidegger ('O ser humano precisa do Ser, mas o Ser não precisa do ser humano')". E mais: "O 'sujeito' que se revela nessa ontologia é absolutamente impessoal, mas, nesse caso, dos islâmicos que se autoimolam, tão revolucionário quanto a 'besta loura' que espreita o mundo para purificá-lo com fogo (Nietzsche). Mas esse sujeito só pode entrar em ação quando tiver interiorizado em si o ser-para-a-morte" (G. Scheit, op. cit., p. 5).

Scheit revela que essa ligação assim tão surpreendente com Heidegger também aparece em Lacan. Nesse caso, a obsessão pelo ser-para-a-morte (e pela ligação subjetiva desse ser-para-a-morte) vai ser a condição inicial da reflexão, ao mesmo tempo que é postulada por Lacan como o *telos* que a terapia deve perseguir: "O analista representa o papel da morte a fim de que o paciente coloque sua deficiência em relação ao ser como o centro da experiência analítica" (M. Foucault, *Die Ausrichtung der Kur und die Prinzipen ihler Macht*, 1958 – Obras I, p. 203). "O silêncio do analista corresponde àquele silêncio de Heidegger que, diante da linguagem, tem a mesma função da morte em relação ao existente (*Dasein*): a função do ser fundador. A *parole vide* [palavra vazia], que é falada conforme o fuxico, tem como finalidade ocultar a própria ek-sistência" (loc. cit.). Como o ser-para-a-morte foi inibido, a análise de Lacan se torna imprescindível.

Ela faz com que o paciente não entenda sua morte como uma coisa "imaginária", mas como uma coisa *simbólica* – e com isso chegamos ao Jargão da Autenticidade. A única coisa que pode se tornar compreensível no caos conceitual de Lacan são suas reservas em relação ao texto original de Heidegger. No pacto simbólico com o analista, graças a Heidegger, o neurótico compulsivo descobre a realidade como algo que nunca irá abandoná-lo e que põe em seu horizonte seu desejo inveterado de "chegar às bodas com a morte e saber que isso é uma realidade" (Foucault, op. cit., p. 147).

Os intelectuais europeus – e também muitos nos Estados Unidos – passaram por essa escola conceitual e "doutoraram-se na Transilvânia", como diz Woody Allen. É por isso que já não têm, na verdade, um conceito racional do poder, e o que isso signifique. Por isso, de um modo tanto mais incondicional, podem lutar sem consciência objetiva contra o "poder global" dos Estados Unidos e o que eles lhes atribuem. Tudo isso é o que fundamenta a inacreditável reflexão de Jean Baudrillard diante do atentado às Torres Gêmeas. O que o "fascina" é

> a mensagem secreta, é simplesmente o suicídio, a impossibilidade de compartilhar a própria morte, o desafio ao sistema mediante a oferenda simbólica da morte [...]. Desafiar o sistema mediante uma oferenda que só pode se justificar mediante a própria morte e sua própria destruição [...]. E para tudo, com certeza, existe um fundamento mais profundo: mais insuportável do que a infelicidade e o sofrimento, é o próprio poder e sua arrogância. Insuportável e inaceitável é o aparecimento deste poder global. (Jean Baudrillard, "A Globalização Ainda Não Venceu: Réquiem para as Twin Towers, ou O Terrorismo Tem Sentido?", *Frankfurter Rundschau*, 2 mar. 2002)

Sabe-se que o aiatolá Khomeini havia dito a mesma coisa, de forma mais direta e mais simples: "A árvore do Islã só pode crescer quando é permanentemente regada com o sangue dos mártires". E um integrante do Hamas deixou isso claro de uma forma ainda mais desumana: "A fraqueza dos judeus está no fato de que eles amam a vida mais do que qualquer outro ser, e preferem não morrer" (Ismail Haniya, para o *Washington Post*, em Th. Friedman, "Suicidal Lies", *New York Times*, 31 mar. 2002).

Essas considerações sobre Foucault, Lacan e Baudrillard ajudam certamente a entender outros horizontes a partir dos quais parece se articular a influência de Heidegger na desumanização mais extremada do pensamento europeu contemporâneo. Não é absolutamente necessário retroceder até a perspectiva de G. Lukács para reconhecer que a "destruição" ontológica do sujeito (da pessoa humana) e sua substituição e imersão em algo indeterminado e essencialmente indeterminável são a primeira (e por isso mesmo a mais abstrata e irrenunciável) condição de possibilidade da inumanidade tal qual ela se materializou, de modo diferente, no nazifascismo e no marxismo. Por isso não se pode estranhar que também na França esse (até bem pouco tempo impensável) casamento entre o criptofascismo heideggeriano e o neomarxismo militante seja uma realidade.

Para dar um pouco de exatidão a essa nova realidade político--ideológica, acho importante analisar, entre tantos outros, o caso do conhecido teórico neomarxista Claude Karnouuh. Ele publicou, na revista *Krisis*, um artigo chamado "A Partir de Heidegger, Pensador da Política, ou: O Capitalismo como *Ereignis* da Política Moderna" (C. Karnouuh, *Krisis*, n. 28, fev. 2007). Mas, ao lado de propor esse projeto de compreender o capitalismo e a política moderna a partir de uma categoria abstrata da filosofia do Heidegger tardio, Claude Karnouuh materializa suas intenções de heideggerianizar a cognição histórica, sem deixar de projetar as categorias abstratas do Holocausto na mais intransponível das materialidades que a história europeia já conheceu. Num texto de Manuel Ruiz, o pesquisador negacionista, é possível ler:

> Claude Karnouuh, pesquisador do Centre National de la Recherche Scientifique (CNRS), especialista em Leste Europeu. No contexto do processo contra Robert Faurisson em 1981, Claude Karnouuh

declarou não acreditar na existência das câmaras de gás. Para ele, "só existem verdades eternas nos países totalitários". Nesse texto, intitulado "De l'Intolérance et Quelques Considérations Subjectives sur le Nationalisme. Mémoire Adressée à mes Amis sur les Raisons de mon Temoignage du Procés du Professeur Robert Faurisson", ele explicava que o que ele nega não é somente a existência das câmaras de gás, mas também o próprio fato de um extermínio dos judeus e, *a fortiori*, a decisão de realizar tal extermínio. Karnouuh denuncia a intervenção da polícia secreta de Stálin (a NKVD) para forçar a declaração de testemunhas sobre Auschwitz, e aquilo que logo depois se denominou de Shoa, a fim de fazer esquecer o gulag. Num de seus textos, Karnouuh escreve: "Quanto a mim, não vejo diferença entre os sofrimentos passados numa câmara de gás, verdadeiras ou falsas, e a incalculável repetitividade do desastre decorrente do trabalho escravo. Como os sionistas têm o cinismo de supervalorizar a morte pelo gás (se é que ocorreu) em relação à sorte assustadora daqueles que morrem diariamente nos subterrâneos de Dora, nas estradas para construir rotas estratégicas" (loc. cit.). Depois de 1981, Claude Karnouuh não desertou das fileiras da extrema direita. Participa regularmente dos colóquios e revistas de Alain de Benoist com grande frequência. Em 19 de janeiro de 2005, participou do Colóquio Anual do Grece. Foi saudado pessoalmente em *Elemente*, por Alain de Benoist, que destacou sua tarefa intelectual inequívoca: "Claude Karnouuh reconcilia Heidegger e Adorno".

Essa tendência obsessiva de integrantes do neofascismo francês para legitimar Marx com Heidegger, ou melhor, de inaugurar um marxismo heideggeriano de indiscutível caráter neofascista, é ostensiva e pode ser observada em todas as direções. De importância especial, por ter sido publicado recentemente no Grece, é o artigo de Robert de Herte, "De Marx a Heidegger", em *Elemente*, n. 115, inverno de 2005. É justamente continuando a tarefa do negacionista Karnouuh e suas principais obras, *L'Europe Post-Communiste* e *Post-Communisme Fin de Siècle* (2000) que Robert de Herte tematiza um eventual vínculo de uma forma mais imaginativa, embora claramente "impressionista". O pensamento de Heidegger e o de Marx são perfeitamente comparáveis, porque ao que Marx chama de "Capital" Heidegger dá o nome de "*Gestell*": ensamblagem de todos os seres dados em vista da produção generalizada, e isso significa desdobramento planetário do inautêntico. O que Marx fala sobre o dinheiro evoca, de forma semelhante, o que Heidegger escreve sobre a primazia do "se": de um lado, a "falsa consciência"; do outro, a "facticidade" (*Faktizität*). Marx quer restituir ao homem seu "ser genérico", enquanto a hermenêutica heideggeriana propõe tentar um retorno à "ek-sistência", que designa a "morada ek-stática na proximidade do ser". As duas tentativas criticam o capitalismo a partir de premissas diferentes, mas elas se unem num mesmo chamado para se libertar do inautêntico (*Selbstentfremdung*). O próprio Heidegger escreveu em sua *Carta sobre o Humanismo*: "O que Marx, partindo de Hegel, reconheceu, num sentido importante e especial, é que a alienação do homem tem raízes na ausência de pátria do homem moderno [...]. É que Marx, fazendo experiência da alienação, atinge uma dimensão essencial da história, porque a concepção marxista da história é superior a qualquer outra historiografia". O elogio não é menor. É por isso que Heidegger nomeia como uma das tarefas do "pensamento vindouro" aquilo que ele denomina de um "diálogo produtivo com o marxismo. Tentemos assumir esse diálogo" (Robert de Herte, "De Marx a Heidegger", *Elemente*, n. 115, inverno de 2005).

Todas essas tentativas francesas de assimilação, certamente também as de Lacan e muito em especial as destes dois últimos, carecem sem dúvida de qualquer seriedade e fundamento científico. Na Freiburg da época, todos sabíamos que a famosa alusão à grandeza do marxismo obedecia a uma tentativa de Heidegger de aliviar a sorte de seus filhos, que naquele tempo estavam numa prisão soviética. Da mesma forma, nenhum conhecedor mais ou menos consistente da obra de Heidegger poderia levar a sério o enorme corpus dessa longa série de improvisações.¹ O único interesse de fazer alusão a elas é oferecer um testemunho da recepção do heideggerianismo entre os intelectuais neofascistas alemães, franceses, italianos ou espanhóis, ilustrando um processo político-cultural que, por sua vez, pode ter realmente incidência no tradicionalmente ambíguo desenvolvimento político europeu. Este é também o caso dos três representantes mais conhecidos do neofascismo heideggerianizante francês: Alain de Benoist, Guillaume Faye e Pierre Vial.

2. ALAIN DE BENOIST: HEIDEGGER E A CONSTRUÇÃO DE UMA "VANGUARDA ESPIRITUAL" CRIPTOFASCISTA, O NEOPAGANISMO ANTICRISTÃO E ANTIJUDAICO

Alain de Benoist (n. 1943) é sem dúvida a figura filosófica e cultural mais relevante do que eufemisticamente foi chamado de Nova Direita. Ao lado de suas publicações sobre filosofia política (*Morale et Politique de Nietzsche*, Paris, 1974; *Avec ou sans Dieu*, Paris, 1970; *Communisme et Nazisme: 25 Réflexions sur le Totalitarisme au XXᵉ Siècle*, Paris 1998; *Céline et l'Allemagne*, Paris, 1996; *Au-delà des Droits de l'Homme*, Paris, 2004, entre outras), destacam-se seus estudos sobre história das religiões (*Les Indo-Europèens*, Paris, 1966; *Histoire de la Gestapo* (em colaboração), Paris, 1971; *Comment Peut-on Être Païen*, Paris, 1981; *Jesús et Ses Frères*, Paris, 2001; *La Religion de l'Europe*, Paris, 1980, etc.) e uma multidão de artigos nos

---

[1] "Não me esqueci do sarcasmo com que Heidegger comentava comigo em 1967 as conversas que teve com Lacan: 'Ele aprendeu a falar alemão com Sartre! Você imagina o que seja isso?'. E dizia algo parecido de seu embaixador, o revisionista francês Jean Beaufret: 'Aos cinco minutos que ele começava a falar comigo em alemão, eu invariavelmente tinha que lhe pedir por favor que continuasse falando em francês para que eu pudesse entender alguma coisa'." O miniepígono heideggeriano François Fèdier confirma a legitimidade dos revisionistas franceses: "Pode-se colocar em dúvida a existência das câmaras de gás sem negar o extermínio" ("Heidegger à Perdre la Raison", *Le Monde des Livres*, 28 set. 1996).

quais intervém permanentemente no debate político europeu da atualidade. Ele mesmo procura, teórica e praticamente, colocar-se além de qualquer classificação ideológica e doutrinária, mas sua articulação em instituições e revistas de indiscutível opção antidemocrática e criptofascista, espiritualmente autoritárias, relativiza muito suas declamações autovalorativas. Foi assim que ele esteve entre os fundadores do Groupement de Recherche et d'Études por la Civilization Européenne (Grece), onde se articularam os mais conspícuos autores de indubitável opção autoritária – que, sem exceção, transformaram Martin Heidegger, Ernst Jünger, Carl Schmitt e Julius Evola em figuras emblemáticas de sua reflexão e opção intelectual. Benoist colaborou também com Pierre Krebs na obra coletiva *Mut zur Identität* [Coragem em Defesa da Identidade], em que se enunciava um programa que afirmava romper com todas as antigas dicotomias:

> Vivemos no meio de uma debacle política: a antiga polêmica entre "direita" e "esquerda", no que se refere à questão social, perdeu sua força. As direitas e as esquerdas oficiais se abraçam ideologicamente com uma energia cada vez maior, e a atitude política acompanha. Elas descobriram momentos em comum no que se refere à continuidade e à defesa da assim chamada civilização ocidental, lutando contra os pretensos "valores" igualitaristas, economicistas e universalistas. Com este livro, queremos fazer alguma coisa contra isso... (Pierre Krebs, Alain de Benoist, Guillaume Faye, Sigrid Hunke et al. *Mut zur Identität: Alternativen zum Prinzip der Gleichheit*)

É ainda ativa sua participação e comando na revista *Nouvelle École*, também um centro de reunião de ativistas intelectuais autoritários de opção política indiscutível. Em inúmeras entrevistas, Benoist demonstra um vasto conhecimento que o levou a examinar a mais pura tradição improvisadora e "impressionista" francesa, textos do mais extenso leque político e filosófico, com o objetivo de pôr às claras seu pensamento "aberto". Em nenhum momento ele formula com exatidão as definições sistemáticas e de conteúdo que se tornam invariavelmente necessárias quando se vê desafiado em questões decisivas e de princípio. Assim, por exemplo, em sua pretensa luta contra a "modernidade", Benoist não consegue formular isso nos limites de uma crítica iluminista da cultura, sem apelar invariavelmente para os primeiros princípios autoritários e criptofascistas em que se fundamenta. A mesma coisa acontece com sua pretensa defesa dos direitos das minorias, que termina em uma afirmação das unidades "étnico-culturais" que por si excluem as outras antagonicamente. É o caso de todos os ultranacionalistas europeus, que diante da imigração massiva transformam seus povos ("os franceses", "os alemães", "os espanhóis", etc.) em "minorias étnicas" que precisam se defender com violência da expansão babilônica. Culpando por essa "invasão" as políticas direitistas e capitalistas de contratação de mão de obra barata, eles criam para si o espaço tradicional do fascismo para se situarem "mais além de esquerdas e direitas". É o caso do neorracismo vivo e explícito nas políticas imigratórias de todos os países europeus. As mesmas contradições podem ser observadas também em relação à defesa que Benoist proclama fazer do indivíduo "freneticamente livre", como Nietzsche queria. Os limites aparecem assim que Benoist formula os direitos do "povo", que exigem uma vigência própria.

Em todo esse projeto filosófico-político, Alain de Benoist faz intervir de forma decisiva aquele que ele considera a figura decisiva para a construção "espiritual" da Nova Europa: Martin Heidegger. Pelo fato de a reflexão criptofascista de Benoist estar indissoluvelmente unida a uma Europa concebida como uma espécie de *Heimat* [Pátria] espiritual, ele quer demonstrar a vigência heideggeriana num escrito muito importante e multifacetado: "La Religion de l'Europe", publicado pelo Grece em *Elemente* (n. 36, outono de 1980), projetando a análise sobre outros aspectos de sua reflexão. O estudo de Alain de Benoist começa com uma afirmação provocadora, com o objetivo de promover uma iniciativa que o é ainda mais: "Para alguém como eu que considera que a cristianização da Europa, a integração do cristianismo ao sistema mental europeu, foi o acontecimento mais desastroso da história transcorrida até então – a catástrofe, no sentido mesmo do termo –, o que pode significar hoje a palavra 'paganismo'?". A pergunta não é apenas provocadora, mas revela também todo o fundo ideológico criptofascista e autoritário do autor e de seu contexto teórico e institucional.

A cristianização da Europa, isto é, a incorporação à sua substância espiritual e cultural do judaísmo que ela pressupôs, significou a incorporação à Europa escravagista e imperial, autoritária e capaz apenas de transformar em lei suas próprias necessidades e impulsos de dominação, uma mentalidade em que a igualdade de todos os homens diante de Deus, a irmandade que eles formam e a inevitável solidariedade daí decorrente rompiam definitivamente a ordem da "moral dos senhores". A Europa se viu assim confrontada com a lei, abstrata, objetiva e pragmaticamente, reajustável conforme as necessidades daqueles que a aceitavam. Com isso, ela se obrigava, além disso, a respeitá-la, acima da "vontade" superior de pretensos senhores seletos. O surgimento do judaico-cristão era o primeiro sinal da modernidade, que inclusive iria fundamentá-la no amor entre os homens. A dificuldade de levar a cabo tal programa, absolutamente inédito até então, era por certo imensa e longa. "O sistema de valores ocidental e cristão é uma ideia muito boa", ironizou Mahatma Gandhi, que tinha muitas razões para isso, mas reafirmou que valia a pena continuar trabalhando nela para se aproximar cada vez mais de suas metas. Tudo isso arrisca-se a ser destruído pela assim chamada Nova Direita, e, explicitamente, sua admiração pelo "paganismo" inclui a do seu sistema assentado sobre aquilo que Gobineau e outros chamaram de "desigualdade natural dos seres humanos", distinguindo a aristocracia espiritual de autodeclarados "senhores" sobre supostos "escravos", sem ao menos uma única vez (como é o caso de Alain de Benoist) ter se colocado o simples problema da implementação de um sistema baseado nessa diferença ontológica.

Muito menos tentam fundamentar a gestação (eleição/ designação/ imposição) dessa estrutura política e social. O neofascismo implícito que essas afirmações iniciais de Benoist representam irá receber uma fundamentação absolutamente medíocre, mas nem por isso menos vinculada à filosofia de Martin Heidegger.

> Em primeiro lugar, o paganismo não é uma "volta ao passado". Ele não manifesta o desejo de retornar a certo "paraíso perdido" (tema mais propriamente judaico-cristão) e menos ainda a uma "origem pura" (loc. cit.). Para nós, o passado é uma dimensão, uma perspectiva dada em toda a atualidade. Só existem acontecimentos "passados" na medida em que eles se inscrevem como tais ao mesmo tempo no presente. O "passado" participa assim necessariamente dessa característica da consciência humana chamada temporalidade [...]. A vida como cuidado/ cultivo (*Sorge*) é uma extensão de si mesma: não substitui nenhum quadro temporal preestabelecido. Existir é *ex-sistere*, projetar-se. É essa mobilidade específica da ex-tensividade que Heidegger chama de "o historial" (*Geschehen*) da existência humana [...]. A historicidade do homem se fundamenta no fato de que para ele "passado", "presente" e "futuro" estão associados em toda a atualidade. Nessa perspectiva, a repreensão tipicamente judaico-cristã do culto ao "passado" carece completamente de sentido. (Loc. cit., p. 2)

No paganismo, tal como Benoist propõe, a historicidade heideggeriana vive como seu componente essencial:

> Trata-se inclusive de se referir à "memória" do paganismo não de uma forma cronológica, para suceder ao "anterior", mas de uma forma mitológica, para buscar aquilo que, através do tempo, ultrapassa o tempo e nos fala ainda hoje. Trata-se de estar ligado ao insuperável, e não ao já "superado". Os termos "início" e "fim" já não têm o sentido que a problemática judaico-cristã lhes dá. Na perspectiva pagã, o passado é sempre o advir (o por-vir). "*Herkunft aber bleibt stets Zukunft*", escreve Heidegger: "O que está na origem continua sendo um porvir, continua sendo constantemente o que há de advir". (Ibid.)

Alain de Benoist adverte com razão que o "sujeito" de tal processo não pode ser um indivíduo (*Ser e Tempo* não é uma hermenêutica de um ser isolado e incomunicável), mas somente essa unidade metafísica chamada "Povo" – povo alemão, na verdade.

> Em sua *Introdução à Metafísica*, Heidegger examina exatamente a questão do "passado". Um povo, diz ele, só pode vencer o "obscurecimento do mundo" e a decadência sob a condição de querer insistentemente um destino. Agora, "ele não criará para si um destino se enquanto isso não criar em si mesmo uma ressonância, uma possibilidade de ressonância para esse destino, e se ele compreender sua tradição de um modo criador. Tudo isso implica que esse povo, como povo originário, exponha a si mesmo no domínio originário onde reina o ser, e por ali ele expõe a proveniência do Ocidente, a partir do centro de seu próprio porvir futuro". É necessário, em outras palavras, "requerer o começo de nosso ser-aí espiritual enquanto originário, para transformá-lo em outro início". Heidegger acrescenta: "Para que um início se repita, não é preciso voltar atrás em sua direção como se fosse algo passado, que conhecemos agora e seria o caso de imitar: o que é necessário é que o início seja reiniciado mais originalmente, com tudo o que isso comporta de desconcertante, obscuro e inseguro". De fato, Heidegger diz: "O início está aqui. Ele não está atrás de nós como aquilo que aconteceu há muito tempo. O início fez sua irrupção em nosso porvir..." (loc. cit., p. 3). Não retornamos, portanto, ao paganismo, e sim recorremos a ele. Só há um retorno do paganismo na direção daquilo que Heidegger chama de "outro começo". [...] Em compensação, em hebraico a palavra "começo" significa "profanação", porque implica competir com Deus [...]. Em troca, se admitimos que alguma coisa é grande, diz Heidegger, "então o começo dessa grandeza é o que ela tem de maior". (Op. cit., loc. cit.).

A superação do judaísmo, quer dizer, o advento do paganismo como a nova religião da Europa, deve ser fundamentada, portanto, no pensar heideggeriano do ser, do Tempo e do Povo. Mas Benoist vai ainda mais longe. Só através de Heidegger é possível a descoberta e a veneração do "sagrado": "Em Heidegger, o Sagrado (*das Heilige*) é bem diferente daquilo que a metafísica clássica e os judeus entendem como tal. O Sagrado é investido neste mundo, em oposição à Santidade, que está ligada essencialmente à transcendência do Outro total. Enquanto o paganismo sacraliza, o monoteísmo judaico-cristão santifica, porque o paganismo repousa na ideia do Sagrado (loc. cit., p. 5-6).

É por aí que Alain de Benoist chega à *parusia*[2] do homem superior, aquele que é capaz de reunir em si mesmo, em seu ser como ser criador (outros românticos, como Hitler ou Nietzsche, falam, neste caso, do "Artista", cuja obra máxima é ele mesmo), o espírito e a matéria, levado novamente pela mão de Heidegger: "'Criador' da natureza, o homem é também o criador dos deuses. O herói, na Antiguidade, é (no sentido próprio do termo) um semideus. Essa é a ideia que Nietzsche vê em sem Super-Homem. Na antropologia filosófica moderna, corresponde ao tema do homem criador, construtor de si mesmo. No final, ele será desenvolvido por Heidegger..." (loc. cit.). Dando saltos históricos conceituais, que dariam aos sóbrios medievalistas e a outros historiadores motivos para uma cadeia interminável de ironias, Benoist passa de Isaac a Nicolau de Cusa, de São Bento a Herder, de Zeus a Spengler, de Alexandre de Afrodisia, Crissipo e Cícero a Hölderlin, de Meister Eckhart a Rilke, de Scoto Erígena retrocede a Dionísio e Apolo, e muitos mais, como num conto artificialmente erudito (mas bem escrito) de Jorge Luis Borges. Tudo isso sem demonstrar nada – e ocupando 21 páginas. A rede que lhe permite alinhavar tudo isso, e refundamentar a desigualdade antijudaica e anticristã foi, diz Alain Benoist, construída por Martin Heidegger. É assim que ele junta Heidegger e Spengler:[3]

---

[2] *Parúsia* (do grego Παρουσία, "presença"): Segunda vinda de Cristo, segundo Advento, é um termo usado em geral com o sentido religioso de "volta gloriosa de Jesus Cristo, no fim dos tempos, para presidir o Juízo Final", segundo a crença de várias religiões de origem cristã ou muçulmana. (N. T.)

[3] Também não me esqueço da resposta que Heidegger me deu em 1968 quando lhe perguntei sobre sua opinião a respeito de Spengler: "Você deve ter observado que nesta casa não há jornais. Não gosto dos jornalistas".

> Spengler descreve a religião "fáustica" como uma religião onde a vontade humana lida de igual para igual com a vontade divina. Retomando a palavra de Heráclito ("a permanência dos homens é a permanência dos divinos"), Heidegger diz que a Divindade está unida aos mortais, que ela palpita na realidade, que é o lugar da aproximação. [...] Para a pergunta "Deus existe ou não?", a resposta é que Deus pode ser. Ideia que será desenvolvida por Heidegger com a noção de possibilitação, em oposição à de atualização, própria da metafísica clássica... (Benoist, op. cit., p. 14)

Trata-se de fazer reaparecer os deuses. "Perguntado pela *Der Spiegel* em 1977 [Sic. A entrevista foi feita em 1977], Heidegger declarava: 'Somente um deus pode nos salvar [ainda, V. F.], a única coisa que nos resta então é preparar no pensamento e na poesia uma disponibilidade para a aparição do deus ou para a ausência do deus em nossa decadência'" (Benoist, op. cit., p. 18-19).

Alain de Benoist não é portanto – para o bem ou para o mal – apenas um divulgador de Heidegger. Colocado diante da pergunta fundamental sobre qual deverá ser a religião da Europa, aquilo em que se decidirá seu ser histórico-político e espiritual, postulando que esse novo espírito deve ser o paganismo, ele encomenda a Heidegger a tarefa "titânica" de destruir o desastre representado pelo judaísmo e pelo cristianismo, e de assentar as bases para a reconstrução do lugar de advento dos "deuses". Nesse sentido, seu longo ensaio termina permitindo a Heidegger colocar a questão das questões, aquela que vai decidir sobre Deus, os deuses e os homens – e também sobre a religião e sobre a Europa e sua história:

> O Ser (*Sein*) em Heidegger é inseparável do homem enquanto ser-aí. Este ser, que "se encontra na história" a ponto de ser "temporal no fundo de seu ser", e só até o ponto de não se confundir com a soma ou a sucessão dos outros seres, possui um caráter determinado que se articula em quatro termos: é a permanência em relação à aparência; o subsistente em relação ao pensar; o devido não-ainda (ou já) realizado em relação ao projeto [...]. É por isso que a questão do ser

é verdadeiramente a questão fundamental, porque o ser heideggeriano já não é mais Deus (seria então um ser) e só o homem pode se interrogar sobre o Ser. Daí, como diz Heidegger, que é apenas a partir da verdade do Ser que se pode pensar a essência do Sagrado, e é da essência do Sagrado que se pode pensar a essência da divindade... (Benoist, op. cit., p. 19)

No fim das contas, o resultado é que, para Benoist, ele mesmo e também a Europa só podem ser essencialmente pensados pelo "mais alemão dos filósofos alemães". É exatamente o que ele me disse numa tarde de 1967, e me repetiu quase textualmente na entrevista póstuma publicada por *Der Spiegel*, em 1976: "Meus amigos franceses uma vez ou outra me dizem que, quando tentam entender e pensar sua própria realidade, têm que falar alemão. As línguas latinas carecem da força espiritual para captar a essência das coisas".[4] O que no caso do nobre francês de Benoist *et semini eius*[5] é colaboração e dependência intelectual, se torna assim colaboração política, porque a "metapolítica" da Nova Direita pressupõe uma opção política muito precisa. A conceituação da proposição "metapolítica" de Alain de Benoist é uma conceituação demagógica. Os assim chamados "novos direitistas" atribuem importância, qualitativamente, ao fato de serem considerados uma direita diferente e afirmam que não têm a tradicional ligação com o nazismo, o fascismo e o antissemitismo, mas apontam para a destruição mais radical do cristianismo e do judaísmo. Outro traço original e novo da "Nova Direita" é sua valorização da multiplicidade cultural. Mas essa exigência conduz a uma aporia em que a discriminação racial e cultural do passado volta a aparecer com nova roupagem na Nova Direita francesa, e com muita virulência:

> Porque a verdadeira riqueza da humanidade se enraíza na diversidade das culturas, porque se rechaça o nivelamento da diversidade,

---

[4] Ver *Heiddger y el Nazismo*, p. 574.
[5] "*Et semini eius*": "e seus descendentes", referência ao cântico litúrgico *Magnificat*. (N. T.)

justamente por isso é necessário se posicionar contra a imigração e contra todo favorecimento dos estrangeiros em cada país. Devem-se rechaçar quaisquer ideias de uma assimilação e fundição das nacionalidades. Pretender uma coisa dessas, ou seja, que os estrangeiros se integrem ao tronco espiritual do Povo, é uma presunção histórico-cultural inaceitável. "Colaboração com outros povos, sim; mas imigração e assimilação e integração de estrangeiros, não."[6] O gálico se misturou com o românico – e também com o germânico, na forma dos normandos, que deram nome à Normandia. Mais ainda: surgem também os celtas a partir do Norte e vindos das Ilhas Britânicas, e cuja língua até hoje é falada por muitíssimos franceses da Bretanha. Portanto, a *Grande Nação* é grande apesar de (ou graças a) ser o resultado de uma imensa aliança também de mentalidades e culturas. O respeito verbal às diferenças é na verdade uma vontade de construir e consolidar os limites geográficos e culturais.

A Nouvelle Droite quer se definir por uma crítica radical à modernidade e a seu maior sucesso público: a democracia parlamentar representativa. Num extenso artigo contra "O Burguês" como a encarnação de todos os males, e também em outros textos, Alain de Benoist se declara um apaixonado defensor da "Democracia de Base", mas ao mesmo tempo o funcionamento dessa democracia de base, imediatista e ligada à terra e à paisagem da *Heimat* [Pátria], exige uma aristocracia fortemente articulada. Benoist rechaça o conceito de "Elite dirigente" porque ele carece de conteúdo, mas propõe uma nova e muito imprecisa forma de aristocratismo. Já não seriam latifundiários

---

[6] "O maior problema que enfrentamos hoje é a expansão desenfreada da Ideologia do 'mesmo' [...]. Eu acho que a imigração é um fenômeno negativo porque conduz a um desenraizamento forçado, que prejudica tanto a identidade do imigrante quanto a da população que o acolhe. Sou, portanto, a favor de tudo o que permita reduzi-la." Alain de Benoist, "Es Reicht Nicht, die Ugleichheiten im Namen der 'Gerechtikeit' oder der 'Menschenwürde' zu Denunzieren". Entrevista com Alain de Benoist, <www.neo-form.de>. Como na maior parte dos casos, a retórica barroca e abstrata de Benoist não é compatível com os dados empíricos mais simples, e que qualquer enciclopédia séria apresenta: no cultural e também no étnico (o gálico).

ou nobres pelas finanças ou pela espada, mas um grupo restrito de homens, de "espírito nobre" e "caráter", que por isso seriam chamados a exercer a condução política. Em momento algum Benoist dá mais detalhes sobre essa curiosa convivência entre "Democracia de Base" e "Aristocracia". Os dirigentes seletos não são determinados pela origem, mas pelo dom nobre de assumir "uma responsabilidade extraordinária pelo (e em prol do) futuro da Terra...":[7]

> É assim então que nem Benoist nem a Nouvelle Droite explicam como se deve conceber a questão fundamental da "base" e a direção aristocrática, isto é, a questão da gestação e da legitimidade do exercício do poder. Como o povo deveria exercer sua soberania se ao mesmo tempo ele deve ser dirigido por uma pequena minoria? Se, como Benoist confessa, a minoria seleta "faz sua lei emergir de si mesma", qual é a função da maioria "descentralizada", uma vez que a lei dos selecionados deve vigorar universalmente. Nem as formas usuais de plebiscito, nem a convicção pela autoridade carismática asseguram a menor possibilidade do exercício da soberania popular, que deve prover através do controle pragmaticamente necessário para que a aristocracia não se transforme em tirania. (Hartig Schmidt, "Aquele Que

---

[7] Outro entre os teóricos mais importantes da assim chamada Nouvelle Droite é Pierre Vial. Ele se aventura também a dar algumas características daquilo que chamam de aristocracia dirigente: "Quando a Nova Cultura fala de 'elites' (o conceito é sociologicamente neutral), está se referindo aos 'melhores', plenamente no sentido de Platão quando ele fala de *aristos*, em todos os campos da criação, da autorrealização e da criatividade. Ela defende uma igualdade de oportunidades, não no sentido de uma esperança de alcançar uma igualdade 'na meta', mas de substituir a desigualdade baseada em riqueza, nascimento ou privilégios por um justo reconhecimento de méritos desiguais. Na educação, essa igualdade de oportunidades deveria ser incluída com a introdução de uma seleção dirigida para a descoberta precoce dos talentos e das dores. O novo despertar de um sentimento coletivo de solidariedade deveria estar baseado na clara consciência de possuir uma herança cultural comum e pertencer a uma comunidade de destino" (Pierre Vial, "Die 'Neue Kultur': ein revolutionärer Denkanstoss", *Elemente*, n. 6, p. 4-5). A origem platônica pré-fascista classista e a noção heideggeriana de "comunidade de destino" para caracterizar os "povos históricos" são pontos evidentes.

Não É Nazista: Sobre Alain de Benoist e o Manifesto da Nouvelle Droite", *Berlines Debatte Initial*, p. 4, 2005)

Com o conceito de Povo ocorre a mesma coisa. O "Povo" é para Benoist e seus pares, e certamente para Heidegger em *Ser e Tempo*, algo essencialmente diferente de "população". O *Volk* não é jamais *The People*. O "Povo" é uma realidade dotada e caracterizada por uma personalidade própria e autônoma. Por isso tem também uma "vontade", a Vontade do Povo – da mesma forma como não poderia haver uma personalidade sem vontade. Essa vontade "autêntica" do Povo aqui, como em *Ser e Tempo* (§ 74), deve ser uma coisa diferente da soma de expressões individuais da vontade, do mesmo modo como o Povo é diferente da soma dos indivíduos. Por isso mesmo, porque a Vontade do Povo não é quantificável, não é possível que se expresse realmente pelo voto em eleições ou plebiscitos. Só a aristocracia está em situação objetiva e subjetiva de expressar a vontade da maioria. É por isso que Benoist, quando tenta caracterizar a democracia de base, chama-a de "descentralizada": porque na verdade, mais cedo ou mais tarde, a democracia igualitária deve ser excluída. Em todo caso, e assim concebido, o conceito hipostaseado de Povo (sempre no singular) ganha uma relevância muito maior do que o "indivíduo singular", de um lado, e do que a "humanidade", de outro. A hipóstase do "Povo", com todas as duas implicações ameaçadoras, já não é uma ideologia conservadora, mas o antidemocratismo mais extremo. "Se o Povo é um corpo, tem as alternativas de ser um 'corpo sadio' ou um 'corpo doente', com as consequências e conotações eugênicas (historicamente conhecidas). O indivíduo deve ser incorporado ao corpo como um 'membro' do Corpo do Povo, ou como um 'órgão' se tiver sorte, e pode somente ter direitos e vigência como um 'Camarada do Povo'" (H. Schmidt, op. cit., loc. cit.).

Todas essas características e elementos constituintes, como também na regulação e seleção, e até as características de Povo e Aristocratas, podem ser encontrados em Heidegger. E isso já em

Ser e Tempo, em que junto com Yorck von Wartenburg, defende o comando político dos Seletos e a inconsistência da democracia e a hipóstase do povo, sua opção autêntica por seus "heróis" e, por último, "a destruição da opinião pública" como "tarefa fundamental" do Estado (*Ser e Tempo*, § 77). Isso já em 1927. Mais tarde se transformará em tema e opção recorrente de todas as obras filosóficas de Heidegger. Até sua confissão póstuma da "da incapacidade da democracia para sair e enfrentar os problemas do homem moderno". Também nisso Alain de Benoist não abandona sua função de epígono, mas uma vez mais esta é apenas a reprodução ampliada de incoerência e inumanidade.

Um dos píncaros na formulação do neofascismo genérico de Alain de Benoist pode ser encontrado em seu estudo "A Religião dos Direitos Humanos", no volume *Mut zur Identität: Alternativen zum Prinzip der Gleichheit* [Coragem em Defesa da Identidade: Alternativas contra o Princípio Igualitário] (1988), editado por Pierre Krebs, que eu já apresentei aqui. De uma forma análoga à publicação do escrito fundador do racismo do conde Arthur de Gobineau, *Sobre a Desigualdade das Raças Humanas* (1853-1855), Benoist tenta, aqui, nada menos do que destruir a ideia básica da civilização humana: a da igualdade fundamental de todos os seres humanos e da incondicional validade universal dos direitos humanos. Na própria apresentação do volume já se pode ler que

> vivemos em meio a uma ruptura política. Esquerdistas e direitistas se unem para ensinar que descobriram coincidências em relação à subsistência posterior da assim chamada civilização ocidental. Surgiu uma nova linha que separa agora os partidários do cosmopolitismo daqueles que defendem a identidade etnocultural. Em nossa época de alienação da força criadora e da tradição de um povo, torna-se indispensável determinar e descrever as raízes da identidade, da autoconservação espiritual e do desenvolvimento do indivíduo, e também das diversas comunidades vitais e culturais. As discussões atuais sobre a problemática da imigração e da sociedade plurirracial, de culturas

variadas e misturadas, transformam a questão da identidade em algo fundamental. Temos que completar a identidade nacional a partir de cima (Europa) e enraizá-la a partir de baixo (as regiões). (Benoist, op. cit., loc. cit.)

Alain de Benoist complementa esse programa formulado pelo neofascista Pierre Krebs com seu estudo, em que vai tentar formular a primeira condição de possibilidade do neorracismo emergente:

Certamente, é bonito afirmar que "todos os seres humanos têm direitos" ou que "todos os seres humanos são iguais em dignidade". Mas o que significam na verdade essas palavras? Baseando-se em que fatos os seres humanos têm direitos? De quais homens estamos falando? O que significa "igualdade em dignidade"? Vamos responder: a ideologia dos direitos humanos se assenta em quatro artigos de fé: a crença na unidade do gênero humano e no significado moral dessa unidade; a crença na existência de uma "pessoa humana" que é independente das características concretas de cada indivíduo; a crença em uma "natureza humana" que dá margem a um "direito natural"; e, finalmente, a fé na primazia do indivíduo sobre as comunidades orgânicas e históricas, como as culturas, os povos e as nações. A primeira crença dá por demonstrado que "cada homem tomado individualmente é membro de um gênero animal único e geralmente válido que é o *Homo sapiens*", mas esse fato biológico também tem consequências morais. A unidade da espécie humana deve ser defendida aqui como uma *igualdade de valor*. A humanidade é suficientemente "homogênea" para poder considerar todos os indivíduos como seres de mesmo valor, de forma que as diferenças contrastantes entre os seres humanos são superficiais, de valores secundários, ou circunstanciais e passageiras. Considerar essa convicção como uma coisa evidente é algo de vigência relativamente recente. Michel Foucault tem razão quando ensina que "o ser humano é uma invenção recente cuja jovem idade torna evidente a arqueologia do nosso pensamento". (Benoist, op. cit., p. 21)

A convicção se assenta sobre um postulado judaico: "Nossos rabinos dizem: Deus criou os seres humanos a partir de um único ser humano a fim de que nenhum possa dizer: 'meus antepassados são mais antigos do que os seus'. Todos os seres humanos são iguais porque foram criados por um único deus..." (op. cit., loc. cit.). Benoist, de um modo análogo ao de Heidegger, delineia *ad hoc* seus rivais ou inimigos a fim de eliminá-los (Aristóteles, Descartes, Kant e outros), coloca o problema qualitativo da igualdade de valores, que é uma qualidade elementar, como se estivesse reivindicando uma fundamentação *substancialistas*. Quando se trata de assegurar a validade permanente das razões do direito humano, Benoist pressupõe que deve haver uma razão causal entre duas substâncias (Deus e o homem) para que exista uma relação (a igualdade). Alain de Benoist não quer perceber que essa igualdade de valor tem tamanha validade que ela aponta *per se* para um horizonte transcendental. Ele chega assim ao extremo de afirmar que "o ser humano" não existe para os Antigos. Só há gregos, romanos, bárbaros, patrícios, etc., assim como para Joseph de Maistre, nesse mesmo sentido, "não existe absolutamente nenhum ser humano sobre a terra". "Sobre os direitos abstratos de um homem em si, não sabemos nem podemos saber nada. O homem universal não existe" (op. cit., p. 3).

Da mesma forma, Heidegger não fala do ser humano, mas desse ente que chamamos de ser humano, e que consiste em ser uma relação com seu próprio ser, e que o ser humano é esta relação que Heidegger chama de ontológica e que Benoist chama de "cultura", "ser cultural", "espírito". Mas se para ele "não existe o ser humano, existe sim em compensação a unidade zoológica da espécie humana. No sentido estrito, o gênero humano é o que é 'a humanidade' e esse conceito tem uma significação puramente biológica..." (ibid.). Na verdade, diz ele, os partidários dos direitos humanos universais reduzem o homem à natureza (zoologia) porque só ela, e nunca as culturas, fundamenta a igualdade: "A *Declaração Universal dos Direitos Humanos* afirma, como Santo Tomás de Aquino, que todos os seres humanos são racionais, e isso não tem sentido. Nenhuma pessoa é concebível sem as propriedades e características de cada um. Nem todos os indivíduos são aptos para serem 'personalizados', e nada permite nos fazer crer que todos os seres humanos são igualmente racionais" (ibid.).

Quando se trata de saber e reconhecer que todos os seres humanos têm características idênticas (iguais), tanto Benoist quanto Heidegger não aceitam fazer a pergunta: "O que é o ser humano, senão apenas o que cada um é". Desse modo, torna-se possível estabelecer justamente as diferenças, "categorias" (Heidegger) e hierarquias da concepção estratificada fascista ou aristocratizante em suas diversas variantes. Daí resulta que Benoist, como Heidegger, vai fundamentar as hierarquias que justificam a discriminação não como os "racistas vulgares" e zoologistas, mas no "espírito" (Heidegger) ou na "cultura".

Tanto para Benoist quanto para Heidegger, o "confucionismo babélico" e vulgar zoologista provém da fonte histórica que é sem si destrutiva, o judaico e o judaico-cristão:

> Essa convicção une o judaísmo e o cristianismo clássico, que crê na "ordem natural", ao racionalismo moderno, que argumenta com base em realidades "objetivas" e supostas leis "universais" [...]. Sem hierarquia não pode haver legitimidade, e sem legitimidade nenhuma ordem social é duradoura... (Op. cit., p. 4-5)

[...]

> Eu não reconheço nenhuma autoridade moral fora do meu próprio eu existencial, e não pode haver uma cessão da legitimidade aos outros...

Obviamente, o neofascista Benoist não para nem um instante para pensar em que se enraíza a invariabilidade da legitimidade baseada num fundamento tão movediço quanto a vida dos seres superiores, que, como diz Heidegger, "erram grande porque pensam grande", e também não nos diz em que se enraíza "a grandeza do grande", nem no que consiste "a grandeza que emerge no ataque", por exemplo. Em todo caso Benoist, como Heidegger, descobre e afirma uma nova e substitutiva encarnação geral dos "eus existenciais" que estabelecem sua própria lei: ele ou os Povos (*Volk*). "Os seguidores dos direitos humanos têm uma verdadeira fobia pelas Comunidades" (op. cit., loc. cit.). Como Heidegger e toda a tradição pré-moderna e primitiva, Benoist e seus pares não conhecem a "sociedade", mas a "comunidade" (a Comunidade do Povo de Hitler e Mussolini), e por isso "o liberalismo é o mais perverso, destrutivo, revolucionário e anárquico que se pode pensar..." (op. cit., p. 5): "Como os 'judeus', o homem dos Direitos Humanos não possui vínculo com a terra, não tem herança e não pertence a nada, por isso destrói tudo [...]. A mesma coisa acontece com a liberdade individual que se coloca no lugar de privilégio: ela é essencialmente antidemocrática porque põe em perigo a liberdade do povo" (op. cit., loc. cit.).

Mussolini havia dito a mesma coisa com sua característica clareza obscena: "A escravidão do soldado é a liberdade do batalhão". A liberdade individual equivale assim à "destruição da disciplina. Pelo fato de equivaler a uma 'libertação', ela conduz à recusa do pertencimento a algo e da disciplina..." (Benoist, op. cit., p. 7). "Ninguém nasce livre, mas alguns chegam a ser livres. A liberdade surge imediatamente do empenho em alcançá-la ou conquistá-la, e isso pode ser assumido e realizado por indivíduos ou comunidades. Ela não é uma causa, mas um efeito" (ibid.).

Por isso,

> considerar todos os homens como iguais, atribuir-lhes as mesmas aspirações e os mesmos direitos, significa que os estamos olhando de um único ponto de vista, em relação ao qual eles não podem ser iguais. Assim, por exemplo, nos países de cultura islâmica, o dever dos indivíduos está acima de seus direitos. A qualidade social não é interindividual, mas coletiva, e a tradicional oposição ocidental entre vantagem pessoal e bem comum não existe no pensamento social islâmico... (Ibid.)

As terríveis diferenças entre os miseráveis e os indescritivelmente ricos filhos de Alá em todos os países muçulmanos (certamente não democráticos igualitários), que possuem as maiores reservas energéticas do planeta, devem, de acordo com as proposições de Benoist, ser objeto de uma admiração especial, também da parte dos miseráveis, porque com isso eles "alcançam o ponto mais alto, que é a adaptação às disposições islâmicas. Querer substituir os 'direitos de Deus' pelos Direitos Humanos só pode parecer uma coisa absurda para o Islã" (Benoist op.cit. loc.cit). E isso Benoist projeta para o mundo inteiro:

> A ideologia dos Direitos Humanos, como uma doutrina importada do Ocidente, pode trazer consequências catastróficas para os sistemas de direito e constitucionais dos países do Terceiro Mundo. Em alguns desses países, há destruição dos equilíbrios alcançados com tantos esforços... Nas democracias agrícolas da América do Sul, o direito de eleger fundamentado no sistema parlamentar representativo conduz a máfias eleitoreiras e à entrega do povo à tirania de políticos feudais... Seria uma aculturação jurídica. Um guerreiro afegão não luta por direitos humanos, mas para defender uma ordem cultural na qual a relação com a morte infligida a outros ou recebida deles, assim como os valores morais, de forma alguma correspondem àqueles pelos quais os ocidentais lutam... (Op. cit., p. 11)

A mesma coisa acontece com "a aspiração à felicidade", que se transformou em outro direito universal. Benoist afirma inclusive que foi nos "séculos XVII e XVIII que a burguesia inventou a ideia de ser 'feliz', uma ideia que logo parecerá muito natural" (Alain de Benoist, "O Burguês: Paradigma do Homem Moderno", em *O Manifesto contra a Morte do Espírito e da Terra*, quarto semestre de 2004, p. 47). Benoist – como bom heideggeriano – censura abruptamente e sem delongas a tematização da felicidade, sua intencionalidade e suas formas. Todos os neofascistas, como românticos inveterados, investem sem questionamento numa fascinação pelas atitudes maníaco-depressivas estabelecidas pelas *Stimmungen* ou *estados de ânimo* nos motivos centrais daquilo que chamam de "espírito" ou "cultura". São muitos os europeus (particularmente na filosofia e na arte) realmente incapazes de abrir caminho para a felicidade humana mais elementar, e por isso são incapazes de ver outra felicidade que não seja a do consumo. Então eles a transformam num projétil contra a "América" que não é real e que surgiu em grande parte de seu temor e seu ressentimento diante do inteiramente novo e realmente plural como programa que historicamente não se pode conter. Só a "tragédia" e seus acompanhantes: luta, abismo, vontade heroica, morte solidão, fracasso e até decadência encontram lugar nessa ética heideggeriana virtualmente letal. Apressadamente, afirmam que, quando a modernidade fala de felicidade como um direito humano universal, está pensando na "ideologia americana", segundo a qual a única forma de gozo está na acumulação, na "felicidade econômica": "Autores tão diferentes como Max Weber, Arnold Gehlen e Martin Heidegger denunciam que o sistema geral da sociedade liberal-capitalista procura em última instância a conquista da felicidade econômica" (Benoist, op. cit., p. 12).

Como era de esperar, o neofascismo antissemita de Benoist acaba afirmando sua "grande verdade":

> A essência fundamentalmente bíblica da ideologia americana dos inícios é o elemento que predispõe o parentesco dialético da constituição americana com a Lei mosaica. "Não é nenhuma casualidade que a democracia americana tenha tantas semelhanças com o primeiro governo hebreu", escreve Paul Castel em *Le Monde Diplomatique* (4 jun. 1979). (Op. cit., p. 13-14)

[...]

> O Direito, em sentido estrito, é uma coisa artificial. Sua vigência só é possível dentro de comunidades determinadas. Em sentido jurídico, a lei nunca é universal... O direito só tem sentido quando uma vontade política oferece à sociedade um conhecimento que se constitui, dá-lhe uma forma de governo, isto é, determina-lhe uma Ordem [...]. Os marxistas que, junto com Lênin, viam no direito uma superestrutura que sempre tem um caráter de classe muito definido hoje falam de Direitos Humanos junto com a Igreja Católica. (Benoist, op. cit., p. 14)

No corpus de seu estudo, Benoist não apenas encontrou e restaurou o fundamento pré-fascista de *Ser e Tempo*, mas também, junto com seu mestre, chegou a renovar toscamente os motivos fundamentais que articulou e desenvolveu quando, em 1933, ele também quis dar um fundamento espiritual ao regime nazista.

Por tudo isso, é natural e coerente que, quando se trata de assumir uma atitude concreta diante de situações histórico-políticas conjunturais, personagens como Alain de Benoist ajam como agiram Hitler, Mussolini e, em nossos dias, os islamitas fundamentalistas. Hoje, quando a maior parte das tendências autoritárias extremas faz causa comum com o mundo árabe-muçulmano, está sendo coerente com o princípio incluído no texto do testamento de Hitler, segundo o qual "em todos os sentidos é melhor o islâmico do que o judeu-maçom". Por ocasião do início da guerra do Iraque, num comunicado de 20 de março de 2003, difundido entre os membros do Grece, seu presidente Alain de Benoist convidava à luta intelectual e ao apoio direto aos terroristas islâmicos:

> O complexo militar americano do qual George W. Bush, sociopata e notório pobre de espírito, é hoje o porta-voz, desencadeou de forma unilateral contra a nação e o povo do Iraque uma guerra monstruosa que nada justifica além de sua vontade de dominar o mundo [...]. A partir desta quinta-feira 20 de março, todo ato de represália, em qualquer parte do mundo, que aponte contra os interesses americanos, assim como contra o pessoal militar, político, diplomático e administrativo americano, em qualquer lugar onde se realize, seja qual for seu volume, sejam quais forem os meios e as circunstâncias, é ao mesmo tempo legítimo e necessário. (Benoist, *Communiqué* difundido aos membros do Grece em 20 de março de 2003)

Assim, portanto, quem pretendia não ser considerado nazista acaba não só repetindo as proclamações alucinantes de Heidegger em suas palestras para a Wehrmacht em 1943, como também chama, como Goebbels, à "guerra mais total, mais incondicional". Com a diferença de que hoje ele convida a empregar "todos os meios" na guerra, o que significa – pelo menos quantitativamente – algo muitíssimo mais ameaçador do que por volta do final da guerra nazista (cf. Alexandre del Valle, "Les Rouges, les Bruns et les Vertes", em Primo--Europe/ Documents/ Pensée Contemporaine, 2005).

Tornando-se assim parte ativa da "guerra total e mais incondicional" contra o mundo que se baseia na tolerância, no consenso, no respeito à lei democraticamente concebida, Benoist, a partir de 2003, expande sua área de atividade e de influência até o próprio centro, onde se prepara, justifica e promove o novo Holocausto: o Irã. A partir de 30 de janeiro de 2003, Alain de Benoist forma as consciências dos iranianos em entrevistas concedidas regularmente à Rádio Teerã. De acordo com o site Les Amis de Alain de Benoist, até 2006 o ativista deu as seguintes entrevistas: em 2004, em 11 e 15 de janeiro, em 11 e 27 de maio, em 18 de novembro e em 11 de dezembro; em 2005, em 19 de janeiro, em 15 de março, em 19 de maio, em 10 de outubro e em 11 de dezembro; em 2006, falou em 5 de fevereiro e em 24 de julho – até onde revela sua organização (<www.alainbenoist.com/pages/activistes>). De fato, o Irã se transformou, no Oriente Médio, naquilo que Cuba foi ontem e Caracas é hoje para os extremistas de esquerda na América Latina: um refúgio estratégico para todos os ativistas neonazistas ou neofascistas. O notório negacionista Wolfgang Fröhlich se refugiou em 2006 na embaixada iraniana em Viena. Outro revisionista, Jürgen Graf, também obteve asilo no Irã. A todos eles foi outorgado na Rádio Teerã o título de "cientistas". Não apenas a Alain de Benoist, mas também a outras figuras emblemáticas do neonazismo internacional, como Robert Faurisson, David Irving, Ernst Zündel, Friedrik Toben, que também têm acesso privilegiado à Universidade de Teerã.[8]

---

[8] Ver capítulo "Heidegger e Guillaume Faye: O Racismo do Espírito e o Arquifuturismo".

Num ensaio mais ou menos improvisado e sem nenhuma fundamentação historiográfica séria, Alain de Benoist trata de analisar comparativamente comunismo e nazismo (A. de Benoist, *Comunismo e Nazismo: 25 Reflexões sobre o Totalitarismo no Século XX (1917-1989)*, Barcelona, 2005). Mas, ao assumir as generalizantes propostas casuístas de Nolte, suas conclusões equivalem a uma restauração do nazismo. Ele denuncia, acertadamente, a tendência generalizada de se esquecer de forma sistemática a magnitude do genocídio soviético, mas, quando analisa em função de uma comparação, está evitando especificar o caráter da doutrina nazista exterminadora. Prefere falar apenas de sua "propensão ao ódio" e ao "exercício totalitário do poder". Hitler teria "amado os alemães", como "Lênin amava os proletários", "os burgueses são para Lênin o que os judeus são para Hitler" (op. cit., p. 110). Benoist não registra que Lênin, sob o termo "proletário", entendia, pelo menos, todos os proletários do mundo, enquanto Hitler sacralizava seus arianos. "Tanto para Lênin quanto para Hitler, a supressão do princípio mau (a desigualdade de classes ou a dominação judaica) é a condição para conseguir a salvação coletiva" (op. cit., p. 123). Como todo revisionista, Benoist esconde que a meta teórica de Lênin era a eliminação de uma relação social, ao passo que a de Hitler era a eliminação programada e industrializada de 11 milhões de seres humanos individuais.

As relações sociais, por sua própria natureza, pressupõem a existência de seus sujeitos, que poderiam até se transformar quando os métodos para isso fossem criminosos. Um burguês podia (e devia) transformar-se – um judeu, nunca. Em contrapartida, a autoafirmação da raça ariana pressupunha sua consolidação absoluta como exterminadora e universalmente escravizadora. O nivelamento de comunismo e nazismo permite a Benoist transformar o nazifascismo numa das projeções da modernidade. O nazismo como modernidade não só "é um humanismo" (Lacoue-Labarthe), como também uma "racionalidade instrumental" (op. cit., p. 135) que "conseguiu dinamizar a economia e até favoreceu o turismo massivo e o tráfego automobilístico" (ibid.). Com isso, ele utiliza o esquema das palestras de Heidegger de 1936 e fundamenta assim a crítica da modernidade: "É o que Heidegger chamou de 'o conceito de infinidade'" (op. cit., p. 113). Inclusive quando Benoist, como Heidegger, situa o caráter perverso do comunismo em sua convicção comum de que "todos os seres humanos são iguais", parece não entender o mais elementar: para um nazista, a igualdade diz respeito apenas aos racionalmente iguais, enquanto para os comunistas era uma tarefa programática que certamente eles nunca cumpriram e que tentaram através de meios criminosos. A recuperação do nazismo de Benoist se transforma assim num malabarismo: "Não cabe dizer que o comunismo stalinista recorreu a 'métodos nazistas'; seria mais adequado dizer que o nazismo utilizou 'meios comunistas'" (op. cit., p. 73). Benoist se considera pluralista porque diz defender o direito às diferenças, mas o direito à "própria identidade" que ele proclama, por exemplo, na Rádio Teerã, não inclui o direito a que *o outro enquanto tal* possa praticar sua identidade. Já são muitos os cristãos executados em países islâmicos por praticarem sua fé. Em compensação, no Exército dos Estados Unidos há inclusive um general de divisão de fé muçulmana.

3. HEIDEGGER E GUILLAUME FAYE: O RACISMO DO ESPÍRITO E O ARQUIFUTURISMO

Guillaume Faye é outro entre os teóricos mais importantes da filosofia reacionária francesa contemporânea com uma visível e determinante influência heideggeriana. Compartilhando com seus colegas a visão trágica da existência e a agressividade compulsiva em relação à modernidade civilizada, ele inicia suas reflexões sistemáticas a partir da negação fundamental em meio a um historicismo radical:

> As forças coletivas dão lugar às dúvidas e à angústia. Surge um novo niilismo, bastante pesado porque é desesperançado, muito diferente

das filosofias do declínio e das profecias reacionárias da decadência que eram apenas um progresso às avessas e um passadismo. Agora, são as filosofias das catástrofes que irão se impor. A incerteza está presente e seu halo inquietante atira uma sombra sobre a tecnociência que as pessoas supunham dispensável e controlável, mas que não é. A alegoria do Golem que era justa. (Guillaume Faye, "Por uma Economia Mundial com Duas Velocidades", em O *Arquifuturismo*, p. 1)

Compartilha, consequentemente, suas expectativas sobre o novo paganismo, que deve deslocar o judaico e o cristão do espírito europeu:

Meu paganismo, apolíneo e dionisíaco em sua essência, não se baseia em meditações: é intuitivo, aceita o movimento, a ação, a beleza da força (mas não da oração). Para mim, é a própria essência da força vital, da vontade de viver. A história proporciona a memória sobre os atos, e não é a contemplação abstrata nem teorias inúteis condenadas à morte. Só a ação é efetiva, e é o único motor tanto do pensamento quanto das tendências estéticas da alma. A principal ameaça que pesa sobre o paganismo é o intelectualismo, o domínio da ideia abstrata e árida desligada da vida e de suas necessidades. O paganismo não é uma tese científica nem um conhecimento frio, mas uma atitude diante da ação nesta vida – uma práxis. A ideia, em si mesma, não é interessante, e sim o fato de que torne possível mudar a situação e personificar um determinado projeto de vida. Esse é o enfoque da epistemologia pagã ante a judaico-cristã, para a qual a ideia tem valor por si mesma, e o que é material e real fica relegado a um segundo plano. Sempre me impressionou o fato de que o paganismo greco-latino, germânico e céltico nunca tenha tido nada de contemplativo, mas tenha sido altivo e marcial em seu mais alto nível. (Guillaume Faye, *Dioses y Titans*. Entrevista con Guillaume Faye sobre el Paganismo e Neofuturismo. Barbarossa, 2000, p. 5)

Em um de seus textos mais conhecidos, "Pour en Finir avec la Civilization Occidental" [Para Acabar com a Civilização Ocidental] (*Elemente*, n. 34, abr. 1980), Guillaume Faye delineou uma estratégia para a transformação espiritual e qualitativa da Europa – para a Nova Europa. Nesse ensaio publicado pelo Grece, o que interessa é destacar aquilo que constitui a tarefa "metapolítica" essencial do grupo neofascista francês: a iniciativa deve ser orientada e sustentada filosoficamente pelo pensamento de Heidegger, até o ponto de que a própria denominação do novo continente, Hespérides, é extraído por Guillaume Faye do ideário heideggeriano. O artigo é, assim, encabeçado pelo famoso enunciado de 1935, o mesmo em que Heidegger proclamava a seus alunos a "verdade interior e a grandeza do nacional-socialismo".[9]

> Esta Europa que, numa cegueira incalculável, encontra-se a ponto de apunhalar a si mesma [escrevia Martin Heidegger em sua *Introdução à Metafísica*] está atualmente aprisionada numa tenaz formada de um lado pela Rússia e do outro pela América. Do ponto de vista metafísico, Rússia e América são – as duas – a mesma coisa: o mesmo frenesi da organização sem raízes do homem normalizado. Quando o último pequeno recanto do globo terrestre tiver se tornado uma coisa economicamente explorável [...] e quando o tempo como proveniência houver desaparecido do ser-aí de todos os povos, então as perguntas "Para qual fim?", ou "Aonde?" ou "E então?" estarão sempre presentes e percorrerão como um fantasma todo esse sabá. (Loc. cit.)

Cabe assinalar que Heidegger aqui é mais fundamentalista do que costuma ser. O texto original fala do "tempo como história" (*Geschichte*), e não do tempo como "proveniência". Depois da ação racial e cultural, política e espiritualmente, religiosa e eticamente destrutiva do judaísmo e do cristianismo – que está na origem da modernidade igualitária e humanista, democrática e baseada no senso comum –, a Europa foi destruída.

> A civilização ocidental não é a civilização europeia. Ela é o fruto monstruoso da cultura europeia baseada nas ideologias igualitárias oriundas do monoteísmo judaico-cristão. [...] Por isso convém distinguir a

---

[9] Sobre esse texto e os problemas filosóficos da edição, ver meu livro *Heidegger y el Nazismo*, p. 407-22.

> civilização ocidental do sistema ocidental, sendo este a potência que acarreta a expansão daquela. (Ibid., p. 2).
>
> Seu centro são os Estados Unidos, e não tem essência política ou de Estado, mas apenas procede da movimentação da economia. Desprezando os Estados, as fronteiras, as religiões, sua "teoria da práxis" repousa menos na difusão de um corpus ideológico ou da repressão do que numa modificação radical dos comportamentos culturais orientados para o modelo americano... (Ibid.)
>
> O ocidentalismo tem como meta uma civilização mundial homogênea e baseada na economia. (Ibid., p. 3-4)

Guillaume Faye e seus aliados nem sequer pensam em tematizar as razões da energia e da coerência com que a ideia de moderno (e do americano como ideia e realidade) não apenas surgiu, mas, demonstrando uma inesperada vitalidade, alcançou uma expansão institucional real – apesar de ter problemas indiscutíveis para solucionar –, e acabou conseguindo convencer os outros e criando abundância. Apesar disso, Faye diz que está convencido de que

> a economia industrial internacionalizada sofre de uma extrema fragilidade diante da rede de dependências que ela constrói entre as nações [...]. Em vista disso, as ideologias "etnonacionais" podem perfeitamente ajudar alguns povos a se libertarem do neocolonialismo ocidental. As ideias "etnonacionalistas" atualizadas por Fichte e Herder no século XVIII tiveram um papel importante como contestação radical das ideologias universalistas e individualistas, e desempenharam um papel importante nos movimentos de libertação nacional nos séculos XIX e XX. No mais, foi graças à ideia nacionalista que os povos da África, da Ásia e da América Latina puderam se mobilizar contra o colonialismo. (Op. cit., p. 5)

A ignorância histórica insondável de Faye e seus companheiros leva-os a ignorar que a modernidade, com seu sistema político e institucional, foi justamente o fator ideológico e prático decisivo (na América Latina, como maçonaria e catolicismo progressista) para a superação (ao menos inicial) do feudalismo e da opressão europeia.

Assim, acaba sendo intelectualmente grotesco que ele afirme que hoje "o etnonacionalismo é a única força que pode romper o jugo do neocolonialismo ocidental (ou soviético)" (op. cit., loc. cit.). Mas como, no fim das contas, já na década de 1980 em que publicou este texto, Guillaume Faye está pensando prospectivamente no islamismo como um aliado estratégico (desde que os muçulmanos não migrem em massa para a França...), ele escreve:

> Quanto ao nacionalismo islâmico, ele constitui o mais feliz disfarce jamais infligido à utopia civilizatória do modelo americano. Ele questiona a ideia ocidental do crescimento mercantil e da primazia do desenvolvimento econômico, tudo isso rechaçando o marxismo, justamente considerado como fator de aculturação e, acessoriamente, como instrumento do neocolonialismo soviético. (Op. cit., p. 6)

Na verdade, Faye estabelece com isso as bases para um novo desenvolvimento do mais brutal neocolonialismo, certamente também francês. A condenação das sociedades semitribais ou com institucionalidades estatais não eficientes a continuarem sendo o que foram (conservando sua "identidade" e cultivando suas raízes) equivale de fato a transformá-las em redutos étnicos ou enclaves racial-culturais, que, com o tempo, teriam (especialmente para os visitantes europeus) mais de zoológico ou de museu do que de sociedades dinâmicas. Guillaume Faye anuncia assim um programa reacionário completo:

> Essas associações de nações são geopoliticamente possíveis, e quebrariam o quadro econômico-estratégico atual. Cada grande região planetária poderia assim ver coincidir em seu espaço vital ["*Lebensraum*"] um relativo parentesco cultural, uma comunidade de interesses políticos, uma certa homogeneidade étnica [racial] e histórica, e também de fatores macroeconômicos que tornam possível a prazo um desenvolvimento autônomo, sem recorrer à mendicância internacional. Um novo Nomos da terra, como queria Carl Schmitt. (Ibid.)[10]

---

[10] *Lebensraum*: Unidades nacionais raciais, pré-capitalistas e artesanais, organizadas segundo o modelo do jurista mais importante de Hitler.

Com tudo isso, Guillaume Faye espera obter um "desenvolvimento a prazo" do mundo não europeu, em lugar da única alternativa que ele vê para a economia de mercado: a "mendicância internacional". Assim, a Europa ocidental terá morrido para sempre, cedendo seu lugar na história ao qualitativamente novo, uma realidade que só Martin Heidegger soube nomear: "Para Martin Heidegger, o termo 'ocidental' não traduz a essência da Europa. Ele prefere esta palavra enigmática, 'o hesperial', para qualificar a essência da modernidade europeia ou, mais exatamente, seu possível devir, sua virtualidade. O advento do Hesperial pressupõe, portanto, na Europa, a morte do Ocidental" (Guillaume Faye, op. cit., p. 8).

A proposta de Heidegger em *A Palavra de Anaximandro* para *Abendland* (= Ocidente), *Aben-Land*, traduzido como "Hespéria" ou hesperial, provém do significado grego da Hespéria como "a terra da decida solar". Heidegger *dixit* então:

> A antiguidade que a palavra de Anaximandro determina, escreve ainda Heidegger, pertence à manhã da aurora da Hespéria. [...] Se persistimos em pensar o pensamento dos gregos como os gregos souberam pensar, não é por amor aos gregos: é para reencontrar essa mesmidade que em diversas formas concerne aos gregos, e concerne a nós historicamente. É aquilo que leva à aurora do pensar, ao destino do hesperial. É em conformidade com esse destino que os gregos se tornam gregos no sentido histórico. O destino espera aquilo que sua semente se torna. (Loc. cit.).

Terminologicamente, *hespérides* provém do fenício *aschpiri*, que denota alguma coisa bela. *Hesperis* é "a terra (o país) que está onde o sol se põe". Hesíodo chamava os hespérides de descendentes da noite (*Nyx*) e irmãs de Thanatos e Hypnos. Moravam em casas de ouro e tinham por missão cuidar das maçãs douradas de Oceano, propriedade de Afrodite e vigiadas pelo "*drákon*".[11] Eurípides situa

---

[11] Em grego, no original. (N. T.)

o jardim ali "onde terminam as rotas do mar e o limite do céu". Mas sua utilização entre os ideólogos fascistizantes provém justamente das engenhosas interpretações heideggerianas de Hölderlin, que destacam – como no poema *Tel* – "o enfrentamento do poeta com Deus, no meio do maior perigo, para apaziguar a comoção dos humanos" (ver: Maurice Blanchot, "El Espacio Literario", *Contratiempo: Revista de Pensamiento y Cultura*, Informe Especial, Barcelona, n. 3, p. 1, 1992). Citando Heidegger-Hölderlin sem maiores comentários, esse heideggeriano francês assume a diferenciação transcendental entre os dois povos paradigmáticos: "Os alemães, que se caracterizam pela clareza da representação, e os Hespérides, as pessoas da era ocidental, os filhos da lucidez para captar os signos do céu. Os Hespérides e os alemães saberão assim dominar o páthos sagrado que lhes era estranho..." (Blanchot, op. cit. Ver também *Heidegger y el Nazismo*, p. 342-59). Em outro texto, publicado em 1999, Guillaume Faye entrega outro testemunho da função determinante de Heidegger no ressurgimento do neofascismo racista na França e na Europa:

> As raízes representam o "germe", o rodapé biológico de um povo e de seu território, sua terra materna. Elas não nos pertencem: nós as transmitimos. Elas pertencem ao povo, à alma ancestral e ao futuro do povo, sendo chamadas pelos gregos de *Tennos* e pelos germânicos de *Volk*. Vêm desde os ancestrais e estão destinadas às novas gerações. É por isso que toda mestiçagem é uma apropriação indébita de um bem a ser transmitido e, novamente, uma traição. Se o germe desaparece, nada mais é possível. Podemos abater o tronco da árvore, mas ele poderá eventualmente brotar de novo. Mas, se arrancarmos as raízes ou contaminarmos a terra, tudo terá terminado. [...] As raízes, princípio dionisíaco, crescem e afundam no solo, através de novas ramificações: vitalidade demográfica e proteção territorial da Árvore contra as ervas daninhas. As raízes, os germes, nunca chegam a morrer e ficar rígidas. Aprofundam-se em sua essência, tal como Martin Heidegger entendia. (Guillaume Faye, "Europa, uma Árvore na Tempestade. Século XXI", *Terre et Peuple*, n. 2, 1999)

Os fatos revelam assim uma simetria irrefutável e de enorme significação. Os neofascistas franceses chamaram de *Hespérides* seu periódico mais importante, enquanto Pierre Krebs põe o nome de *"Alles Grosse Steht im Sturm"* à editora da revista emblemática de seu movimento alemão. O partido NPD neonazista inscreve em suas publicações a palavra de Martin Heidegger e nas faixas com que seus ameaçadores ativistas desfilam em toda a Alemanha. A falange de restauradores dos momentos filosófico-políticos mais relevantes do pensamento heideggeriano tem nele seu condutor espiritual, a doutrina que unifica o pensamento e a nova ação revolucionária para a reconquista da Europa, quer dizer, para o aniquilamento do judaico e do cristão, do civilizado, como o inimigo fundamental, a causa da desgraça e de sua insuportável desvalorização no mundo moderno.

Nas ruas da França e da Europa, os resultados práticos das renovadas ordens já são matéria de estatística. Em 2002, a Organização para Segurança e Convivência na Europa afirmava que as polícias estavam constatando um aumento de vinte vezes nas agressões antissemitas e extremistas em comparação com as cifras de três anos antes (*TAZ*, Berlim, 15 dez. 2005). Nos dois últimos anos, o número de atentados contra judeus e instituições judaicas na França aumentou vertiginosamente: em 1999 foram ao todo nove ataques; no outono de 2000, já eram 116 (Jacqueline Hénard, "A República Cega: Violência contra Judeus na França", *Die Zeit*, dez. 2005).

4. HEIDEGGER, O ARQUIFUTURISMO E OS FUNDAMENTOS FILOSÓFICOS DA NOVA DIREITA FRANCESA

A instituição mais importante do processo de restauração do neofascismo europeu é o Grece (Groupement de Recherces et d'Études pour la Civilization Européene). Foi fundada em 1969 por facções "europeístas" de clara tendência neofascista, como a Europe-Action e a Fedération des Étudants Nationalistes. Seu primeiro mentor foi o já comentado Alain de Benoist. Ao lado dele, Guillaume Faye e Pierre Vial foram formando grupos de propagandistas e ativistas autônomos, às vezes em conflito, mas comungando princípios genéricos: a restauração da assim chamada cultura e história indo-europeias, seus "mitos" fundadores célticos, germânicos e "nórdicos", em oposição antagônica ao judaísmo e ao cristianismo. Seus órgãos mais conhecidos são *Elemente* e *Nouvelle École*.

A Nova Direita francesa teve assim um espaço doutrinário no Grece, e estudando suas atas de fundação voltamos a encontrar a presença vivaz do heideggerianismo. No texto "Os Fundamentos Filosóficos da Nova Direita Francesa", redigido pelo filósofo-funcionário Michael Torigian, podemos ler:

> O componente mais importante da Filosofia da História do Grece vem de Heidegger. Heidegger refuta a metafísica cristã/ modernista e considera o Homem e a História, o ser e o devir, elementos inseparáveis e incompletos. O passado se foi e não voltará, mas seu significado não é abandonado ou mantido permanentemente. Mais além, quando é experimentado como historicidade autêntica, é uma coisa diferente do que é o passado, porque uma coisa à qual posso voltar muitas vezes. Existe na forma de herança ou identidade capaz de determinar "um futuro" no presente. Dentro desse espírito, Heidegger afirma que a essência original do Ser é o Tempo. O homem heideggeriano não tem uma essência predeterminada: só ele é responsável por seu ser e sua potencialidade. Ele é desafio, porque sua existência é aberta e transitória [...]. A projeção do *Dasein* só pode, então, voltar-se para si mesma, de tal maneira que retorna, antecipando sua possibilidade como algo que "foi" e ainda está presente [...]. Sua temporalidade não é sucessivo-linear acumulativa, mas provém do futuro antecipado (cuja possibilidade última é a morte) por meio de um retorno à herança do passado [...]. Quando o homem escolhe uma possibilidade, ele assume uma decisão que lhe permite "abrir-se e pertencer à verdade do Ser, porque essa verdade está manifestada em sua unidade estática". Foi feita para libertar o pensamento e a vida da inércia do que já passou. Protesta-se contra isso os que estão "inclinados" a seguir as

argumentações fraudulentas de Víctor Farías e a errônea noção de que Heidegger era um pensador nazista (loc. cit., nota 91). A noção de um passado irrecuperável não tem sentido para Heidegger. Sempre que o *Dasein* se dirigir ao passado, o "não atual" abre as possibilidades inesgotáveis do que "foi" e do que "pode ser". Tudo é essencial, e tudo que é grandioso se originou do fato de que o homem estava enraizado numa tradição. Só se reapropriando de uma herança, cujo começo já é uma realização, o homem retorna a si mesmo, alcança a autenticidade e se inscreve no mundo de seu tempo [...]. Por essa razão, Heidegger, como os Grecistas, vê a história como um campo de escolha para heróis. Um campo que exige a vontade mais forte e a busca do risco maior, quando o homem, em confronto ansioso com a herança que lhe foi dada por suas origens, procura realizar uma possibilidade diante de uma convencionalidade amnésica e obscurantista [...]. Uma concepção heroica da história exige a ação baseada naquilo que é verdadeiro e "original" na tradição, não na arbitrariedade. Assim Heidegger dá valor ao Destino: o Destino é o abraço "reinterpretado", não a aceitação fatalista da causalidade, da herança da cultura e da história com que o homem é marcado quando nasce. Assim o homem se identifica com o destino coletivo de seu povo porque ele enraíza seu *Dasein* na verdade de sua facticidade histórica mais particular [...]. Diante do indivíduo destemporalizado, desenraizado, do pensamento liberal, "liberado" dos laços orgânicos e concebido como um fenômeno "interno", separado de um "fora" desconhecido, o Homem Heideggeriano atinge sua autenticidade por meio de uma apropriação dos laços multitemporais que compartilha com sua comunidade [...]. Em vez de perpetuar os vestígios identificadores de uma antiga idade de ouro, os arquifuturistas retomam apenas o ímpeto original das possibilidades. É o impulso regenerador da herança indo-europeia, e não sua regeneração nostálgica, o que reconcilia com o passado e o futuro, com a origem e o projeto. Na fórmula de Heidegger, a recordação de nossa origem não é um retorno literal ao passado, mas prontidão para o que está vindo. Como o Grece enfatiza, toda grande revolução pensa seu projeto como um retorno às origens. (Michael Torigian, "Os Fundamentos Filosóficos da Nova Direita Francesa", CMND, <cmnd.blogia.com/2006 //11.06.05>, p. 1-8)

5. DOMINIQUE VENNER: O SUICIDA HEIDEGGERIANO NA CATEDRAL DE NOTRE-DAME DE PARIS

Em 25 de maio de 2013, Dominique Venner, um dos representantes mais importantes da Nova Direita Francesa, quando terminou a missa de meio-dia na Catedral de Notre-Dame de Paris, avançou até o altar principal e, diante dele, disparou um tiro na boca, pondo fim à vida. Os fiéis tinham visto Venner colocar um documento ao pé do altar. Era seu testamento histórico-filosófico na antessala dos protestos pela lei francesa que legalizava o casamento homossexual.

> Os manifestantes de 26 de maio terão razão em gritar sua impaciência e sua cólera. Uma lei infame que, depois de votada, sempre pode ser revogada. Acabo de ler o blog de um argelino, em que ele proclama: "De qualquer maneira, aconteça o que acontecer, em quinze anos os islâmicos terão o poder na França, e eles vão revogar esta lei". Não para nossa satisfação, se me entendem, mas porque ela contradiz a *sharia* (a lei islâmica). Este é, com certeza, o único ponto em comum, falando superficialmente, entre a tradição europeia (respeito à mulher) e o Islã (que não a respeita). Mas a afirmação peremptória desse argelino nos dá calafrios. Suas consequências seriam igualmente terríveis e catastróficas como a detestável lei Taubira.
>
> É perfeitamente possível imaginar que a França caia nas mãos dos islâmicos. Depois de quarenta anos, os políticos e os governos de todos os partidos (com exceção da Frente Nacional), assim como os patronatos e a Igreja, todos trabalharam nesse sentido, acelerando por todos os meios a imigração afro-maghrebiana. Desde há muito tempo, grandes escritores já tinham dado o alarme. No início, foi Jean Raspall, em seu profético livro *Campo de Santos*, cuja nova edição atinge cifras recordes de venda.
>
> Os manifestantes de 26 de maio não podem fechar os olhos diante desta realidade. Seu combate não pode se limitar à recusa do casamento gay. A "Grande Evacuação" da população francesa e de toda a Europa, denunciada também pelo escritor Renaud Camus, é um perigo terrível para nosso futuro.

Não basta organizar manifestações de rua corretas e ordeiras. O imprescindível na verdade é promover imediatamente uma verdadeira "Reforma Intelectual e Moral", como Renan exigia. Ela deveria permitir a reconquista da memória identitária francesa e europeia, para cuja urgência ainda não se chamou a atenção com nitidez suficiente.

Certamente serão necessários gestos novos, espetaculares e simbólicos para sacudir a sonolência, para estremecer as consciências anestesiadas e despertar a lembrança e a memória de nossas origens. Estamos entrando numa época em que as palavras precisam ser autenticadas pelos fatos. Precisamos nos lembrar daquilo que Heidegger formulou genialmente em sua obra *Ser e Tempo*: o essencial do ser humano é o seu existir, não o aspirar a "outros mundos". É nisso que nosso destino está em jogo, até nosso último momento de vida. Este último instante tem tanta importância quanto todo o restante de nossas vidas. É por isso que precisamos ser nós mesmos até este último suspiro. Precisamos decidir ser por nós mesmos, querendo nosso próprio destino, como seres que triunfam sobre o nada. Não existe escapatória possível para esta experiência intransponível, porque temos apenas esta vida em que podemos ser inteiramente nós mesmos ou não ser absolutamente nada.

Dominique Venner
<http://www.dominiquevenner.fr/2013/05/la-manif.du-26-mai-et-heidegger>

Toda a cúpula da Nova Direita Francesa honrou solenemente a autoimolação de Venner, autor de mais de cinquenta livros, entre eles, *Histoire d'un Fascisme Allemand: Les Corps-Francs du Baltikum* e *Le Coeur Rebelle* (1994). Ele havia renunciado a qualquer atividade política desde 1967, mas sua influência se fazia notar particularmente em sua *Nouvelle Revue d'Histoire*.

Alain Benoist escreveu: "Seu suicídio não me surpreendeu. Desde muito tempo – seguindo o exemplo dos antigos romanos –, Dominique Venner admirava a morte voluntária" (entrevista de Alain de Benoist sobre a morte de Dominique Venner, <http://www.alertadigital.com/2013/05/>). Sobre a encenação de sua morte, lembra Benoist, Venner já havia escrito: "Escolho um lugar altamente simbólico, a Catedral de Notre-Dame de Paris, que respeito e admiro, porque foi construída pelo gênio de nossos avós sobre locais de cultos mais antigos, lembrando origens imemoriais" (loc. cit.). Também recorda as razões de seu gesto: "Diante de perigos enormes, sinto o dever de agir até que já não tenha forças. Acredito que é necessário me sacrificar para romper a letargia que nos oprime. Enquanto tantos homens se tornam escravos da vida, meu gesto encarna uma ética da vontade. Mato-me para despertar consciências adormecidas" (loc. cit.). E Alain de Benoist acrescenta: "Não poderia ser mais claro. Havia anos Dominique Venner não suportava mais ver a Europa fora da história, vazia de energia, esquecida de si mesma, tomada de letargia. Assim ele provou sua capacidade até o grau mais profundo, permanecendo fiel a seu comportamento de homem livre" (loc. cit.). Ele também escreveu: "Ofereço o que resta de minha vida numa tentativa de protesto e fundação. O legado de um homem que escolheu morrer de pé" (Benoist op.cit. loc.cit).

Pierre Vial, por sua vez, escreveu um texto revelador:

PARA SAUDAR DOMINIQUE VENNER

> A grandeza já tem um nome: Dominique Venner. Por sua vida e por sua morte, este homem excepcional nos deixa uma mensagem que ecoa em nossas almas como um alarme. Conclama-nos a nos mantermos de pé, aconteça o que acontecer. A olharmos o destino de frente, como aqueles heróis homéricos que eram sua inspiração permanente. O caminho sem ele poderá parecer muito apagado, porque ele era o portador de uma chama que irradiava. Tentemos ser dignos dele. (<http://tribunadeeuropa.com/?p=16182>)

O periódico fascista *Volk und Land* também se juntou à homenagem: "Cerca de 150 militantes nacionalistas se reuniram, diante das ameaças policiais, ao pé da estátua de Carlos Magno, na praça da Catedral de Notre-Dame, onde Dominique Venner se sacrificou para despertar nosso povo. Para lutar e salvar nossa civilização mais ameaçada do que nunca" (edição de maio de 2013). Claro que o elemento antissemita não poderia estar ausente: "Os traidores que se escandalizam não sabem da tradição europeia. Isso é normal, já que a deles provém das margens do Jordão" (loc. cit.).

Os jovens falangistas espanhóis não ficaram ausentes e honraram a memória de Venner "pedindo uma oração por Venner, o grande homem que se imolou na Notre-Dame de Paris" (<http://www.jovenes-falangistas.blogspot.com /2013/05/Dominique-vener.html>). Marine Le Pen, líder da Frente Nacional, expressou seu "respeito por Dominique Venner, que, com um gesto eminentemente político, tentou despertar o povo da França" (<https://www.elpatagonico.cl/?p=56583>). Em sua revista *Nouvelle Revue d'Histoire*, Venner tinha escrito fazia tempos: "Sob sua forma voluntária, ilustrada pelos samurais e pelos antigos romanos, a morte pode constituir o protesto mais forte contra a indignidade, e também ser uma provocação que traz esperança" (NRH, 64, 2013).

Capítulo 3 | Heidegger no Fascismo e no Neofascismo Italiano

1. HEIDEGGER, JULIUS EVOLA E O HOMEM "ÁRIO--MEDITERRÂNEO"

Em *Heidegger e o Nazismo*, mostrei pela primeira vez os vínculos filosóficos, políticos e institucionais de Heidegger com o fascismo italiano em toda a sua variedade.[1] Mostrei não apenas as atividades de Esnesto Grassi para impulsionar um heideggerianismo latinizante, não só em relação à interpretação da função da Antiguidade Clássica, mas também como uma tentativa de unificar os motivos centrais do fascismo em que Grassi era muito ativo no contexto de todo o Instituto Italiano em Berlim, a fim de fazer valorizar a importância do espírito latino-mediterrâneo na configuração do movimento cujo tema era o Eixo Berlim-Roma. Mostrei a importância do ministro da Educação e do Trabalho, Giuseppe Bottai, amigo e camarada de Grassi, para proteger Heidegger e seu "nazismo espiritual" de Rosenberg, conseguindo inclusive que o Duce mobilizasse seu embaixador em Berlim, o conde Ciano, para impor a publicação de *A Doutrina Platônica da Verdade* no anuário de Grassi, vencendo a oposição do almirante Rosenberg.[2]

---

[1] *Heidegger y el Nazismo*, p. 514-24. Ver também o prefácio à edição italiana.
[2] Ibid.

Baseada em elementos fascistas comuns, a aliança Roma-Berlim lembra a inesquecível cena de *O Grande Ditador* de Chaplin na barbearia, quando o Führer e o Duce competem toscamente pelo primeiro lugar na História. No entanto, para além disso, a concretização dessa disputa pela hegemonia europeia se reflete na filosofia de uma maneira diferente. Particularmente, se quisermos comparar as coisas com o modo como a França dá forma à sua relação com a Alemanha nazista. Existe uma diferença evidente entre a atitude política e militar, da sociedade e das ideologias de uma França servil, colaboracionista e passiva, que em muitos casos se somou com entusiasmo ao domínio político, militar e filosófico alemão, e a atitude autoafirmativa do fascismo italiano e seus teóricos mais importantes. Os franceses, articulados com o governo de Vichy e Pétain – em cujo corpo administrativo trabalhava diligentemente até François Mitterrand –, colaboraram de fato para transferir o centro político europeu de Paris para Berlim, enquanto os italianos, também partidários diligentes do Duce populista, nunca duvidaram de que a capital indiscutível da Nova Europa deveria continuar sendo Roma.

Essa situação geral, que a historiografia costuma confirmar, reflete-se nitidamente no microuniverso da presença da filosofia de Martin Heidegger nos pensadores fascistas italianos da época e de nosso tempo. Ainda hoje neonazistas e neofascistas franceses trabalham juntos, como é o caso do alemão-francês Pierre Krebs e do heideggeriano e neofascista francês Guillaume Faye. Mas, tal como este, nenhum dos ideólogos neofascistas franceses se atreve a pôr em dúvida a superioridade do "pensamento alemão". É bem diferente o que se pode verificar entre os italianos. Não resta dúvida de que o pensador fascista italiano de maior destaque é Julius Evola. Sua biografia revela a situação que descrevi. Nasceu em Roma em 19 de maio de 1898, descendente de uma família da baixa nobreza siciliana. Em 1917, participou da guerra como tenente de artilharia. Sua biografia espiritual teve uma adolescência fascinada acima de tudo pelos textos de Gabrielle d'Annunzio e Nietzsche. Em meio a uma crise depressiva radical, decidiu, aos 23 anos, acabar com a própria vida. Mas foi – sintomaticamente – a leitura e a iluminação de um texto de Buda o que o fez desviar para sempre da direção niilista.

Desse lugar, transformado em ponto de reinício da vida, parte também seu itinerário intelectual e ideológico. A série de seus livros que surgiram a partir daí é expressiva: O *Homem como Potência* (Roma, 1928), O *Imperialismo Pagão* (Roma, 1927), A *Tradição Hermética* (Bari, 1931), O *Mito do Sangue* (Milão, 1937), *Síntese da Doutrina da Raça* (Milão, 1941) e A *Doutrina do Despertar* (Bari, 1943) combinam os dois centros "espirituais" e políticos do fascismo – Alemanha e Itália. Evola afirmava decididamente a "unidade espiritual" entre as civilizações e as culturas alemã e italiana. Em 1934, ele visitou pela primeira vez o Reich nazista e foi recebido com simpatia pelos nazistas culturais, mas levantou suspeitas nos funcionários do governo e nos aparelhos culturais nazistas. Como Heidegger, Julius Evola também teve problemas com o almirante Rosenberg. Evola criticava de forma decidida a "falta de compreensão pela dimensão sagrada e pela transcendência" (loc. cit.) do oficialismo ideológico, e como Heidegger e Jürgen, fazia reservas ao elemento populista, plebeu e vulgar do nacional-socialismo. Foi justamente em sua obra fundamental *Revolta contra o Mundo Moderno* (1934) que Evola afirmou que um verdadeiro líder condutor impõe o respeito apenas com sua presença e não pela violência, que é sempre um sinal de fraqueza espiritual.

Diferentemente de Heidegger, mas como Jürgen, Evola não entrou para o Partido Fascista, o que também lhe acarretou problemas. A importância e a vigência indubitável de sua experiência-iluminação inicial vão surgir assim articulando o conjunto de sua reflexão. Foi justamente sua visão e valorização suprema da "arianidade", tal como era concebida pela Índia tradicional e como havia sido retomada por Buda, o que o tornou suspeito para os ideólogos nazistas. Evola afirma que a palavra sânscrita *"arya"* significa acima de tudo "nobreza de coração", uma elevação espiritual, mais do que um atributo do sangue. Chega a dizer que era perfeitamente possível ser um bom ariano e um bom judeu ao mesmo tempo. Diante disso, Hitler mandou proibir futuras conferências de Evola, e só graças a seus bons contatos ele pôde permanecer por algum tempo no território do Reich.

Apesar de tudo, Evola continuou convicto de que o projeto histórico alemão-nazista era muito mais grandioso e promissor, mais ambicioso e radical, do que o do fascismo italiano (op. cit., loc. cit., p. 3). Nesse sentido, em 1942 escreveu *Por um Alinhamento Político-Cultural da Itália e da Alemanha*, onde fundamentava de forma renovada essa convicção. Mas, ao mesmo tempo, e reafirmando a identidade diferente de seu discurso fascista, Evola vai delimitar uma distância em relação ao germanismo de Schmitt e particularmente em relação ao Eixo Hellas-Germânia, que constituía a base do fascismo-nazismo de Martin Heidegger:

> Evola deplora que o que é realizado pelo nazismo – um nacionalismo determinado pela coação de um Estado superautoritário – não corresponda, no entanto, às formas arianas e germânicas que poderiam sustentar de verdade a renovação da Alemanha. Evola identifica o Direito Germânico com o Direito Romano antigo, que se caracteriza pela presença determinante de um Rex de origem divina, acima de um chefe excepcional (Dux, Imperator, Heretigo) escolhido por consentimento e aclamação. Ou seja, no estrutural, Evola estabelece um projeto análogo ao heideggeriano na medida em que propõe a busca da orientação política na revalidação da "origem", que, a partir do passado (*Gewesenes*) até o presente, deve vigorar como meta e tarefa. Só que, no caso de Evola, a "origem" e sua busca vão ser diferentes. Na medida em que opta por uma mitologia das origens mais remotas, coloca-se como os antípodas de Heidegger. E isso não num diálogo com "os gregos" (que, de resto, só pode ser assumido pelos alemães e por sua linguagem), mas alimentando-se dos tempos do paganismo apolítico (não grego), quer dizer, de figuras teológicas anteriores ao

judaísmo e ao cristianismo no religioso e no político. Evola postula a função paradigmática de uma ligação entre os "antigos germanos" e o budismo, refutando agressivamente todo elemento judaico e cristão. Também a transformação de seu próprio nome Giuglio Cesare Andrea pelo de Julius dá testemunho de sua convicção. Mas, apesar de toda a pretensa "espiritualização" de sua opção fascista, nos fatos e nas decisões, Evola vai se reafirmar como um extremo antissemita e, consequentemente, vai vincular-se estreitamente com os criminosos das SS. De um lado, ele arremete à "Hebreidade" entendida como tendência espiritual e "antitradicional", que se manifestaria na história do povo hebreu, transformando seu espírito tradicional das origens numa mentalidade antitradicional do tipo subversivo... (Dietro, *Fenomenología del Fascismo*, loc. cit., p. 8)

Por outro lado, no entanto, Evola se soma ativamente às SS na década de 1940, quer dizer, na época da práxis mais criminosa na Itália e no mundo. Em outubro de 1943, as SS começam a deportação massiva de judeus-italianos a partir do Pórtico di Otávia. Com a tradução para o alemão do *Imperialismo Pagão*, Evola recupera as simpatias de Heinrich Himmer, que então o convida pessoalmente a dar conferências para os soldados das Waffen-SS. Em Berlim, colaborou com revistas nazistas como *Der Ring, Europäidche Revue, Geist der Zeit, Die Aktion- Kampfblatt für das Neve Europa*. Giuseppe Bottai, ministro de Mussolini e protetor de Heidegger, após a publicação de *O Mito do Sangue*, integra Evola aos ideólogos que difundiam o racismo antissemita explícito. Justamente num seminário dedicado a Heidegger e respondendo a um colega que questionava a conveniência de dedicar sua reflexão a alguém como Heidegger, que talvez "não seja digno de ser pensado", Francesco Lamendola, um evidente evoliano, vai responder argumentando com a importância de tematizar a filosofia de outro pensador incorreto: Julius Evola. Particularmente quando Lamendola analisa o sentido do racismo de Evola, percebemos de imediato a analogia com "o racismo do espírito" (*Rainer Marten*) de Heidegger: Evola torna explícita sua oposição à redução do racismo do nazismo e do antissemitismo a uma dimensão puramente biológica, que lhe parece insuficiente, sustentando a necessidade de distinguir três tipos de racismo: o biológico; o da alma, que determina a identidade entre os indivíduos pertencentes à mesma raça; e finalmente o racismo espiritual, como aquele que distingue a raça superior ariana, concernente à forma de entender o sagrado, o sobrenatural e o mundo dos símbolos. (J. Evola, "Difesa della Razza", em *F. Germinario, Voce Evola in Dizionario dell Fascisco a Cura di. V. De Grazia e S. Luzzat*, Turim, p. 498)

A influência determinante de Evola sobre a Nova Direita Francesa, particularmente sobre Alain de Benoist e Guillaume Faye, é bem conhecida e se projetou sobre o assim chamado hitlerismo esotérico e as variações herméticas que abrangem até os "satanismos" italianos, espanhóis e sul-americanos. É particularmente interessante analisar a interpretação que Evola faz da filosofia de Heidegger em seu livro *Cavalcare la Tigre*. Na verdade, Julius Evola se torna relevante para o objeto deste estudo principalmente de modo indireto. O que interessa destacar é sua influência ideológica sobre todo o espectro dos pensadores receptores do heideggerianismo, porque sua avaliação direta de Heidegger se limita a uma crítica radical da ontologia fundamental do *Ser e Tempo*, no sentido de uma filosofia "existencial" ou antropologia filosófica. Evola não percebeu o criptofascismo da obra clássica de Heidegger, nem aludiu à sua concepção da História e, com isso, à sua militância política e filosófica nazista. Ele interpreta o *Dasein* como um projeto individualista niilista, destruidor de toda transcendência na supervalorização da morte. Ao ser concebido como futurização e como condutor da frustração de toda transcendência (entendido aqui como liberdade, como a angústia em que a autenticidade se baseia), o tempo destrói todo vínculo com o transcendente e o religioso (cf. Julius Evola, *Cavalcare la Tigre*, Roma, 2006, p. 89-92).

São os discípulos de Evola, sobretudo Stefano Zecchi, que destacaram a empatia profunda entre os dois autores:

Evola interpretou Heidegger no âmbito reducionista demais do existencialismo, como toda a crítica daquele tempo. Só recentemente as pesquisas atuais sobre Heidegger tornaram possível ver os dois como interlocutores. Heidegger teria conseguido servir como um aliado decisivo de Evola para compreender o que significa a imposição do aparato técnico e científico na modernidade. (Stefano Zecchi, "Evola, o una Filosofia della Responsabilità contro il Nichilismo: Saggio Introductivo", em Julius Evola, *Cavalcare la Tigre*, Roma, 2006, p. 17)

Os acentuados traços psicopatológicos que costumam caracterizar os neofascistas atuais, assim como boa parte de seus antecessores, já são um assunto conhecido e analisado. Talvez um dos horizontes mais extremos e característicos em que eles se manifestam seja o do antiamericanismo e do antissemitismo, por motivos que envolvem até a perversão emocional e sexual. Quase sem exceção, projetam uma imagem da "América" que obviamente se choca violentamente com suas próprias repressões. Diante da interpretação da "América" como "igualdade", "felicidade", "positividade", "expansão ilimitada", "a técnica", "o virtual e o produtivo", "sociedade multirracial", o corporalmente sadio e sensual, os neonazistas e neofascistas respondem invariavelmente com uma artilharia conceitual muitas vezes de uma agressividade alucinante. No caso de Evola, vale a pena citar um texto de antologia:

A moralidade americana. É fictício o tão admirado *sex appeal* da mulher americana que é mostrado nos filmes e nas revistas. Uma pesquisa recente mostrou que 75% das jovens americanas carecem de uma sensibilidade sexual forte e que, em vez de satisfazerem sua libido, preferem buscar o prazer narcisista no exibicionismo, na vaidade do culto ao corpo e da saúde num sentido estéril. As garotas americanas não "têm problemas com o sexo", são "fáceis" para o homem que vê o processo sexual como algo isolado e consequentemente pouco interessante. Assim, por exemplo, depois de ser convidada para assistir a um filme ou para dançar, é positivo – segundo os costumes americanos – que uma garota se deixe ser beijada sem que esse ato signifique nada no plano sentimental. As mulheres americanas são frígidas e materialistas... (Julius Evola, *Civilização Americana*, "Introdução", p. 2, <http://legio-victrix.blogspot.com.br/2011/01/civilizacao-americana.html>.

2. HEIDEGGER, GIORGIO LOCCHI E A REVOLUÇÃO CONSERVADORA COMO FASCISMO

Para examinar de forma mais exaustiva o fenômeno da recepção e utilização da filosofia de Heidegger nos círculos autoritários e neofascistas italianos, certamente seria preciso analisar a evolução ideológica, cultural e política da Itália depois do colapso do fascismo institucionalizado, assim como as forças culturais e políticas que os enfrentaram, particularmente os partidos e as organizações marxistas num amplo leque, que vai do PCI aos grupos terroristas anarquistas, os setores progressistas da Igreja Católica (Democracia Cristã), a maçonaria liberal e as organizações judaicas. Mas aqui não é possível desenvolver nada disso. Só estou em condições de repercutir alguns estudiosos importantes, no mínimo simpatizantes do neofascismo e que dão testemunho da infiltração neles de momentos significativos do heideggerianismo reacionário.

Também apareceu toda uma série de textos menores, como os de Marcello Veneziani:[3]

---

[3] Marcello Veneziani, *Heidegger e o Retorno às Origens*, <http://legio-victrix.blogspot.com.br/2011/08/heidegger-e-o-retorno-as-origens.html>, ou Caterina Resta, *La Terra del Matino: Ethos, Logos e Physis in Martin Heidegger* (Angeli, 1990). E também a tentativa pouco diferenciada de Fabio Mazzochio para encontrar uma "ética originária" no "*pensiero dell'essere*": "Il Pensiero dell'Essere come 'Etica Originaria' in Martin Heidegger" (*Dialegesthai*, 2005). Para mim e o então colega de estudos Willem Van Reijen, foi uma experiência chocante quando em 1967, durante uma pausa das sessões do Seminário sobre Heráclito y Parménides, em Friburgo, aproximamo-nos do professor Heidegger para lhe perguntar se algum dia ele iria escrever uma Ética. Sua resposta foi também categórica: "Nunca!". Sobre a possibilidade de compreender eticamente a missão dos alemães pela sua capacidade

Houve um filósofo, acima do resto, que foi o resumo da rebelião contra o niilismo, ou melhor, da vontade de transcendê-lo: Martin Heidegger. Sua revolta foi radical, porque pôs em xeque todos os pilares de nossa época, a começar pela linguagem: os "valores" do século XX, suas devastações, seu desenraizamento, seu esquivamento da morte, o domínio do Ocidente e da técnica, o sentido do progresso, o domínio da política e seu declínio. Para Heidegger, o século XX foi apenas o apêndice agonizante do pensamento ocidental, sua última e insensata manifestação, onde se consumiu e se representou mais visivelmente a perda do Ser e o cumprimento exaustivo dos recursos especulativos, dos resíduos acumulados no tempo, da falta de sentido [...]. O problema crucial de nossa época, portanto, seria este: "Se a antiga forma de enraizamento do homem se perdeu, seria possível então encontrar um novo fundamento, um novo terreno em que se enraizar?". Daí a tentativa heideggeriana de situar as raízes não no passado, mas em nosso futuro, onde a origem coincide com o destino. "O início está no agora" – escreve Heidegger em seu Discurso sobre a autoafirmação da universidade alemã –, "não às nossas costas, como um acontecimento dos tempos passados, e sim à nossa frente e diante de nós." Suas reflexões ficam mais exatas em *Sinais do Caminho*, onde o ato de se recolher em sua essência assume a modalidade de um retorno, mas ele acrescenta: "Não se trata, naturalmente, de um retorno aos tempos pretéritos, numa tentativa de restaurá-los de forma artificial. Retorno, aqui, significa a direção para aquele local (o esquecimento do Ser) de onde a metafísica recebeu e continua recebendo sua procedência". Trata-se de um retorno ao lugar onde o pensar e o poetizar "sempre estiveram". Na coincidência do pensar e do poetizar ecoa a "graça do Ser": a poesia aparece, então, como uma evocação da origem, um estado de aurora, onde se abrigam a luz e a voz do Ser. Na poesia se reúne a espera pelo início, a origem, as raízes. Heidegger traça o sentido transpolítico da *Konservative Revolution*, retendo o traço fundamental do retorno à origem, não como uma volta para trás, mas como um atravessamento/ aprofundamento do niilismo [...]. É um retorno ao futuro até encontrar suas raízes não niilistas [...].

---

de interromper o "esquecimento de ser", agradeço à virtualidade única do *Sprache Hölderlins* (ver Víctor Farías, *Heidegger y el Nazismo*, p. 425-46).

> O Ocidente deverá encontrar em suas raízes a energia para cruzar o novo milênio. É aqui que se enxertam as páginas memoráveis de Heidegger contra o americanismo. (Marcello Veneziani, "Heidegger e o Retorno às Origens", em <http://legio-victrix.blogspot.com.br/2011/08/heidegger-e-o-retorno-as-origens.html>)

Mas os autores que certamente fizeram constar com mais ênfase a presença criptofascista heideggeriana são Giorgio Locchi e Marco Baldino. Em sua *Homenagem a Giorgio Locchi (1923-1992)*, Gennaro Malgieri começa seu texto caracterizando de forma surpreendente a morte de seu amigo e mestre:

> Giorgio Locchi morreu da única forma que teria considerado aceitável: de maneira imprevista, quase sem informar a ninguém, enquanto tentava escrever um livro sobre Martin Heidegger. Seguramente, teve um vislumbre de consciência, entre o momento em que a morte se anunciou e aquele em que ela chegou, alguns minutos mais tarde, e com toda a certeza, agradeceu aos deuses por lhe oferecerem uma saída tão súbita, já que a ideia de continuar por muito tempo doente ou deficiente o fazia sofrer imensamente. (Gennaro Malgieri, *Homenagem a Giorgio Locchi (1923-1992)*, em <www.voxnr.com>)

Nesse texto insólito se reflete, no entanto, uma série de características da recepção de Heidegger em seus epígonos ou admiradores, também – e em particular – nos neofascistas alemães e estrangeiros. Heidegger implementou uma bem-sucedida estratégia para se autoencenar, que teve início desde muito cedo, na época de Marburgo: o desenho de suas vestes *Völkisch*[4] pelo conhecido pintor Ubbelohde; a construção de sua cabana no meio da Floresta Negra (que até hoje continua sendo um lugar de peregrinação, como uma espécie de ermida secularizada); a celebração ali de ritos à luz de archotes, com

---

[4] Em alemão no original: o termo significa "étnico", e deriva da palavra alemã "*Volk*" (do inglês "*folk*"), equivalente a "povo". O Movimento Völkisch era a interpretação alemã do movimento populista, com um enfoque romântico sobre o folclore do país. A palavra também tem conotações de "nação", "raça" e "tribo". (N. T.)

leitura dramatizada de Hölderlin; sua ausência teimosa em qualquer congresso internacional; as vestes folclórico-nazistas, com calças de couro e camisas à la Schiller em suas aparições na época de Hitler; as pregações solenes entre os camponeses, convidando um grupo seleto de testemunhas "urbanas" para transmitir a cena; e seu final grandioso, abrindo-se aos meios de massa mais espetaculares da Alemanha, a televisão e a *Der Spiegel*, que acolheu sua respectiva (e póstuma) *Rede an die Deutsche Nation*, tematizando exatamente os "acontecimentos da época", isto é, a era nazifascista. Até a cerimônia de sua morte foi cuidadosamente preparada por ele de antemão, incluindo o sacerdote nativo Bernard Welte, os titãs (Jünger e Hölderlin), e até o deus que lhe coube perceber como ausente.

Essa encenação, unida a textos muitas vezes cifrados e que fazem das repetições tautológicas algo assim como uma liturgia, foi e continua sendo o correlato objetivo para muitos veneradores que se projetam sobre ele como uma espécie de guru ("O último xamã", como o chamou um admirador ao publicar *Conversazioni su Heidegger*, em <www.ilgornate.it>). Isso explica o extremo grau de agressividade com que seus seguidores incondicionais reagem aos que se atrevem a criticá-lo ou relativizá-lo. Em todo caso, como para todo heideggeriano a morte é algo absolutamente decisivo na hermenêutica da existência, a frase de abertura de Gennaro Malgieri tem qualquer coisa de assustador. Em outra *laudatio* de *Uomo Libero*, Giorgio Locchi é caracterizado como "um dos pensadores sobre-humanistas mais originais e menos conhecidos do pós-guerra". Autor de livros notáveis como *O Mal Americano* (Akropolis), *Nietzsche, Wagner e o Mito Sobre-Humanista* (Akropolis), *A Essência do Fascismo* (Il Tridente) e (em alemão) *Das unvergängliche Erbe* (Thule-Seminar), Locchi influenciou intensamente Guillaume Faye, Pierre Krebs, Pierre Vial, Robert Steuckers e, no fim da década de 1970, também Alain de Benoist. A ligação de Giorgio Locchi com Heidegger deve ser entendida no contexto de sua relação com o historiador e filósofo fascista Adriano Romualdi.

Textos importantes sobre a obra de Romualdi foram escritos por Stefano Vaj, autor de *Introduzione a Adriano Romualdi (1940-1973)*. Historiador, filho de Pino Romualdi – o cofundador do Movimento Social Italiano (MSI), organização corporativa, fascista-legalista, fundada em 1946 por J. V. Borghese, era ativista da República Social mussoliniana, com referências teóricas como D'Annunzio, Evola, Hitler e Primo de Rivera. Julius Evola definia Adriano Romualdi como uma "referência ideológica para toda uma geração de militantes europeus" (J. Evola, em Archivos/RSS, 19 fev. 2007, p. 1). Em sua homenagem a Adriano Romualdi, Evola escreve:

> Ele compreendia o que chamamos de "Mundo da Tradição", e sabia que era desse mundo que se deveria extrair os fundamentos de uma política cultural de direita que fosse séria. Admirador de Nietzsche – do melhor Nietzsche –, Adriano Romualdi afirmava a primazia dos valores aristocráticos, guerreiros e heroicos. Por esse motivo, sentia-se especialmente atraído pela ideia de uma Ordem, pelo espírito templário e pela mentalidade prussiana até suas sobrevivências mais recentes. Também se inclinava pelos inícios da romanidade, a de Catão e dos cônsules, do *ius* e do *fas*, e não viu o menor inconveniente em dizer que esta Roma foi a Prússia da antiguidade. (Julius Evola, "Para Adriano Romualdi", loc. cit., p. 3)

Também muito significativos são o ensaio de Romualdi "O Fascismo" (Centro Studi La Runa, p. 1-4), *Espressione Politica e Repressione del Principio Sovrumanista*, de Giorgio Locchi, a Introdução de Santiago Rivas à respectiva edição espanhola, e *Between Metapolities and Apoliteia*, de Roger Griffin. O vértice de contato mais significativo do encontro entre Giorgio Locchi e Martin Heidegger pode ser encontrado em seu escrito *A Essência do Fascismo como Fenômeno Europeu* (Conferência em Homenagem a Adriano Romualdi). Ali, Locchi começa defendendo conceitualmente a valentia de Adriano Romualdi, depois do colapso do fascismo: "Ali onde outros, dobrando intelectualmente os joelhos, empenhavam-se em justificar o fascismo, segundo as formas morais dos vencedores de 45, Romualdi diz e afirma claramente que o fascismo é a revolta contra o mundo e a sociedade em que vivemos, que sua moral é totalmente outra..." (op. cit., p. 2). Locchi acrescenta:

> Minhas afinidades eletivas com Romualdi são: o caráter europeu do fenômeno fascista, a origem nietzschiana do sistema de valores do fascismo, a Revolução Conservadora na Alemanha e fora da Alemanha, a redescoberta dos indo-europeus e sua função de *mito originário* na imaginação fascista. As diversas expressões da Revolução Conservadora como corrente espiritual têm uma essência comum: obedecem a um mesmo sistema de valores. Os oportunistas que querem diferenciar a Revolução Conservadora do fascismo fazem isso para se legitimarem no seio do mundo democrático, colocando no mesmo saco o stalinismo e o nacional-socialismo – o saco de um mal definido totalitarismo. É verdade que Evola é diferente de Gentile, como Bäumler e Krieck são diferentes de Rosenberg, mas todos, no fascismo, pertencem a um mesmo campo, oposto a outro campo: o igualitarista. É esse conceito de campo que permite captar a essência do fascismo. O judaísmo, o democratismo igualitarista, o cristianismo, o liberalismo e o comunismo pertencem ao campo humanista, e são todos niilistas negativos, porque consciente ou inconscientemente projetam um fim da História. O fascismo, em troca, como eu o chamei, é sobre-humanista: ele busca a fundação de um novo começo da História mais além do fim da História, ao qual 2 mil anos de cristianismo e igualitarismo nos condenam. (Ibid.)

Locchi se aproxima assim ainda mais de Heidegger quando formula sua teoria a respeito da natureza do tempo e da historicidade:

> Com o cristianismo nasce um novo sentimento do mundo, do homem, da História. É o tempo linear, que já não é circular, mas segmentário, porque para ele a História tem início, apogeu e fim, e não se repete. É um "vale de lágrimas". O advento do messias equivale à libertação do homem do destino histórico, o Apocalipse, o advento de um eterno reino celestial [...]. A concepção sobre-humanista do tempo não é linear, e sim afirma a tridimensionalidade do tempo da História: o

presente é tridimensional e suas três dimensões dão dadas simultaneamente em todos os momentos históricos. É memória como presença do passado, é sobre a dimensão da atualidade, presença do espírito para a ação, e na dimensão do porvir é presença do projeto e fim perseguido, e fim que determina a ação em curso.

Por isso o homem é historicamente livre: seu passado existe apenas sob a condição de ser presente, e é a partir de seu presente pessoal que se decide a relação com o que é projetado para o futuro [...]. Essa ambiguidade do passado significa: somos herdeiros de um mundo europeu, que ao mesmo tempo é herdeiro do mundo pagão e do semítico-judaico – e, como esses dois mundos são inconciliáveis, cabe a nós decidir qual é a nossa verdadeira origem [...]. Poetas, pensadores, filósofos, conservadores, revolucionários e fascistas souberam dar expressão a esse sentimento instintivo do tempo tridimensional. Quando o fascismo se afirma conservador (ou reacionário) e simultaneamente revolucionário (ou progressista), é exatamente porque esses termos já não descrevem direções opostas do devir no seio de um tempo tridimensional [...]. A História é sempre, em todo o seu presente, escolha entre possibilidades opostas: o homem pode até escolher sua própria liberdade. Essa é a escolha niilista – a outra escolha é a escolha da própria historicidade humana, escolha (como diz Martin Heidegger) de uma nova "origem mais originária", que é também uma nova origem da História. Escolher essa possibilidade significa escolher os míticos antepassados de uma humanidade nova e regenerada. (Ibid., p. 4-5)

Depois de ter escutado tudo o que Locchi queria nos dizer, parecem agora plenamente compreensíveis os parágrafos iniciais da homenagem que seu colega e camarada Gennaro Malgeri lhe prestou: "Nas gavetas do escritório de Giorgio Locchi existem numerosos projetos, esboços de textos, o esquema de um livro sobre Heidegger e o de outro sobre a concepção do tempo nos indo-europeus [...]. E também o manuscrito inacabado de um romance sobre um herói italiano que combate na Alemanha uma guerra desesperada para defender a Europa..." (op. cit., p. 3). Diferentemente da época em que Julius Evola tentava exigir uma alternativa latina e italiana que emergisse junto com a psicopatologia da autoafirmação alemã e heideggeriana para instalar seu *Volk* como o critério de valor de toda a humanidade, a atitude dos heideggerianos italianos do pós--guerra assume muito do servilismo espiritual francês durante (e depois de) Vichy. Chama muito a atenção que nenhum dos heideggerianos europeus, neofascistas ou não, tenha saído a responder minha denúncia do racismo ontológico-linguístico heideggeriano, que reafirma a superioridade intrínseca da linguagem alemã em relação ao que Heidegger chamava de "a morada do ser". Para ele, a linguagem é o horizonte onde o ser acontece, e ao fazer isso determina o que o ser humano é, em suas categorias e hierarquias irredutíveis – e isso justamente porque o ser humano existe em relação ao seu ser em sua linguagem.

3. HEIDEGGER E MARCO BALDINO, OU A SUPERAÇÃO ANARCO--HEIDEGGERIANA DE HEIDEGGER

No contexto do objetivo geral do presente estudo, é preciso mencionar um segundo heideggeriano italiano relevante: Marco Baldino. Certamente, é importante seu breve mas significativo ensaio aforístico "Dimenticare Heidegger" (2001). Baldino é uma figura importante também na institucionalização do heideggerianismo e na infiltração da "ideologia alemã" na Itália sob a forma das reelaborações da Revolução Conservadora. Nesse contexto, Baldino é influente como diretor da revista *Tellus*, que se autodefine como uma publicação "ecopolítica". Em seu ensaio, Baldino começa afirmando: "Acredito que Heidegger tenha sido, no essencial, um reformador filosófico" (loc. cit.). E ainda: "Como todo reformador, teve sua bela verdade fundamental na revalorização da pureza do início" (*A Autodeterminação da Universidade Alemã*, 1933). Com isso, fica bastante evidente e caracterizada a forma como Baldino coloca o assunto, porque reconhecer em Heidegger "um pensador que pretendeu refundir o horizonte e os conteúdos do filosofar" é algo relativamente trivial, mas não é trivial querer basear esse julgamento precisamente num de seus textos doutrinários nazistas fundamentais.

Baldino deixa de lado a multidão de textos em que Heidegger tematiza o início de uma forma antes abstrata, e dirige decididamente a atenção para o componente filosófico-político da filosofia heideggeriana. Em seu Discurso Reitoral, Heidegger havia formulado em 1933 as características mais decisivas de sua concepção original nazifascista: o historicismo radical, a primazia histórica das forças jovens do estudantado, conduzido revolucionariamente pelas SS. Desse ponto de vista, a concepção revolucionarista e fundamentalista do início – a necessidade de mudar completamente "o ser do Povo alemão" –, resgatando com decisão o racismo radical das "forças da terra de do sangue", deveria encerrar com a invocação platônica de Heidegger "Toda a Grandeza está no Ataque", que hoje é instrumentalizada pelo partido neonazista alemão NPD e pelo maior neonazista doutrinário franco-alemão Pierre Krebs. Com as coisas postas nessa direção, Baldino prossegue: "O objetivo de uma tal reforma está na necessidade, que ele anuncia mais tarde, de refundar o Ocidente ameaçado pelo perigo de um desenraizamento total (*Wege zur Aussprache*, 1937), reconduzindo-o à pureza e à grandeza de seu início: a Grécia pré-clássica como aquilo que deve se estabelecer, logo, como um novo futuro". O sentido que Baldino dá à compreensão do que é essencialmente decisivo no *éngagement* de Heidegger com o nazifascismo coincide absolutamente com aquilo que lemos a respeito na entrevista concedida pelo filho do filósofo à revista *Junge Freihet*. Depois de afirmar tudo isso, Marco Baldino vai formular suas observações "críticas" a respeito de Heidegger: elas não são sistemáticas e sim, melhor dizendo, imanentes, e vão se referir à missão política pessoal assumida por Heidegger depois de 1945.

Nesse ponto, reaparece em Baldino a crítica dos neofascistas, que, comparando os "revolucionários" da década de 1930 com os "direitistas" do pós-guerra, chegam à conclusão de que muitos deles renunciaram e se integraram de fato à nova sociedade liberal e democrática. Mas para fundamentar sua crítica Baldino recorre aos primeiros princípios:

> Na recapitulação tentada por Heidegger, na qual se percebe uma re-problematização sutil dos temas fundamentais da filosofia (a verdade, a liberdade, o sentido da existência histórica, a função da filosofia, etc.), encontramos ainda uma lacuna evidente: ao re-conceber a arquitetura do Ocidente, Heidegger se esquiva do problema da identidade originária da filosofia e da política. Na busca de uma dimensão metapolítica (suprapolítica), ele faz uma recapitulação que se articula no ser-aí (*Ser e Tempo*, 1927). O Ser-aí é a liberdade como fundamento essencial (existente e revelador) da existência histórica do homem (*Dell'Essenza della Libertà*, 1930). Dessa forma, Heidegger individualiza um modo não político de compreender a liberdade (e, portanto, também a verdade e o pensamento). E sugere ainda que o sujeito da interrogação filosófica não seria o cidadão, o *homo politicus*, e sim algum outro. Para indicar esse qualquer outro sujeito, ele oscila entre uma série de figuras: o Bauer, o Deutsch [-*er*], o camponês, o alemão, o povo – todas elas orientadas a evitar a questão do político e do Estado. A raiz de tal orientação está nas proximidades da cultura neoconservadora do período de Weimar. Essa importação via o burguês como o tipo decadente em relação às antigas formas de cidadania. (Op. cit., loc. cit.)

Certamente, o distanciamento de Baldino é solidário, mas infundado. Em seu empenho de refundar a filosofia como ontologia fundamental, Heidegger coloca as bases para compreender a filosofia e a política a partir do que ele denomina "o ser". De outro modo, ele deveria ser compreendido como "contista" político fundamental. Heidegger mostra exatamente essa união de política e filosofia já em 1927, quando tematiza a historicidade do povo (= sociedade) e quando supera as formas do Estado burguês, propiciando um Estado conduzido por "seres superiores", que têm inclusive como tarefa estratégica a "destruição da opinião pública". Por certo, ao assumir – já em 1933 – doutrinariamente o nazifascismo e lhe entregar inclusive uma fundamentação filosófica, Heidegger iria dar um salto qualitativo em relação a suas proposições de 1927. Mas, ao contrário do que Baldino propõe, a revelação dessa mudança não pode estar baseada numa pretensa separação originária entre política e filosofia.

Marco Baldino acha que pode ver em Ernst Jünger

> o propósito de encontrar uma alternativa para o burguês (*Der Arbeiter*, 1933). Jünger aponta três figuras decididamente mais aceitáveis do que as de Heidegger: o trabalhador, o Anarca e o bandido. Essas três figuras cobrem melhor o quadro da possibilidade daquilo que Heidegger havia chamado de Ser-aí como alternativa para a modernidade fracassada. Depois de 1933, os motivos para evitar o político mudaram: já não existia a necessidade neoconservadora de expulsar o burguês, e sim a necessidade – biográfica ou objetiva – de cancelar toda possível ponte para o nazismo. E então, a necessidade de "*dimenticare*", esquecer Heidegger, reside propriamente no fato de que ele não soube indicar uma alternativa aceitável ao cidadão burguês como sujeito do pensar filosófico. Quem colocou a questão fundamental a respeito do ser (ente) em sua totalidade e fundamentou a própria existência histórica no núcleo liberdade-verdade permaneceu, depois de 1945, sendo um cidadão burguês ou – o que é a mesma coisa – um professor. O sacerdote do pensamento radical e antimetafísico não soube superar a si mesmo e permaneceu de mãos atadas, sem chegar a ser radical a ponto de renunciar a seu status. Jünger, em troca, certamente realizou algo mais aceitável: tentou liquidar no cidadão burguês sua forma de usar a mente, quer dizer, a filosofia. De certo modo, Jünger faz parte da posteridade Stirneriana. Heidegger, da posteridade platônica. (Ibid., p. 2)

Em seu estudo de junho de 2001, *Figure del Post-Sintético*, Marco Baldino vai tentar então, superando Heidegger *a partir de* Heidegger, vincular a questão central (filosofia/política, teoria/práxis histórica) aos momentos mais radicalmente anarquistas do pensamento de Ernst Jünger (cf. Marco Baldino, "Il Pensiero Trans-Filosófico", *Provenienza III*, 2001). Baldino pretendeu, então, utilizar a conceitualidade heideggeriana sobre a história, a liberdade e a práxis histórica para fundamentar uma teoria da ação direta. Nesse segundo estudo, ele subsume toda a filosofia (inclusive a heideggeriana) naquilo que denomina "pensamento sintético" e que se caracteriza por ter uma ligação indissolúvel com "a modalidade da erudição histórico-filosófica profissionalizada e, portanto, referenciada a um princípio orientador" (ibid.). Baldino propõe como alternativa, que supera o pensamento sintético, outro pensamento: o *pós-sintético*, que acima de tudo é "uma modalidade do pensamento baseada na ausência de toda autoridade "(*Flussi transfilosofici*) [...]. Heidegger pensava que a orientação não pode reunir o pensamento, e sim mostrar a luz do ser, e o ser não tem nenhum ser-aí, a não ser o do pensamento enquanto tal. *Sein* e *Da-sein* existem um para o outro. Procedência e destino (do pensamento) que coincidem". O problema foi colocado heideggerianamente demais. Na verdade, "Heidegger pensava numa fundação antológica do político, enquanto Hannah Arendt pensa na fundação política do filósofo. A esfera mais ampla é o político. O político, para Arendt, é o ontológico *Sic et simpliciter*..." (ibid.). O convite à práxis direta como a verdadeira origem da atividade humana chamada filosofia é então a superação e ao mesmo tempo a realização radical e consequente dos momentos decisivos do pensamento heideggeriano.

Também em torno da significação de Heidegger na Itália, mas ligado a outro conjunto de questões, caberia destacar a polêmica entre o islamita e historiador italiano Claudio Mutti – aliás Omar Amin Mutti – "contra Guillaume Faye e os islamofóbicos". Para essa polêmica importante, reservei um lugar no capítulo seguinte, mas também ali chamo a atenção para a necessidade de fazer isso num contexto teórico que inclua dados sobre a situação da sociedade italiana e sobre as condições para o desenvolvimento de um islamismo fundamentalista italiano que se diz inspirado na filosofia de Martin Heidegger.

4. GIANNI VATTIMO, O HEIDEGGERIANO, EM DEFESA DO ANTISSEMITA HUGO CHÁVEZ

Antes de analisar, mais adiante, a presença de Heidegger entre os italianos neofascistas pró-islâmicos, cabe chamar a atenção sobre um caso relevante de compromisso de um heideggeriano italiano que, de maneira objetiva, ou mesmo subjetiva, manifesta alianças surpreendentes. Mais adiante, apresentarei o exame do populismo esquerdizante do regime "bolivariano" de Hugo Chávez na Venezuela, apoiado sistematicamente e no mais alto nível em consolidação institucional por um teórico neonazista militante e heideggeriano do mais extremo racismo antissemita: o sociólogo argentino Norberto Ceresole. E apoiado também pelo ideólogo alemão Heinz Dieterich, de acentuada sistematização marxista, mas que deixa entrever vínculos inequívocos com o criptofascismo racista.

É exatamente por tudo isso que só os não conhecedores puderam se surpreender quando Hugo Chávez, justamente na mensagem de Natal de 2005, tornou público seu feroz antissemitismo perante uma opinião pública consternada. E isso em meio a uma política não dissimulada de perseguição às mais elementares liberdades dos cidadãos, e certamente também a instituições da comunidade judaica venezuelana: "O mundo existe para todos, portanto, mas acontece que algumas minorias, os descendentes dos mesmos que crucificaram Cristo, apossaram-se das riquezas do mundo". E, pouco depois, declarou à cadeia Al Jazeera, de Dubai, que os judeus "estão fazendo aquilo que Hitler fez contra os judeus [...]". E acusou o Estado judaico de promover "um novo Holocausto" no Líbano. Ninguém desconhece também as visitas de Chávez ao Irã fundamentalista governado por Ahmadinejad, um personagem que promove não só o armamentismo atômico de seu país, mas também, e publicamente, o extermínio do Estado de Israel – e, da mesma forma, o dos judeus que moram nele. A isso se somou a visita do mandatário iraniano a Caracas, na mesma época em que em Teerã o governo organizava um Congresso Mundial de todos os "cientistas" que negam a realidade do Holocausto.

É nesse contexto público que se devem avaliar diversos artigos de Gianni Vattimo, talvez o mais consagrado heideggeriano italiano. Decidido defensor daquilo que Heidegger tinha chamado de "diferença ontológica", Vattimo não foi capaz de perceber a diferença e a importância que seu relatório poderia ter sobre a situação política dramática dos direitos humanos e da liberdade de imprensa na Venezuela "bolivariana" em 2005. Ele conclama os italianos e os europeus a inclusive aprender com esse regime totalitário e conduzido por um personagem primitivo:

> A radicalidade da revolução bolivariana de Chávez, em todo caso, não prevê uma tomada violenta do poder, que de resto ele já possui legitimamente (sic). Assim, ele freou a iniciativa da contrarrevolução apenas com o instrumento eleitoral e o conselho popular. Se é que entendi direito, Chávez conta com a integração. Se os Estados Unidos decidissem invadir a Venezuela, porque Chávez estaria se encaminhando para alguma forma de castrismo, não poderiam fazer frente a uma América Latina Unida: a Venezuela, a pobre Cuba, o Brasil, a Colômbia, a Argentina, o Uruguai e o Chile. Nem quando todos eles se unirem para passar finalmente de sua democracia à realização do projeto "Fome Zero".

A essa altura, Vattimo demonstra sua absoluta ignorância sobre a situação política latino-americana, mas também propõe substituir o "imperialismo ianque" pelo dos europeus no controle de uma América Latina tão "socialista" quanto primitiva:

> Trata-se da cubanização do mundo em muitos sentidos. Acima de tudo, no sentido de que a partir de Cuba e da Venezuela, mas também da Bolívia de Morales, do Brasil de Lula, do Chile da sra. Bachelet e da Argentina de Kirchner, está ocorrendo uma virada em países que estão interessados em se tornarem autônomos dos Estados Unidos e podem se transformar em sócios de uma Europa um pouco menos dependente de Bush. (G. Vattimo, "A Cubanização da América", *La Stampa*, 9 abr. 2005)

Pouco tempo depois, em "Reinventar la Democracia", no jornal cubano *Gramma*, de 28 de março de 2006, Vattimo apresentou seu último livro, *Ecce Comu*. Ali, apresentando o texto financiado pelo Editorial de Ciencias Sociales de Cuba, Vattimo destacou a função ideológica de Nietzsche e Heidegger no necessário retorno mundial do comunismo:

> Projetos, todos eles, que dificilmente poderiam chegar a bom termo sem tocar a estrutura capitalista e neocolonial da sociedade. Sobre essa questão decisiva, Chávez tem muito a nos ensinar – inclusive muito aos europeus. De retorno da Venezuela: um sistema imperfeito, como o europeu e norte-americano, mas que pelo menos empreende o esforço de construir uma sociedade mais justa. (Gianni Vattimo, "E io Scelgo la Democrazia di Chávez", *La Stampa*, 27 jul. 2005)[5]

---

[5] [Numa entrevista concedida a Lis Sánchez, Vattimo reafirma sua convicção totalitária: "Não são os partidos, nem mesmo os progressistas, e sim uma ação subversiva paralela a única coisa que dá garantias".] Em 2007, apesar de o regime totalitário e antissemita de Chávez já ter manifestado sua verdadeira máscara, Vattimo continuava defendendo-o, sem fazer diferença paralela, o único que pode garantir a efetividade das mudanças (Fernando Arellano Ortiz). Giani Vattimo: "É preciso uma subversão não violenta para enfrentar o neoliberalismo", entrevista com G. Vattimo, filósofo e político de esquerda italiano, em *Tortuga, Grupo Antimilitarista Elx-Alakant* (10 ago. 2005). É por tudo isso que Eduardo Vásquez pôde denunciar que Vattimo, um heideggeriano, escreve que Auschwitz se deveu ao progresso técnico: "O assassinato de judeus e outros seres humanos pelos nazistas não se deve a suas ideias, mas à existência da ciência e da técnica; o assassinato ocorre não porque se quer matar alguém, mas pelo instrumento". Heidegger inventou essa tese para absolver o Führer, os dirigentes e caudilhos: é a técnica desenfreada, diz ele, o que produz os caudilhos (um Hitler), depois eles não são responsáveis. Cf. E. Vásquez, *Ideas Ingrávidas* (Bitácora AsoVac, p. 1).

Capítulo 4 | Heidegger e o Islamismo Fundamentalista

> O islamismo é Heidegger para analfabetos.
> *Bahamas*

1. SAYYID QUBT E A CRÍTICA HEIDEGGERIANA DA MODERNIDADE

A ideia de incorporar o islamismo a um estudo sobre a herança autoritária da filosofia heideggeriana surgiu durante um de meus seminários em Berlim, quando um estudante muçulmano chamou minha atenção para a semelhança surpreendente da crítica da racionalidade moderna formulada por Martin Heidegger em suas palestras de 1935 e as reflexões que Sayyid Qubt havia feito em 1949. Pouco tempo depois, em seu notável estudo "Ainda as Raízes Filosóficas do Antiamericanismo: A Curiosa Semelhança entre o Pensamento de Martin Heidegger e Sayyid Qubt" (*Acutilante*, n. 1, 24 fev. 2007), José P. Teixeira Fernández me ajudou a apurar ainda mais minha surpresa. Ali ele reproduz os dois textos mais sugestivos:

> Em seu curso *Introdução à Metafísica*, Heidegger formulou, entretanto, seu texto muito conhecido: "A Europa se encontra hoje no meio de uma grande tenaz, oprimida de um lado pela Rússia e do outro pela América. Do ponto de vista metafísico, Rússia e América são a mesma coisa, com o mesmo frenesi tecnológico desolador e a mesma organização irrestrita do homem comum". Em um de seus textos, Sayyid Qubt afirmava: "Tolerar os conceitos da Jahiliyya (a sociedade dos

infiéis) que está no mundo e coexistir na mesma terra junto com o sistema Jahili não é a tarefa do Islã: o Islã não pode aceitar nenhuma mistura com a Jahiliyya. Ou o Islã prevalece ou prevalecerão os desejos das pessoas: 'E se não lhe responderem, então tenha presente que eles apenas seguem sua própria luxúria, e quem estará mais perdido do que aquele que segue seus próprios desejos pecaminosos sem a orientação de Alá? Certamente! Alá não guia os desobedientes' (Corão 28:50). O principal dever do Islã é substituir a Jahiliyya da direção do homem, com a intenção de elevar os seres humanos à posição elevada para a qual Alá os escolheu". Sayyid Qubt afirmava também em sua obra *Signos para o Caminho Árabe* (1949): "Não devemos nos deixar confundir com a aparentemente dura e amarga luta dos mundos oriental e ocidental. Nenhum dos dois tem mais do que uma filosofia materialista da vida e seus pensamentos são bastante próximos. Não há diferenças entre seus princípios e suas filosofias, a única diversidade está em seus métodos mundanos e em seus mercados lucrativos. Nós somos seus mercados! A verdadeira luta é entre o Islã de um lado e os dois mundos combinados do Oriente (a União Soviética) e o Ocidente (os Estados Unidos). O Islã é o verdadeiro poder que se opõe à filosofia materialista professada igualmente por Europa, América e Rússia". (José P. Teixeira Fernánde, op. cit., p. 1)

À medida que fui reunindo antecedentes sobre Sayyid Qubt, pude ir me dando conta não só da identidade genérica da crítica à modernidade de ambos, mas também das surpreendentes implicações. Sayyid Qubt (1906-1966) foi um dos mais significativos teóricos da Irmandade Muçulmana do Egito e, certamente, um dos precursores da luta planetária pela expansão e pela instituição da *sharia*, e pelo Estado e pela Sociedade Islamita. O livro mencionado contribuiu essencialmente para a conformação da organização, e nele se reflete a ideologia de todos os muçulmanos dessa convicção. Todas as suas obras apresentam também as bases para as organizações militares posteriores. A *Salafiyya Dschihadi yya*, hoje encarnada na figura de Bin Laden, tem suas raízes na doutrina de Sayyid e seus discípulos, os *Qutubiyun*. Desde a primeira juventude, Sayyid Qubt se opôs aos nacionalistas egípcios e ao então rei Faruk, e, mais tarde, a Gamal Abdel Nasser. Uma breve estadia nos Estados Unidos o convenceu do racismo satânico, da promiscuidade sexual e da adoração ao dinheiro – todo o oposto do Islã. Organizou e integrou grupos radicais, e foi inclusive preso e torturado quando Nasser sofreu um grave atentado por parte de um discípulo (1955). Duas de suas principais obras – *Nas Sombras do Corão* e *Signos para o Caminho Árabe* – foram escritas por ele durante o período de prisão:

> O mundo se encontra à beira do abismo, e não pela destruição que o ameaça (isto é, certamente, o sintoma do mal, não o Mal em si sesmo), mas por causa de seu fracasso no mundo dos valores. Só o Islã pode restaurar a saúde do mundo, a corrupção generalizada. A Dschahiliyya moderna surge porque os homens perderam de vista o estado Islâmico, a *sharia*. A modernidade e seu culto material só agravam a situação, porque em si mesma ela é uma ofensa a Deus, e por isso deve-se criar uma vanguarda organizada, que destrua a Dschahiliyya e suas raízes em todo o planeta, limpando o mundo para o advento da *sharia*, a sociedade islâmica.

Um de seus atentados levou Nasser a mandar prendê-lo, torturá-lo e executá-lo em 1966. Um dos discípulos e fundadores do movimento de Sayyid Qubt, Aiman az-Zawahiri, é hoje um dos mais importantes colaboradores de Osama bin Laden (cf. op. cit., loc. cit., e também "Sayyid Qubt", na Wikipédia alemã). As surpreendentes analogias entre a crítica à modernidade de Heidegger e Qubt mereceria portanto ser investigada em suas múltiplas direções, e nesse sentido iriam me ajudar ante meus alunos iranianos e turcos das proximidades de Berlim. Com eles, descobrimos o estudo de Nina Degele, *O Onze de Setembro e a Economia Islâmica: O Atentado como Ação Anticapitalista* (Freiburg im Breisgau, 2001-2002), na qual a autora analisa as semelhanças entre os modelos e as estruturas econômicas do nazismo e do islamismo, e destaca a enorme influência de Heidegger, Spengler e Schmitt na crítica islâmica à modernidade, em que se fundamenta o modelo econômico islâmico. Isaac Caro destaca, além disso, a importância do niilismo de Nietzsche em Qubt (Isaac Caro, *Fundamentalismos Islâmicos: Guerra contra o Ocidente e a América Latina*, Santiago, 2001, p. 25).

2. A EXPERIÊNCIA BERLINENSE E AS SURPRESAS DE ABU BAKR RIEGER E SEU *ISLAMISCHE ZEITUNG*

Berlim é a cidade onde vivem mais turcos do que em todas as cidades turcas – com exceção da capital Ancara. Na década de 1970, eram pessoas geralmente simples e amáveis, e que com paciência suportavam em seus bairros a agressividade que muitos alemães herdaram do fascismo nazista. De repente, por volta da década de 1990, as coisas mudaram e começaram a aparecer em todo canto situações inéditas e alucinantes. O surgimento do renovado entusiasmo muçulmano e de expressões do fundamentalismo islâmico, que se fez presente nos bairros, nas escolas e nas ruas, surpreendeu-nos de um jeito inesperado. Por exemplo: numa grande demonstração na Kurfürstendamm em honra e memória do aiatolá Khomeini. Um pai turco carregava sobre os ombros seu pequeno filho de dois anos, que ao redor da cintura trazia um cinturão com bananas de dinamite, e na testa uma faixa com a legenda: "Eu morrerei um dia por meu Deus". Pouco tempo depois, os jornais e a televisão destacaram a seguinte informação: dois irmãos turcos, de catorze e dezoito anos, não puderam suportar que sua irmã tivesse namoricos com um jovem alemão e decidisse renunciar a usar o lenço na cabeça, como o Islã exige das mulheres. Resolveram assassiná-la, e para isso se deram ao trabalho de aprender a usar armas de fogo – e quando haviam conseguido, o menor, para evitar a justiça, assassinou-a disparando-lhe um tiro na cabeça. Em poucos dias, e depois de terem sido liberados pelos juízes, os irmãos voltaram à escola. Nela, onde estudava um grande número de jovens muçulmanos, foram recebidos com manifestações de euforia e aprovação.

Com esses fatos isolados, mas eloquentes, e que sobressaltaram a população berlinense, centenas de milhares de "operários-hóspedes" turcos e de outras nacionalidades afins ao Islã se transformaram de "estrangeiros" em "muçulmanos". Começou assim um conflito entre a categoria de "cidadão" e a simultânea de "muçulmano" – em muitos casos, como incompatíveis e como uma tarefa sem solução para aqueles que deviam ou queriam assumi-las simultaneamente, porque embora seja verdade que, dos 3 milhões de seres humanos com vínculos culturais e familiares com o mundo islâmico, só uns 30% frequentam regularmente a mesquita, pela mútua fidelidade atávica do corpus social muçulmano, eles constituem um respaldo estratégico no mínimo potencial para as minorias que foram assumindo posições orgânicas de extrema agressividade. Agrupados militantemente e comandados por mulás extremistas, integrados em grupamentos adestrados e financiados sistematicamente pelos riquíssimos países petrolíferos, eles não foram apenas assumindo em crescendo uma ideologia extremamente autoritária, que chega a condenar à morte quem abandonar a fé na palavra e em obras, mas sobretudo (na tradição secular) exige a expansão guerreira da fé a todo o mundo – aos "incrédulos". O conjunto já se agrupa no Conselho Central Muçulmano da Alemanha, que por sua vez controla dezenove organizações que dispõem de várias centenas de mesquitas.

À crescente organização e radicalização dos muçulmanos residentes e em crescimento, graças a uma multiplicação veloz (numa média de cinco filhos) e à imigração, veio se somar um surpreendentemente rápido processo de conversão em massa de cidadãos alemães ao Islã. Em 1994, já se podia verificar um número crescente de alemães que se inscreviam em associações em torno das mesquitas e outras organizações muçulmanas – cidadãos alemães que estudam ou ensinam "Ciências Islâmicas", inclusive em universidades, e que fundam editoras muçulmanas e livrarias especializadas. Muitos deles, inclusive, vão estudar durante anos em Escolas do Corão na Arábia Saudita ou no Paquistão. Alguns vão ainda mais além e se incorporam à Guerra Santa, combatendo na Chechênia e na Bósnia, contra "os infiéis". As cifras crescem rapidamente: até 1993, contavam-se 300 convertidos; em 1994, já eram 800. Dos 3 milhões de muçulmanos, 800 mil têm passaporte alemão, o que lhes permite uma maior mobilidade em suas atividades. O conjunto de convertidos chega à casa dos 100 mil, e a radicalidade dos convertidos "estrangeiros", de origem alemã, é proverbial. Curiosamente, o número de mulheres que se convertem é notoriamente maior: o Instituto Arquivo Central Muçulmano afirma que, em 2005, pela primeira vez se converteram mais de mil mulheres alemãs, o dobro do ano anterior.

Os jornais surpreenderam a opinião pública quando revelaram, em 2006, que três mulheres alemãs entre vinte e trinta anos – uma delas berlinense – foram flagradas preparando ataques terroristas suicidas no Iraque e no Paquistão. Segundo os organismos federais, iam levando consigo seus filhos pequenos de dois e três anos, para fazê-los explodir pelos ares junto com elas. Uma delas vinha mantendo, havia um bom tempo, contato com o grupo terrorista iraquiano Ansar al-Islam, também ativo na Europa no recrutamento de militantes. O caso, no entanto, não é apenas um fenômeno alemão: em novembro de 2005, a belga Muriel Degauque, de 38 anos, também convertida ao Islã, dinamitou-se no Iraque, assassinando soldados norte-americanos. Existe, na Alemanha, Grã-Bretanha, França, Bélgica e Holanda, gente captadora de "guerreiros" islâmicos com verdadeiras agências de viagem para a Guerra Santa (*jihad*), que em seus programas incluem até a incorporação a escolas de treinamento. O serviço de Inteligência alemão teme que, de 40 mil conversos, particularmente os mais jovens "com problemas de socialização", muitos sejam atraídos pelo fascínio dos mujahidins combatentes e se disponham a se inscrever em organizações terroristas (cf. *Tageszeintug*, 8 mar. 2002).

Em setembro de 2007, foram presos no centro da Alemanha três terroristas islâmicos que possuíam uma enorme quantidade de explosivos e estavam preparando um ataque massivo. Dois desses terroristas eram alemães muçulmanos convertidos – e os três haviam sido treinados pela União da Jihad Islâmica no Paquistão, formando depois uma célula terrorista do grupo na Alemanha. Em diversos casos, os alemães convertidos costumam assumir a direção das organizações, fazendo crescer sua influência e capacidade de atividade e deslocamento em sociedades historicamente discriminadas. Todo esse vasto movimento político-religioso, composto por diferentes facções, constitui um conjunto que se autodenomina o Euro-Islã. Ele pretende poder transformar a substância do Islã do planeta a partir da Europa, incluindo também em seu projeto ideias e grupos que, pelo menos externamente, afirmam assumir momentos importantes dos princípios ocidentais da humanidade ilustrada. Mas, na medida em que esse Euro-Islã não pode nunca renunciar a seu teocratismo autoritário e à sua meta estratégica de criar uma "Identidade Muçulmana", ele serve de reservatório ilimitado e campo de ação fundamentalista. É na análise do movimento "religioso cultural" que propõe um diálogo permanente entre a "cultura ocidental" e a "cultura muçulmana", onde aparecem surpreendentemente Martin Heidegger e sua filosofia como uma ponte com dois sentidos simultâneos. Uma revista crítica, *Bahamas*, com uma argumentação sólida, explicou de forma precisa os pressupostos político-culturais para a enorme aceitação do islamismo na Alemanha: "O islamismo é Heidegger para analfabetos".

Meu primeiro encontro com a presença de Heidegger no movimento islâmico alemão aconteceu ao estudar o órgão oficial islâmico *Islamische Zeitung* [Jornal Islâmico], dirigido pelo alemão convertido Abu Bakr Rieger. Ele mantém suas pregações – ouvidas por milhares de muçulmanos e alemães simpatizantes – a meio caminho entre os guerreiros de Alá e aqueles dispostos a conviver com os "infiéis".

Declara que sua busca de uma nova fundamentação vital muçulmana deve "conduzir a Nietzsche e Heidegger", afirmando que

> o diálogo entre os mundos culturais parece ter atingido um ponto morto, em que tudo é superficialidade e vazio. Isso se torna fatal particularmente quando se trata de entender a profundidade da mensagem islâmica. Esse vazio espiritual "como o perigo de uma sociedade dos meios de massa" foi percebido antes de tudo e desde há muito tempo pelo filósofo Martin Heidegger, em sua obra fundamental *Ser e Tempo*. A falta de fundamentos que caracteriza o falatório não impede ao ser humano o acesso à vida pública, antes a favorece. Isso soa atual: quanto mais profundo é o tema, quanto mais se fuxica em público, tanto mais difícil se torna atingir a profundidade. Heidegger acrescenta que o falatório é a possibilidade de entender tudo sem haver se apropriado da própria coisa: o falatório nos coloca a salvo do perigo de fracassar na tentativa de apropriação. O falatório que qualquer um pode reunir não só nos libera da tarefa de compreender bem as coisas, mas também inventa uma compreensão indiferente que acredita entender tudo [...]. O diálogo com o Islã é uma coisa séria e exige profundidade. (Abu Bakr Rieger, "Beitrag der Schleier über den Dialog", *Islamische Zeitung*, 25 jan. 2006)

O uso da crítica heideggeriana a formas cotidianizadas da opinião pública aparece então aqui, pela primeira vez, como um dos pontos de harmonia fundamental. A partir de uma atitude autoritária, aristocratizante e irracional das duas partes, o criptofascismo alemão se articula com o autoritarismo teocrático islâmico de origem feudal, e incapaz de realizar em termos teóricos e práticos o senso comum libertário, que é a base do igualitarismo iluminista. Ambos desprezam tudo que é obtido no consenso e que é articulado em instituições sociais e no Direito. Abu Bakr Rieger, o articulista islâmico mais importante da Alemanha atual, incorpora assim o filósofo a uma espécie de Léxico Ideológico dos muçulmanos alemães:

> Heidegger é sem dúvida um dos filósofos alemães mais importantes. Embora Heidegger tenha sido contestado por sua época de Reitorado

em 1933, sua obra fundamental *Ser e Tempo* é sem dúvida um dos livros mais importantes da filosofia alemã. Esse livro torna possível o pensamento da unidade: sua crítica à ideologia e à técnica faz parte daquilo que já se disse de mais essencial em relação ao último século. Meu interesse em Heidegger me foi "colocado" no berço. Meu pai foi professor na escola de Todtnauberg e nossa família viveu ali por alguns anos. (<www.abubakrrieger.de>)

O órgão oficial islâmico da Alemanha nomeia, além disso, outros dois momentos da filosofia heideggeriana que constituíram um horizonte comum com a crítica islâmica à modernidade iluminista democrática: as pretensas críticas à técnica e à compreensão racional da realidade. Numa entrevista publicada tempos depois, perguntou-se ao convertido Abu Bakr por que ele acredita no Islã, exatamente na Europa, e ele respondeu: "A condição para o Islã é a superação do encantamento com a técnica. Isso só foi atingido com o pensamento na Europa. A obra de Martin Heidegger, quanto a isso, é perfeitamente compreensível e aceitável para os muçulmanos. Ao mesmo tempo, irrompe no Ocidente uma crise consciente da ciência moderna e, em particular, suas consequências destrutivas se tornam conscientes" ("Faszination Islam: Islam verbindet die Abu rielle und geistige Welt. Interview wit Abu Bakr Rieger", *Islamische Zeitung*, Souderausgabe, jun. 1999).

Por outro lado, Abu Bakr Rieger instituiu uma frente que afirma condenar o terrorismo fundamentalista para tornar possível um "diálogo com a Alemanha e a Europa", mas no ambiente de seu *Islamische Zeitung* encontram abrigo outras figuras relevantes do setor ideológico mais extremo: Murabitun (líder de uma seita) e o escocês Ian Dallas (xeque Abdalqadir as-Sufi), de grande influência entre os islamitas espanhóis. Numa entrevista ao jornal evangélico *Im Blickpunkt*, um especialista na configuração religiosa do ambiente do *Islamische Zeitung* afirma: "O constitucionalismo não é islâmico: é maçom e, portanto, judaico [...]. Uma verdadeira libertação para o

Islã autêntico só será possível quando tivermos nos libertado do sistema de crédito financeiro ocidental, dos destrutivos sistemas judaicos de controle do crédito, assim como da política escravizante que a técnica nos impõe" (Udo Wolter, "Allahs Jünger, Deustsche Islamisten Marschieren mit Ernst Jünger, Carls Schmitt und Martin Heidegger", *Jungle World*, 16 jan. 2002).

Outro analista de prestígio afirma que "a seita de Murabitun se baseia, antes de mais nada, no acervo ideológico da Revolução Conservadora da República de Weimar e em figuras-chave do nacional-socialismo, como Ernst Jünger e Martin Heidegger. O próprio Abu Bakr se lamenta ali de que as obras de Heidegger, Jünger e Schmitt ainda não informem o discurso político do Islã" (op.cit., loc.cit). Para Abu Bakr Rieger, "o fracasso do movimento juvenil revolucionário de 1968 se explica porque as limitações ideológicas dos esquerdistas lhe impediram o acesso à crítica heideggeriana da técnica como técnica financeira" (loc. cit.). Outro dos mais "chegados" ao *Islamische Zeitung*, Ahmad Gross escreve:

> A vida natural islâmica é a primeira forma de vida natural do ser humano. A antiga história alemã é rica em modos de vida que correspondem ao que o profeta Maomé, a paz esteja com ele, praticou em Meca e Medina como protótipo de vida. Ali, como entre os muçulmanos, a família gozava do maior prestígio, as estirpes aparentadas se subordinavam aos chefes, aos Führer condutores, que eram escolhidos entre a elite dos homens livres. (Ibid., loc. cit.)

É assombroso verificar como em comentários críticos a importantes estudos pró-islâmicos não só se denuncia uma ligação genérica com a filosofia de Heidegger, tal como ela conduziu e interpretou o nazifascismo, mas também se destaca o papel relevante do pensamento heideggeriano tardio para uma concepção restaurada do Estado muçulmano autoritário. Nesse sentido, o estudo de Gerhart Scheit, *Suicide Attack: Zur Kritik der politischen Gewalt* (Freiburg im Breisgau, 2004, p. 445), chega a afirmar que a exigência de Carl Schmitt de que a unidade política em determinado caso pode exigir o sacrifício estabelece analogia com a "liberdade da vítima" em Heidegger. A vítima é o abandono de um Ente no caminho para a conservação do favor que o Ser nos outorga. (*Review Corner*, Vermittelte Gesellschaft-Unmittelbare, <www.conne-island.de>)

3. AHMAD FARDID E OS "HEIDEGGERIANOS" COMO ARQUITETOS IDEOLÓGICOS DA REPÚBLICA ISLÂMICA DO IRÃ. MAHMOUD AHMADINEJAD, MILITANTE "HEIDEGGERIANO"

A presença da filosofia de Heidegger no ambiente do movimento cultural e proselitista dos muçulmanos na Alemanha vai se ver complementada pelo mesmo fenômeno nos países islâmicos – particularmente no Irã teocrático – a partir de 1979, com a República Islâmica.

No notável e surpreendente artigo "A Filosofia dos Mulás", publicado na Turquia, o filósofo iraniano Amir Taheri revela que

> tão logo começou a revolução islâmica, uma das primeiras medidas do novo regime foi a de fechar todas as universidades por um período de dois anos. Nesse ínterim, deveriam ser transformados todos os livros em textos compatíveis com o Islã, e deveriam ser expulsos sigilosamente todos os professores e estudantes indesejáveis. Para levar a cabo essa tarefa, o aiatolá Khomeini fundou em 1980 uma corporação que se chamou o "Congresso Supremo para a Revolução Cultural Islâmica". Ela deveria ser formada por numerosos mulás e alguns pensadores, entre os quais se destacava o lendário professor de filosofia Ahmad Fardid. Enquanto o conselho supremo, por um lado, depurava prolixamente as universidades, por outro, se promovia uma espécie de Clube Filosófico formado por mulás e filósofos não teólogos. Um desses grupos se chamou "Os Heideggerianos", cujo nome foi tirado do filósofo nazista alemão Martin Heidegger, o fundador do existencialismo. Fardid, que se confessa "companheiro de viagem de Heidegger", era a estrela do grupo. O jovem discípulo de Fardid, Riza Davari, se encarregou por sua vez de difundir e divulgar as convicções e opiniões de Fardid e dos heideggerianos nos meios de comunicação de massa da jovem

República Islâmica. Um pequeno grupo dissidente, que quis oferecer uma alternativa, autodenominou-se "Os Popperianos", em homenagem ao filósofo inglês Karl Popper, que dedicou sua vida a lutar contra o totalitarismo. O chefe desse grupo era o mulá Murtaza Mutahhari, que em pouco tempo foi assassinado, provavelmente pelos membros mais radicais do grupo dos heideggerianos, deixando seus rivais numa posição muito frágil e sendo dirigidos ideológica e politicamente por Aboul Kerim Sorus, um *amateur* da filosofia que, de resto, nem sequer era um religioso de profissão. Nenhuma das duas facções certamente reagiu de forma alguma quando o aiatolá Khomeini proclamou que ele estava começando a governar em nome do "Imã Medi". A tarefa fundamental que os islamitas "heideggerianos" assumiram foi começar a denunciar qualquer forma de democracia como uma coisa absolutamente incompatível com o Islã e com a filosofia. Empenhavam-se em demonstrar que Sócrates havia sido executado por ter se oposto à democracia, e também afirmavam que o sistema de "governo eleito" defendido por seu discípulo Platão era um antecessor do governo e do regime dos mulás. [...] Até 1989, os "heideggerianos" foram a força filosófica dominante na organização criada por Khomeini. O ministro-presidente daquela época, Mir Huseyin Musavi, e o juiz supremo Abdul Kerym Erdebili, uma espécie de combinação de comerciante e mulá, pertenciam ambos ao grupo dos "heideggerianos". Durante um tempo muito breve, foi possível aos "popperianos" reverter um pouco as relações de poder, mas, quando Mahmoud Ahmadinejad conquistou a Presidência da República Islâmica, a sorte dos "popperianos" foi selada. O novo presidente era, ele mesmo, um membro ativo dos seguidores de Fardid e Heidegger. Todas as atenções convergiram então para o mais bem-dotado discípulo de Fardid, o aiatolá Mohammed Taki Mesbah Yezdi, porque ele havia se transformado no mais importante conselheiro de Ahmadinejad. Nos últimos trinta anos da República Islâmica, não havia surgido nenhum filósofo importante. Somente se destacava a figura epigonal de Mesbah Yezdi e naturalmente Farolid, que nos repete de vez em quando o que ele acredita ter compreendido de Heidegger. Os "heideggerianos" afirmam como seu princípio fundamental que toda sociedade deve determinar seus próprios "seres eleitos", os únicos capazes de exercer o poder e o governo.

Quando se fala do Islã, eles certamente entendem como tal esses religiosos escolhidos. Uma vez instalado o "Governo Justo", este não deve permitir nenhuma contradição por parte da Sociedade. (Amir Taheri, "Mollarin Felsefe", *Radikal*, 8 mar. 2005)

O totalitarismo islâmico-iraniano chegou a tal extremo de sua opressão da sociedade que o ministro das Telecomunicações começaria a filtrar mensagens de texto, áudio, fotos ou vídeo, através de celulares de conteúdo "imoral", segundo noticiou a televisão oficial. Em maio de 2007, o Conselho Supremo da Revolução Cultural instruiu o Ministério para que comprasse o equipamento necessário para prevenir qualquer mau uso das mensagens multimídia (SMS), o que pode incluir imagens e áudio. Ele deve empregar toda a sua força para combater os inimigos internos e externos. Os filósofos iranianos fundamentalistas partidários de Heidegger receberam do filósofo alemão e de seus admiradores iranianos uma grande dose de antissemitismo. Desde que Ahmadinejad assumiu o poder, os "heideggerianos" denunciam os "popperianos", devido à ascendência judaica de Karl Popper, como "almas ingênuas que foram seduzidas por uma praga judaica" (Amir Taheri, "Mollarin Felsefe", *Radikal*, 8 mar. 2005).

Em abril de 2006, realizou-se em Paris um encontro de filósofos iranianos com o título "Heidegger no Irã". A comissão organizadora resumiu as conclusões gerais: "Quando Heidegger é interpretado pelos discípulos de Ahmad Farid (1912-1994), que fundou no Irã o grupo dos heideggerianos islamizantes graças à classe messiânica de seu guru, considerado um personagem messiânico, chega a encarnar um mal que paralisa todo espírito crítico e lança às trevas a tradição do século das luzes de que tanto necessitamos hoje" (<http://leportique.Revues.org/documnet817.html>).

É uma experiência notável ler a conferência de 18 de março de 2004, que o mulá Seifi leu num congresso cristão na Alemanha: "O Corão, de acordo com a convicção dos muçulmanos, não pode ser interpretado de forma histórica ou crítica. Está escrito: 'Aquele que muda uma única letra do Corão deve morrer'"; e mais no final, tematizando a hermenêutica: "Heidegger é o filósofo do futuro. Alguns poucos já o compreenderam (França, Japão, América do Sul). Os outros terão que fazer isso depois... Heidegger colocou de novo a questão da verdade. Não se pode demonstrar Deus, revelar sua fonte como Tomás de Aquino queria" (<www.seifermannkreis.de/textarchiv>).

Certamente, essas insólitas informações em primeira mão têm alguma coisa de alucinante, mas ao mesmo tempo são irrefutáveis. Revelam antes de tudo a continuidade ideológica entre os mulás islamitas e os momentos relevantes da filosofia heideggeriana, mas demonstram também sua recusa à democracia e seu estilo de reflexão profundamente autoritário e, ainda, sua articulação em instituições da república islâmica mais agressiva de nosso tempo. Certamente, parece incrível ouvir falar não apenas do antissemitismo doutrinário dos "heideggerianos", mas também da ligação a esse grupo de Mahmoud Ahmadinejad, o terrorista de Estado mais agressivo de nossa época, que propôs exterminar os judeus e o Estado de Israel.

No entanto, quem já tiver analisado com atenção textos como os que Heidegger expôs em suas palestras de 1941-1942, especialmente dedicadas aos soldados da Wehrmacht, não deveria se espantar com estas informações. Na verdade a compatibilidade, apesar do nível primitivo dos islamitas iranianos, parece indiscutível no essencial.

4. JÜRGEN HABERMAS E DIETER THOMÄ, HÓSPEDES DO IRÃ ISLAMITA E DOS FILÓSOFOS HEIDEGGERIANOS

Em 10 de dezembro de 2005, Dieter Thomä – um dos mais renomados especialistas na filosofia de Heidegger – escrevia no *Neue Zürcher Zeitung* um artigo com o título "Heidegger em Teerã: Discussões à Margem do Fundamentalismo". Nele, Thöma informava sobre um encontro solene e pomposo na capital iraniana: "Heidegger e o Futuro da Filosofia no Oriente e no Ocidente", organizado pelo

Instituto Iraniano para Filosofia e pela Embaixada da Suíça. Ali apareceram personagens conhecidos. Simon Oliai, organizador do encontro, havia convidado como conferencista Reza Darvani, presidente da Academia de Ciências do Irã, que apresentou ao auditório detalhes a respeito de seu estudo do pensamento de Heidegger durante toda a vida. Suas obras enfeitavam as vitrines e os salões, ao lado de numerosas outras obras iranianas sobre Heidegger. O principal mediador, que havia levado e difundido a filosofia de Martin Heidegger no Irã, foi Ahmad Fardid (1921-1994), que deve ter assistido às palestras de Heidegger em Freiburg durante seu período de militância. Todos os filósofos foram por sua vez alunos de Fardid ou tinham sido influenciados por ele. Foi justamente seu antiocidentalismo o que o vinculou à crítica cultural heideggeriana. Fardid articulou essa tradição reacionária no conceito de *Gharbzadegi*, algo como "intoxicação ocidentalista", uma advertência diante do "veneno" cultural ocidental. Seu pensamento contra o domínio da "tecnologia" e a favor de um "pensamento contra o benefício material" é o mesmo que se pode encontrar também em Heidegger. Os filósofos iranianos garantiram aos participantes italianos, ingleses e suíços que o professor Darvani se esforçava para promover o entendimento entre o Oriente e o Ocidente, mas nunca desmentiram a interpretação de Darvani como uma justificativa da agressão fundamentalista contra o Ocidente.

Naquela mesma manhã, todos os jornais de Teerã estavam publicando os discursos ameaçadores do "heideggeriano" presidente Ahmadinejad. Mais adiante, o filósofo Sharam Pazouki da Universidade de Teerã proferiu uma conferência comparando o pesado e libidinoso Ocidente com a espiritualidade oriental. Para isso, também ele recorreu a Heidegger: "Para o homem oriental, Heidegger é o caminho do Oriente ao Ocidente. Para o homem ocidental, ele é o caminho do Ocidente ao Oriente". Pazouki acrescentou, no entanto, que a "mística islâmica" tem uma função especial nesse equilíbrio, e que Maomé é "o balanço ideal" para os dois polos. Um filósofo se atreveu, com certa audácia, a marcar algumas diferenças: o "popperiano" Bijan Abdolkarimi. Classificou Fardid como um "ontologista" que se entregava à reflexão numa época anterior aos progressos críticos de Kant. Isso poderia fazer com que se perdesse de vista os problemas sociais do Irã moderno. No entanto, Abdolkarimi reconheceu que no pensamento heideggeriano do "ser" estava viva uma dimensão do "Sagrado", e isso era comum às diversas culturas. O presidente da Academia, Darvani, respondeu com elegância, mas violentamente: "No terreno entre o secular e o teológico só pode reinar a confusão". Heidegger aparecia assim no Irã naquela época não como uma figura estranha, mas antes como um critério exemplar e um condutor do espírito. Quando recebi essas informações de Dieter Thomä, dirigi-me aos organizadores do encontro na Suíça e na Faculdade de Filosofia de Teerã, solicitando antecedentes e eventualmente atas. Nunca recebi uma resposta.

Em abril de 2007, o *Frankfurter Allgemeine Zeitung* publicou uma entrevista com Jürgen Habermas ("Jürgen Habermas trifft im Iran auf eine gesprächsbereite Gesellschaft", 2007), em que ele descreve e analisa a situação social, política e intelectual no Irã revolucionário. Habermas diz haver encontrado uma sociedade onde convivem diferentes opções políticas e científicas, certamente fundamentalistas. No entanto, ele observa que até os reformistas são assim, mas com os pés fincados firmemente no espírito da revolução islâmica de Khomeini. Justamente porque nem o marxismo nem as tentativas "liberais" que levaram à corrupção generalizada conseguem se mostrar como uma alternativa viável. No ambiente filosófico, Habermas constata um interesse consciente por Kant, pelos analíticos anglo-saxões e pela filosofia política contemporânea,

> mas os impulsos para a realização de debates intelectuais públicos são provenientes de outro lado. Darvani é hoje presidente da Academia de Ciências, e é tido como um dos "pós-modernos". Estes assumiram acima de tudo a análise heideggeriana da "essência da técnica" e a

utilizam como a crítica mais coerente da modernidade. Seu contraponto, Abdolkarim Soroush, defende, como "popperiano", uma divisão cognitiva entre religião e ciência, mas pessoalmente tende a se identificar com certa corrente mística islâmica. Darvani é um defensor filosófico da ortodoxia xiita, enquanto Soroush, como crítico, perdeu muito de sua pouca influência.

Habermas descreve, de uma forma que lhe é característica, as possibilidades que se entreabrem no trabalho filosófico de alguns pensadores herméticos, como Mohamad Modschtahed, que "ressaltam a subjetividade religiosa com um conceito iluminista da tradição religiosa, o que lhe permite compreender de modo mais abstrato a essência da mensagem profética", possibilitando uma reflexão mais aberta. Mas nem Habermas nem Thomä fazem alusão à feroz radicalização ideológica e prática do projeto criminoso do fundamentalismo iraniano, que se alimenta de heideggerianismos mais ou menos adaptados, mas eficientes.

5. HEIDEGGER E O NEOFASCISMO MUÇULMANO FUNDAMENTALISTA. HEIDEGGER COMO PONTO DE CONVERGÊNCIA ESPIRITUAL ENTRE O ORIENTE (ISLÃ) E O OCIDENTE (O NAZIFASCISMO). HEIDEGGER E SEYYED ABBAS MAAREF: A CONSTITUIÇÃO DA REPÚBLICA ISLÂMICA E O DIREITO TRABALHISTA ISLÂMICO

Num artigo muito interessante, "On Philosophy in Iran" (*APA Newsletter*, vol. 98, n. 1, 1998), o filósofo Shahriar Shafaghi destaca o caráter detonador do debate de 1987 sobre Heidegger para a radicalização dos pensadores e políticos islâmicos no Irã:

> A revolução e a subsequente busca pelo Estado Islâmico perfeito polarizaram tanto a vida iraniana que até mesmo as universidades foram fechadas por um tempo, para que as autoridades pudessem entender o que as ciências islâmicas podiam ser [...]. A vida iraniana sob o Shah

foi mantida por muitos para emitir as questionáveis Teorias Científicas Sociais do Oriente. Ciências Sociais "orientais" apareceram, dessa forma, escondidas na irreligiosidade e na mentira. Essa posição é bem demonstrada no ambiente confuso em volta de "Heidegger Affair", depois da publicação do livro de Víctor Farías sobre Martin Heidegger na América do Norte e na Europa. A confusão é precisamente sobre como a posição política de Heidegger afetou seu pensamento – uma questão que ainda não foi adequadamente respondida. As autoridades do Irã também viram essa conexão... (Op. cit., p. 1-2)

A posição extrema assumida pelos "heideggerianos" se baseia assim em momentos da filosofia heideggeriana interpretados como fundamentais para a instauração de um regime tirânico islâmico e no reconhecimento das "bondades" de Heidegger, apesar de ser um ocidental. É justamente o opositor mais consequente à escola de Fardid, Abdolkarim Soroush, quem esclarece definitivamente isso numa entrevista publicada com o título "Mesbah and Danger os Fascism" (*Rooz*, 15 jun. 2006):

> Fardid e seus discípulos representam tudo o que Ahmadinejad e Mesbah dizem e fazem atualmente [...]. Fardid sempre foi um antissemita: era tão antissemita como não se pode encontrar outro exemplo na história do Irã. Adorava dizer que só existem dois tipos de filósofos: os judeus e os antissemitas como Bergson, Espinosa e Popper, de um lado, e Heidegger, seu mestre, que foi um partidário do nazismo e do fascismo. Seus admiradores iranianos certamente apoiam esse seu comportamento. Porque, quando eles atacam o liberalismo, não fazem isso de uma perspectiva islâmica ou socialista, mas do ponto de vista do fascismo [...]. Fardid, da mesma forma como Hitler e os nazistas veneram os Führer, ridiculariza a democracia. O que temos neste país é fascismo, e Farid assume uma função central nisso [...]. (Op. cit., p. 2)

São numerosas as análises – inclusive de muçulmanos moderados – que denunciam e criticam a mancomunagem entre heideggerianos e fundamentalistas islâmicos. É o caso, por exemplo, de Mustafa Akyol em seu artigo "Bolshevism in a Headdress: Islamic Fundamentalism Has More to Do with Hatred of the West than with Religion":

> Os primeiros radicais a atacarem as democracias liberais (especialmente os Estados Unidos) como "desenraizadas, cosmopolitas, superficiais, triviais, materialistas, mistura de raças, civilizações viciadas em moda" foram os europeus revolucionários do século XIX, tanto de esquerda como de direita. Marxistas e protofascistas holandeses como Martin Heidegger – um jurado inimigo dos Estados Unidos – construíram a base das críticas. (The American Enterprise Online, abr.-maio 2005, p. 30)

E outros fundamentalistas extremos islamizam conceitos heideggerianos fundamentais a fim de fundamentar filosoficamente seu sistema ideológico. Nesse sentido, o *Islamische Zeitung* do alemão convertido Abu Bakr Rieger, ensina que

> na mesma medida em que as estruturas ordenadoras se tornam planetárias, perdem-se os antigos vínculos locais e as relação do homem com sua pátria-recanto [...]. Heidegger apresenta uma solução: os muçulmanos estão em vias de compreender que seu ser-no-mundo é posto em perigo pela doutrina moderna do estado secular [...]. A análise heideggeriana do *Dasein* como um "ser-no-mundo" necessariamente dirigido encontra uma determinação essencial e unitária na práxis vital muçulmana mediante o mandamento da peregrinação. Recentemente, graças à peregrinação a Meca, aperfeiçoa-se o "ser-no-mundo" do muçulmano na experiência existencial da unidade do mundo mais além do espaço e do tempo. Essa certeza e essa experiência caracterizam também sua política... ("Der Nomos der Erde Die Bevorstehende Kehre in der Welt und Raumerfahrung der Muslime", *Islamische Zeitung*, 10 fev. 2006)

Por último, e para mostrar a articulação institucionalizada do heideggerianismo islâmico com a política da República Islâmica do Irã e sua propaganda na Europa, parece importante mencionar os comunicados da Embaixada iraniana em Berlim, através de seu Departamento de Cultura. Em dezembro de 2002, foi publicada uma homenagem por ocasião da morte de Seyyed Abbas Maaref, um dos discípulos mais importantes de Ahmad Fardid. No comunicado "Zum Todestag eines grossen Denkers" [No Dia da Morte de um Grande Pensador], pode-se ler encabeçando o artigo:

> Maaref estudou com Ahmad Fardid [...] e em suas obras confirmou os julgamentos de Fardid sobre "o Anteontem", o "Ontem", o "Hoje" e o "Amanhã" da História, e sua História começa com o "depois de amanhã". Além de filosofia islâmica, estudou o gnosticismo islâmico, a filosofia ocidental e as línguas indo-europeias, sobretudo a língua alemã. Depois do triunfo da Revolução, foi designado membro da redação do jornal *Keyhan*, e ensinou na Universidade de Teerã. Durante o governo do chefe de Estado Rajai, Maaref iniciou sua atividade política como seu conselheiro e participou da redação da Constituição da República Islâmica do Irã. Além disso, escreveu a Lei Trabalhista iraniana, que é considerada um dos mais notáveis projetos de lei de toda a história iraniana [...]. Maaref escreveu também textos metafísicos. Num deles, pode-se ler: "A pergunta mais fundamental da humanidade é uma que a metafísica em seus 2.500 anos de história descuidou. Se estudarmos em detalhe a metafísica na Europa e na Ásia, verificaremos que ela não tematiza a pergunta pela essência da existência, aquela que Heidegger chama de pergunta fundamental do pensamento". Maaref achava que na sabedoria podem-se detectar rastros do mais profundo saber. Maaref afirmava, por exemplo, que a palavra árabe "*hagh*" (Deus) tem raiz e significado comum com o termo indo-europeu "*as*", a mesma raiz de "*hasti*" (Ser, Existência) que se percebe na língua persa e no "*Sein*" (Ser) em alemão [...]. (Op. cit., p. 3).

No entanto, estaremos confundindo as coisas se quisermos encontrar a influência de Heidegger apenas na República Islâmica do Irã. Também nesse caso, o fascínio pelo heideggerianismo não conhece fronteiras geográficas ou nacionais. Ele tem como condição a aceitação do totalitarismo e a negação dos princípios que garantem a convivência democrática e civilizada. O problema deficitário do Islã não é o de ser ou não ser uma cultura importante e de vasta influência muitas vezes benéfica, mas o de nunca ter conseguido uma forma de legalidade aberta a todas as livres escolhas que todos os seres humanos possam ou queiram exigir *per se*. Seu fundamento teórico nunca produziu uma base espiritual para que sobre ela se construísse uma organização estatal aberta e pluralista, um Estado em forma, e por isso ele mesmo se fechou ao acesso à civilização moderna. É assim, portanto, que até é possível encontrar cidadãos do Estado de Israel que, alinhados com o "povo" palestino contra o "sionismo", recorrem também a Heidegger como o pensador no qual podem fundamentar a agressividade mais extrema:

> Não é necessário dizer que não acredito na noção de valores universais. De fato, acho que nem mesmo existem "direitos humanos universais", mas ainda tendo a ser muito receoso com aqueles que dizem saber isso. Aqueles que acompanham meus escritos sabem que sou um seguidor fervoroso de Martin Heidegger. Acredito que os seres humanos são formatados por sua linguagem e que o discurso universal e o discurso sobre a universalidade não significam nada. (Gilad Atzmon, "Colonialismo Cultural Ocidental e Livre Escolha dos Palestinos", *Tlaxcala*, 21 fev. 2007)

Uma experiência de meus tempos de estudante em Freiburg, por volta de 1968, ficou em minha memória como algo inexplicável na época, e só mais recentemente, com os anos, viria a se transformar em mais uma peça de um mosaico surpreendente. Analisando na ocasião a afinidade entre a filosofia de Martin Heidegger e a poesia de Rainer Maria Rilke, deparei com o poema "Mohammeds Berufung" [O Chamado de Maomé] em seu *Der neuen Gedichte anderer Teil*, de 1908 (Rainer M. Rilke, *Gesammelte Gedichte*, Frankfurt am Main, Insel-Verlag, 1962, p. 394), em que Rilke fala sobre a revelação feita pelo anjo de Maomé – "um comerciante que nunca havia lido" –, permitindo-lhe e ordenando-lhe ao mesmo tempo que lesse, no meio da luz, "um texto tal que sobrepujava inclusive todo sábio". Então Maomé leu, "fazendo inclusive com que o anjo se inclinasse, transformando-se em alguém que já havia lido, em alguém que podia, que obedecia e que realizava". Informei-me então de que Rilke havia conhecido o Islã entre 1913 e 1915, na África do Norte, e que a partir daí teve início seu afastamento definitivo do cristianismo. Numa carta de 13 de novembro de 1925, em que tematiza a "experiência da vida e da morte como uma coisa simples" e a "unidade interior do espaço infinito", e que só com a sabedoria muçulmana se pode ter acesso à unidade específica própria de Alá: "Sem mais aqui nem mais ali, sendo na grande unidade, em que têm morada aqueles seres que estão acima de nós, os Anjos. Porque o Anjo das Elegias [de Duíno] não tem nada em comum com o Anjo do Céu cristão, e sim tão somente com a natureza angélica islâmica". A partir daí, teve início um largo empenho que me levou a estudar sistematicamente a mística muçulmana com o professor e teólogo cristão Otto Stegmüller. Uma atrás da outra, foram se acumulando experiências semelhantes. Por exemplo: que nosso professor nos revelasse que, na sua opinião, os países islâmicos eram os mais religiosos do mundo; que em todas as cidades árabes se ouviam *suras* [capítulos do Corão] recitadas com alto-falantes em todas as mesquitas, a cada quatro horas.

6. OS ANTECEDENTES HISTÓRICOS DA IRMANDADE ALEMÃ-ISLÂMICA. HENRY CORBIN ABRE AS PORTAS NA FRANÇA PARA O HEIDEGGER MUÇULMANO E PARA O ISLÃ HEIDEGGERIANO. TARIQ RAMADAN, HEIDEGGER E O EURO-ISLÃ

Os antecedentes da extensão da presença muçulmana na Alemanha são muitos e ao mesmo tempo contêm contradições que só a história política e cultural alemã consegue explicar. O desprezo atávico por tudo que não seja alemão, isto é, a autossupervalorização que precisa de confirmação permanente, implica que a única possibilidade de convivência de muitos alemães com os estrangeiros é usá-los para seus próprios fins. Hitler disse isso com uma exatidão perversa quando afirmou que, para o homem ariano, mais importante do que a natureza, os animais e outros fatores materiais, era ter à disposição povos inferiores para utilizá-los e conseguir com sua ajuda seus propósitos expansionistas. No entanto, é obvio que os povos "inferiores" devem ter certas qualidades especiais e compartilhar interesses com o "homem ariano". Esse jogo duplo de "conveniência" é o que explica o caráter das relações alemães com os muçulmanos fundamentalistas. O interesse comum que os une é certamente o antijudaísmo antigo e o antissemitismo moderno. Essa situação fundamental é a que orientou a política do Reich Alemão, a República de Weimar e o Terceiro Reich nazista na direção do mundo muçulmano. Em 1763 já existia em Berlim uma Legação Osmânica. A primeira mesquita foi construída pelo Estado no período 1780-1785; usada primeiro como decoração no assim chamado "Jardim Turco", serviu depois como local de oração para prisioneiros de guerra suevos. Em 1798, morreu o enviado osmânico, Ali Aziz Efendi, e o rei da Prússia mandou assentar a primeira pedra para o cemitério islâmico, que se conserva até hoje no Columbiadamm. Em 1807, muçulmanos-prussianos lutaram como soldados nas batalhas de Frederico, o Grande, contra os exércitos napoleônicos. Nessa época também era possível encontrar comerciantes, diplomatas, cientistas, inventores e escritores com proteção e privilégios reais – todos eles de religião islâmica. Eles sempre foram concebidos como a "ponte entre o Oriente e o Ocidente".

Em 1914-1915, o imperador Guilherme II mandou construir nas proximidades de Berlim (Wünsdorf/ Zossen) uma mesquita para os prisioneiros de guerra muçulmanos. Depois da primeira guerra, esse templo serviu como casa de oração para os muçulmanos berlinenses. Ao fim da guerra, em 1918, começaram a viver – especialmente em Berlim – numerosos exilados e fugitivos muçulmanos. No mesmo ano foi fundada uma associação para ajudar estudantes russo-maometanos e uma associação para os muçulmanos que moravam na Alemanha. Em 1922, os muçulmanos radicados em Berlim, pertencentes a 41 nações, formaram uma Comunidade Islâmica berlinense e, dois anos depois, a Sociedade para o Culto Divino Islâmico. Em meio a uma ativa vida social em comum, alguns alemães começam também a se converter e constroem a mesquita de Wilmersdorf, que existe até hoje. De 1924 a 1940, a mesquita editou uma revista muçulmana e um de seus imãs apresentou a primeira tradução do Corão para o alemão feita por um muçulmano. Em 1927, foi criado o Instituto Islâmico de Berlim, em cujo seio, no entanto, abrigaram dois institutos diferentes que representavam facções antagônicas.

Em 1930, foi fundada a Comunidade Muçulmana da Alemanha. Em 1933, no entanto, foi descoberto num rio de Berlim o cadáver de Mohammed Nafi Tschelebi, um estudante sírio que havia se transformado em figura importante da Comunidade da Alemanha Muçulmana e que procurava "despertar na Europa a compreensão para o Islã" e a "camaradagem entre os muçulmanos europeus" – havendo a possibilidade de que judeus e cristãos também ingressassem nela. É mais do que provável que o assassinato de Tschelebi tenha sido cometido pelos nazistas. Eles já haviam declarado a organização como "um refúgio para os judeus do Kurfürstendamm", e seu caráter cosmopolita lhes parecia intolerável. Começou assim uma dura repressão contra as associações de estudantes muçulmanos e os clubes sociais, que culminou em sua reutilização e completo desaparecimento por volta de 1941. Nesse mesmo ano, o regime nazista fundou o Instituto Central Islâmico de Berlim e o transformou num muito eficaz instrumento de sua política. A maioria dos muçulmanos radicados na Alemanha provinha de países ocupados pelos aliados e por isso era presa fácil para os nazistas. O Instituto Central contou assim com todo o apoio do Ministério das Relações Exteriores, especialmente quando a frente de guerra se agravou no Oriente.

Em junho de 1941, os ingleses ingressaram no Iraque e procuraram aprisionar Amin al-Husseini, um antissemita fanático e *mufti*[1] de

---

[1] *Mufti*: acadêmico islâmico em quem se reconhece a capacidade de interpretar a lei islâmica (Sharia), e a capacidade de emitir fataawa (*fatwas*). (N. T.)

Jerusalém. Mas ele fugiu para Teerã e chegou até Berlim, depois de passar pela Itália, e começou a se chamar O Grande Mufti da Palestina. Ele foi recebido por Hitler e entregou a ele, como solicitado, uma mansão que tinha pertencido a famílias judias. Controlou completamente o Instituto Central em sua cerimônia de inauguração, e foi nomeado pela entusiasmada comunidade muçulmana como o "Führer do Mundo Árabe": afirmou que "os judeus são, todos eles, os mais ferozes inimigos dos muçulmanos" e inclusive que eles – o Judaísmo Internacional –, como elemento destrutivo, haviam desencadeado a guerra. Durante a guerra, Amin interveio com sucesso, entre muitas outras coisas, também para impedir a troca de 5 mil crianças judias por prisioneiros alemães no exterior, como Adolf Eichmann havia proposto. Todas as crianças foram, sem exceção, enviadas para a câmara de gás. Himmler se preocupou pessoalmente em promover a educação religiosa dos muçulmanos que viviam no Reich.

Recentemente, os historiadores Klaus-Michael Mallmann e Martin Cüppers descobriram as atas que relevam uma iniciativa sinistra de Hitler, Eichmann e o Grande Mufti: em coordenação com a Wehrmacht, depois da conquista do Egito, um comando das SS e dos bandos terroristas islâmicos da Zona deveria exterminar os 600 mil judeus que moravam na Palestina. O comando SS que Eichmann confiou a Walter Rauff – o inventor dos caminhões de gás, em que 1 milhão de judeus foram exterminados – só não conseguiu fazer isso a partir de sua base na Grécia porque a vitória de Montgomery e dos soldados britânicos o impediu (cf. K.-M. Mallmann e M. Cüppers, *Halbmond und Hakenkreuz Das "Dritte Reich", die Araber und Palästina*, Darmstadt, 2006). Nos textos publicados por David Myatt, da organização neonazista Stormfront – White Nationalist Community, reproduz-se outro documento revelador da estreita ligação nazi-islâmica. Trata-se de uma revelação do general das Waffen-SS Léon Degrelle a respeito do caráter não excludente do racismo alemão nazista:

> [...] ficou demonstrado quando as Waffen-SS ampliaram suas fileiras incorporando 60 mil SS islâmicos. As Waffen-SS respeitaram seu modo de vida, seus costumes e suas crenças religiosas. Cada batalhão islâmico tinha um imã, cada companhia um mulá. Era nosso desejo comum que suas qualidades atingissem sua expressão máxima. Eu estava presente quando cada um de meus camaradas islâmicos recebeu um presente de Ano-Novo enviado por Hitler: era um pingente com um pequeno Corão. Hitler os condecorava com esse pequeno presente simbólico. O Führer os condecorava com o que era mais importante para suas vidas e para sua história. (Léon Degrelle, "Epic: The Story os the Waffen-SS", *The Journal of Historical Review*, vol. 3, n. 4, p. 441-68)

Terminada a guerra, a relação dos muçulmanos com os alemães se transformou numa realidade contraditória que só agora começa a mostrar seus antecedentes para a análise histórica. É nesse contexto que a ligação dos teóricos e políticos muçulmanos com Heidegger ganha uma relevância especial.

A primeira fase da abertura da Europa ao islamismo radical ocorreu na França. E, desde o início, esse processo de aproximação já tinha em Heidegger e na recepção de sua filosofia o ponto de partida mais fecundo. De fato, a figura mais importante foi o orientalista e filósofo Henry Corbin (1903-1978), aluno de Étienne Gilson e de Louis Massignon, a quem ele sucedeu na cátedra de Estudos do Islã da École Pratique des Hautes Études da Sorbonne. Foi um dos membros mais importantes do círculo Eranos de 1949 a 1977, diretor do Departamento de Iranologia do Instituto Franco-Iraniano de Teerã de 1946 a 1970, professor durante mais de trinta anos na Universidade de Teerã, e membro fundador da Universidade Saint-Jean de Jerusalém. Corbin foi o primeiro tradutor de Heidegger na França. Quis revelar ao Ocidente a espiritualidade do misticismo e da filosofia do mundo muçulmano, em particular do Irã. Sua reflexão se vincula acima de tudo ao mundo islâmico, mas no contexto das três religiões monoteístas. Estudou detalhadamente os ritos, as traduções e os acréscimos de textos antigos inéditos, árabes e persas, descobertos por ele mesmo nas bibliotecas da Turquia e do Irã.

A Association des Amis de Henry et Stella Corbin publicou uma série de documentos e textos em torno da vida e da obra de Corbin, entre eles, uma longa entrevista concedida a seu discípulo e amigo Philippe Nemo com o título "De Heidegger à Sohravardî", publicada na *France-Culture*, em 2 de junho de 1976 (<www.amiscorbin.com>). Nela, revela-se não apenas a estreita ligação de Corbin com Heidegger no desenvolvimento de suas pesquisas e sua espiritualidade, mas também a importância das duas instituições que ajudavam a destacar a ligação entre os dois. À primeira pergunta sobre como se pode conciliar as tarefas de ser o primeiro tradutor de textos de Martin Heidegger para o francês e ser o primeiro a ter introduzido a filosofia islâmica iraniana, Corbin responde:

> É uma pergunta que me tem sido colocada com frequência. Esta surpresa é o sintoma da compartimentação *a priori* de nossas disciplinas mediante uma etiqueta. Se aqueles que se colocam essa pergunta tivessem uma pequena ideia do que é a filosofia, a busca do filósofo, se pudessem imaginar que os incidentes linguísticos representam para um filósofo apenas acidentes de percurso, talvez se surpreendessem menos [...]. Tive o privilégio e o prazer de passar alguns momentos inesquecíveis com Heidegger em Freiburg, em abril de 1934 e julho de 1936, ou seja, durante o período em que era elaborada a recompilação de textos publicados com o título de *O Que É a Metafísica?*. Disseram que eu tinha me voltado para o sufismo porque havia me decepcionado com a filosofia de Heidegger. Esta versão é completamente falsa. Minhas primeiras publicações sobre Sohravardi datam de 1933 e 1935, e minha tradução de Heidegger aparece em 1938. Quando a filosofia não se limita ao racionalismo estreito do "Século das Luzes" [...]. Minha formação é originariamente filosófica, e se ela me guiou para Freiburg, Teerã, Isfahan, essas cidades são para mim símbolos de um percurso permanente.

Apesar de todo o páthos filosófico da resposta, o mínimo que se pode dizer é que Corbin parece não ter vislumbrado o ambiente histórico em que aconteceu seu encontro com o então *Rector-Führer*. Naqueles anos Heidegger recebia todos os seus visitantes com uma impressionante insígnia da suástica, o que só os mais altos funcionários do Partido Nazista podiam colocar na lapela. Iniciava e encerrava suas palestras com o *"Heil Hitler!"*, e com o braço erguido, saudação que ele – como reitor – havia transformado em rito obrigatório para todos os membros da universidade. O que estava acontecendo nessa época na Alemanha era terrível e dramático – e dava o que pensar. O que Heidegger era e pensava nesse tempo foi descrito e analisado em outro lugar, mas o silêncio com que Henry Corbin o encobre não é apenas suspeito, mas também muito revelador:

> O que eu procurava em Heidegger, o que eu compreendi graças a Heidegger, é o mesmo que procurava e encontrava na metafísica islâmico-iraniana, em alguns grandes nomes [...]. Não foi por acaso que meu destino tenha me levado depois da Segunda Guerra Mundial ao Irã, onde ainda agora, depois de mais de trinta anos, não cansei de ter contatos e de me aprofundar naquilo que foram a cultura espiritual e a missão espiritual desse país [...]. O que devo a Heidegger e o que conservei dele ao longo da minha vida de pesquisador é, em primeiro lugar, a ideia da hermenêutica, o próprio ato de *philosopher*. Há quarenta anos, a palavra hermenêutica me parecia estranha, quer dizer, bárbara [...]. Há uma ligação direta entre o *Verstehen* como hermenêutica na "filosofia compreensiva" de Dilthey e a analítica, a ideia de hermenêutica em Heidegger.

Corbin também não menciona aqui que justamente em *Ser e Tempo* Heidegger encontrava, com o apoio fundamental de Dilthey, aquela "historicidade" autêntica, inclinada para a "luta" e seus "heróis", que, como ele mesmo confessa, era o que deveria conduzi-lo às opções mais extremas do nazifascismo. Mas, como se desconfiasse das questões que deixa de lado, Henry Corbin lamenta que

> tenham sido esquecidos os vínculos religiosos de Schleiermacher, o inventor da hermenêutica, com a teologia. Na França principalmente,

onde a teologia se transformou em serva da sociologia, quando não é "sociopolítica". A hermenêutica que me encantava encontrar em Heidegger é a chave que abre o sentido oculto (etimologicamente: o esotérico) sob os enunciados exotéricos. Depois, não fiz outra coisa além de continuar me aprofundando no campo inexplorado da gnose cristã e judaica que a delimita.

O primado absoluto da "experiência" metarracional, reservada a eleitos, o caráter necessariamente autoritário das afirmações que emanam dela, a abstenção tática e a agressividade contra qualquer referência à história, estes já são momentos facilmente reconhecíveis e que explicam a empatia de Corbin com Heidegger e o islamismo. No entanto, e apesar de tudo, a abstenção de formular um programa político-social e espiritual não impede que Corbin "descubra" em Heidegger exatamente um dos conceitos que tornam possível que os heideggerianos assumam sua presença militante num caso, na realidade histórica:

> O fenômeno do sentido, que é fundamental na metafísica de *Sein und Zeit*, é o vínculo entre o significante e o significado. Mas o que faz com que, sem esse vínculo, o significante permaneça apenas como objeto de consideração teórica? Esse vínculo é o sujeito e é a presença, presença do modo de ser no modo de compreender. Presença = *Dasein*. Ato de presença, ato dessa presença pela qual e para a qual se revela o sentido no presente. Revelando o sentido, é a própria presença humana que se revela. Novamente, é a concomitância *paixão-ação* [...]. Não faz muito tempo, Denis de Rougemont lembrava com humor que, naquela época em que éramos companheiros de juventude, havia constatado que meu exemplar do *Sein und Zeit* tinha em suas margens numerosos comentários em árabe. Acho que teria sido muito mais difícil para mim traduzir o vocabulário de Sohravardi, de um Ibn Arabi, de um Mulla Sadra, etc. se não tivesse treinado previamente traduzindo o vocabulário alemão inaudito de Heidegger. *Kashf al-mahjub* significa exatamente "desvelamento do que está oculto". Devemos pensar em tudo o que Heidegger disse sobre o conceito de *alétheia* [...]. Minhas pesquisas começaram na incomparável análise de que devemos a Heidegger o fato de ele mostrar

as raízes ontológicas da ciência histórica e colocar em evidência que existe uma historicidade mais original, mais primitiva, do que aquela chamada História Universal, a história dos acontecimentos exteriores, a *Weltgeschichte* no sentido ordinário e comum da palavra [...]. Pegando um exemplo da analítica heideggeriana, aspirei e cheguei a níveis hermenêuticos que seu programa não havia previsto: a história santa, a história da salvação, que o esotérico esconde. *Isto* é o que a hermenêutica espiritual – o *ta'wil* – ensina a ler no Corão. Por isso a hermenêutica fenomenológica foi intimada a retomar suas origens teológicas. A analítica de Heidegger tem, entre outros, o extremo interesse de nos levar a compreender os motivos dos que fazem com que a humanidade em nossos dias se apegue ao "histórico" como o único "real".

O trabalho de difusão do heideggerianismo islâmico que Henry Corbin realizou no mundo muçulmano, e particularmente a vanguarda fundamentalista que constitui o Irã, não apenas se projetou e se multiplicou no trabalho científico, mais ou menos sério e fundamentado, dos institutos de filosofia e teologia islâmicos iranianos: influenciou também o mundo francófono da Suíça e da França, onde se destaca como o mais popular propagandista muçulmano de massa outro islamita filo-heideggeriano: Tariq Ramadan, que comove com suas pregações carismáticas para as massas de jovens imigrantes. Com o apoio de jornais supostamente esquerdizantes como *Le Monde Diplomatique*, ele publica conclamações que intelectuais de prestígio como Bernard-Henri Lévy, André Glucksmann e Bernard Kouchner não hesitam em denunciar como agressivamente antissemitas. Em seus discursos, decerto ele cita virtuosamente o Corão, Heidegger e Nietzsche, e os reproduz em fitas.

Tariq Ramadan nasceu em Genebra e estudou para imã no Cairo. Doutorou-se na Suíça tanto em ciências islâmicas quanto em filosofia com uma tese sobre o pensamento de Nietzsche. E até permitem que ele ensine nas universidades de Genebra e Freiburg (Suíça). Sintomaticamente, mantém contatos com "teólogos da libertação" latino-americanos. Dá conferências em toda a Europa e nos Estados Unidos.

Escreveu cerca de quinze livros – o mais popular é *Ser Muçulmano Europeu* (1999), traduzido para catorze idiomas. Seus vínculos familiares revelam a continuidade e a dinâmica multiplicadora dos muçulmanos abrigados pela Europa. Seu avô materno, egípcio, é Hassan al-Banna, que em 1929 fundou os Irmãos Muçulmanos, a corrente islamita mais importante do século XX. Seu pai, já em Genebra, foi um de seus discípulos mais fiéis. E seu irmão Hani dirige em Genebra um Centro Islâmico que foi acusado de manter relações com a rede terrorista Al-Qaeda.

Mais importantes do que esses laços familiares são suas empatias ideológicas: Ramadan procura fundamentar e fortalecer o Islã político com o pensamento dos críticos mais radicais da racionalidade ocidental: Nietzsche, Heidegger, Cifran, Guénon... Sua propaganda também se alimenta de intelectuais muçulmanos formados em universidades europeias, particularmente o iraniano Ahmad Fardid e Muhammad Iqbal. Um discípulo de Fardid, o *spiritus rector* dos "heideggerianismos" iranianos, Jalal Al-e-Ahmad, publicou em 1962 em Teerã seu livro *A Ocidentalidade*, em que denunciava esse mal como a doença mais perigosa para o Islã, sob o fundo de uma visão apocalíptica e niilista que pressagiava o hiperterrorismo de um Osama bin Laden. Para Tariq Ramadan, o Ocidente entrou em decadência. Seus votos espirituais, infectados de hebraísmo e cristianismo, permitem o surgimento e a vitória final muçulmana. O Islã não eliminará a modernidade, e sim a tornará muçulmana. Contra os muçulmanos conservadores, Tariq Ramadan antecipa e promove o nascimento de um Islã plenamente europeu. Ele se proclama como liberal e universalista, mas ao mesmo tempo não se esquece de afirmar que só o Islã tem força espiritual para garantir a liberdade e a universalidade. "Só o Islã está em condições de cumprir a síntese entre cristianismo e humanismo e de cumprir o voto espiritual que resgatará o Ocidente" (*Islam, le Face à Face des Civilisations* [Islã, Cara a Cara com as Civilizações], Tawid, 2001).

7. O HEIDEGGER ISLAMITA NA ITÁLIA. MAOMÉ, NIETZSCHE, HITLER E HEIDEGGER. AS CONTRADIÇÕES NO SEIO DO NEOFASCISMO EUROPEU (FAYE E MUTTI) E O PROBLEMA DOS MUÇULMANOS NA EUROPA. *PLÄDOYER*[2] POR UM HEIDEGGER NAZIMUÇULMANO NA ESPANHA. OS ECOS NA ESPANHA E "OS SIGNOS QUE O SER ESCREVE EM NÓS MESMOS E NO HORIZONTE"

No amplo leque de movimentos e personalidades que promovem o islamismo recorrendo a elementos decisivos da filosofia heideggeriana, nem tudo é harmonia e monolitismo ideológico. De acordo com os países, e particularmente em relação a sua atitude com as populações muçulmanas residentes, vão surgindo opiniões contraditórias entre si. É o caso, por exemplo, da relação de neofascistas proeminentes como Guillaume Faye (França) e o convertido Claudio Mutti, aliás Omar Amin Mutti (Itália). Faço aqui referência nesse sentido a um texto muito revelador deste último, que é um verdadeiro *plädoyer* pró-islâmico, italianizante, numa resposta agressiva ao notório neofascista Guillaume Faye, de clara opção racista antiárabe. Tahir de la Nive escreveu um livro chamado *Les Croisés de l'Oncle Sam: Une Réponse Européenne a Guillaume Faye et aux Islamophobes* [As Cruzadas do Tio Sam: Uma Resposta Europeia a Guillaume Faye e aos Islamofóbicos] (Paris, 2002), e o islamita italiano Claudio Mutti, aliás Omar Amin Mutti, forneceu-lhe um prefácio de importância significativa. Também nesse caso, a ligação de sua argumentação com Heidegger oferece mais antecedentes ao objetivo fundamental de minha investigação. O prefácio de Mutti traz como cabeçalho uma citação do neofascista Maurice Bardèche: "Há algo no Corão de belicoso e forte, algo viril, algo que se pode chamar de romano". Começa então exigindo congruência de Guillaume Faye, que, em seu livro fundamental *L'Archéofuturisme* (Paris, 1998), havia

---

[2] *Plädoyer*, em alemão no original: apelo, alegação. (N. T.)

escrito o seguinte: "Atrevemo-nos a prosseguir e explorar as portas abertas por um visionário, um certo Friedrich Nietzsche". Mutti recrimina Faye por sua ignorância:

> O teórico do arquifuturismo não ficou com nenhuma impressão profunda demais do parágrafo 60, em que Nietzsche exalta a civilização da Espanha muçulmana, "mais próxima de nós, em última instância, do que Grécia e Roma, porque falava com maior força à nossa sensibilidade e ao nosso gosto", fazendo seu o programa de Frederico II da Suábia: "Paz, amizade com o Islã".

Para entender melhor a revelação admirativa de Nietzsche em relação ao Islã, e o seu destino entre os muçulmanos, Mutti escreveu um livro inteiro: *Nietzsche e o Islã* (Chalon-sur-Saône, 1994). Guillaume Faye deveria então, segundo Mutti, ter refletido melhor "a respeito do papel do Islã na visão política e metapolítica do imperador Frederico [...], arquifuturista, como os muçulmanos se dirigiam com a fórmula de saudação reservada aos verdadeiros crentes". Historiadores como Michele Amari, Ernst Kantorowicz e Raffaello Morghen destacaram a "inclinação para o islamismo do grande Stefan e sua admiração pela instituição do Califado, demonstrando como o imperador suabo – que "havia elevado milagrosamente o corânico Rei dos Reis, mais do que o Deus cristão, acima de todos os príncipes da terra – sonhava com um império teocrático semelhante ao islâmico. Não era em vão que seus detratores o chamavam de "sultão batizado" (Raffaello Morghen, *Medioevo Cristiano*, Bari, 1970, p. 175; e Michele Amari, *Storia dei Musulmani di Sicilia*, Catânia, 1933, p. 659).

Por outro lado, Mutti em seu *plädoyer* pró-islâmico relembra que já em 1913 o livro *Nietzsche e o Corão* figurava entre as leituras de Benito Mussolini, "que no transcurso de sua visita triunfal à Líbia renderia homenagem ao túmulo de um companheiro do profeta e empunharia a espada do Islã, estabelecendo posteriormente, no ponto 8 do Manifesto de Verona, que 'o respeito absoluto pelos povos muçulmanos' deveria constituir um princípio básico da política exterior da Nova Europa".

Omar Amin Mutti vai ainda mais longe no uso do princípio de autoridade:

> Enquanto isso, em Berlim, onde a bandeira da Palestina foi a única que teve o privilégio de ondular ao lado da do Reich, o Führer declarava: "Os únicos que considero dignos de confiança são os muçulmanos" (H. Heiber, *Hitlers Lagebesprechungen im Führerhauptquartier*, Darmstadt-Wien, 1963, p. 43), e promovia as conversões ao Islã. Hitler, que os muçulmanos chamavam de Haydar e Abu Ali Haji, evocava as páginas do *Anticristo* esquecidas por Guillaume Faye. Sob a dominação dos árabes, a civilização atingiu um nível que raramente se repetiu, com o triunfo da barbárie. O espírito cavalheiresco dos castelhanos é efetivamente uma herança dos árabes. Se Carlos Martel tivesse sido derrotado, o mundo teria mudado sua face. Já que o mundo estava condenado à influência judaica (e seu subproduto, o cristianismo, uma coisa tão insípida!), teria sido melhor que o Islã triunfasse. Essa religião recompensa o heroísmo, promete aos guerreiros a glória do sétimo céu. (Adolf Hitler, *Bormann Vermerke*, Padora, 1980, vol. III, p. 582-83, ou em espanhol: *Anatomía de un Dictador: Conversaciones de Sobremesa en el Cuartel General del Führer*, Barcelona, 1965).

Goethe, o grande europeu, também teria revelado sem rodeios sua profunda inclinação e admiração pelo Islã. Em suas *Cartas* ele confessa que "mais cedo ou mais tarde deveremos professar o Islã [...]. É no Islã que encontro minhas ideias totalmente refletidas [...]. Que o Corão seja o Livro dos livros. Creio como um muçulmano crê: devemos perseverar no Islã". Em suas *Noten und Abhandlungen zum West-Östlichen Divan*, Goethe se expressa de forma inequívoca sobre os dois pontos fundamentais que constituem a essência doutrinária do Islã. Atesta a doutrina da Unidade Divina: "A fé no Deus único tem sempre o efeito de elevar o espírito, porque assinala para o homem a unidade de seu próprio ser". "Ele é um profeta, e não um poeta, e por isso o Corão deve ser considerado uma lei divina, não o livro de um ser humano, escrito com fins ilustrativos ou de entretenimento". (Hajj Abu Bakr Rieger, "Goethe como Muçulmano", *Revista de Historia y Pensamiento*, n. 2, 2001).

A ligação espiritual que existiria entre Heidegger e o Islã é destacado por Claudio Mutti, aliás Omar Amin Mutti, antes de tudo no contexto de sua valorização da entrega do doutorado *honoris causa* ao criptofascista Ernst Jünger, promovida pela Faculdade de Economia (sic) da Universidade do País Basco e dirigida pelo professor Enrique Ojembarrena, um nacionalista basco, convertido, cujo nome agora é Abdelaziz Ojembarrena:

> Participaram do ato algumas personalidades da cultura europeia. Vintila Horia, que realçou a relação de Jünger com Heidegger. O xeque Abdalqadir al-Murabit, líder de um movimento islâmico propagado na Espanha, na Alemanha e na Escócia, disse: *"Freiheit is Existenz*. E isto se chama Islã". O professor Omar Amin Kohl, do Institut für Freiheitstudien de Freiburg im Breisgau também enquadrou a obra de Jünger e Heidegger sob uma perspectiva análoga. De resto, no que se refere especificamente a Heidegger, é conhecido o interesse demonstrado por sua obra em ambientes muçulmanos.

Mutti relativiza, além disso, o suposto "europeu" de gregos e romanos, e acredita ver em suas teologias e filosofias uma relação espiritual implícita com o monoteísmo islâmico: "De sua parte, o Islã reconheceu em diversos representantes da sabedoria grega os porta-bandeiras da doutrina da unidade (*Tawhid*), núcleo e fundamento da tradição essencial, o futuro verdadeiramente 'futurista' da Europa". Mutti recorda, por último e uma vez mais, a inconsequência de Guillaume Faye: "G. Faye escreve que 'é preciso reconciliar Evola com Marinetti', mas não lembra que justamente Evola definiu o Islã como 'tradição de nível superior, não apenas ao judaísmo, mas também às crenças que conquistaram o Ocidente'" (Julius Evola, *Rebelión contra el Mundo Moderno*, Buenos Aires, 1994, p. 307). Marinetti, por sua vez, na obra *A Fascinação do Egito* (1933), tinha ficado "cativado pelo mecanismo sagrado dos dervixes".

A alusão de Mutti ao ato em que os grupos islâmicos da Universidade do País Basco entregaram um *honoris causa* a Ernst Jünger tem um pano de fundo que vale a pena detalhar melhor. É de esperar que alguém faça isso com seriedade e sóbria exatidão. Certamente, a presença islâmica na Espanha está desde sempre carregada de explosividade, mas, graças aos crimes recentes do terrorismo islâmico, o problema estendeu suas implicações a respeito do mais vasto significado político e espiritual para tematizar o fenômeno terrorista mais geral. Aqui, e de uma forma absolutamente pontual, gostaria de mencionar um texto decerto tão primitivo quanto a maioria dos que cito neste livro, mas de grande significação, porque serve para a articulação ideológica de seguidores potenciais.

Na página <www.mezquitadegranada.com>, reproduz-se uma conferência de Hajj Jalid Nieto, de 18 de janeiro de 2006, com o título "Sociedade e Educação". A fim de preparar os ouvintes para escutar sua mensagem transcendental, Jalid Nieto enumera uma longa série de perguntas que procuram questionar de forma muito radical o estatuto histórico e político da modernidade. Certamente, visualizando-a a partir de seus desvios e sem entendê-los como inconsequência. Essa longa série – que inclui a ecologia, a economia neoliberal, a estética do monstruoso, a tortura, a filantropia financeira, as armas nucleares, o consumismo, o medo como motor do Estado, a arbitrariedade das fronteiras, a globalização e, em particular, a "amputação do discurso filosófico de sua relação com a vida e com a compreensão do político" – sugere a ele esta pergunta: "Sob que projeto social nos incapacitamos para ler os signos que o Ser escreve em nós mesmos e no horizonte?". A denúncia embutida na pergunta tem uma resposta afirmativa e espiritualmente fecunda: "A maior arma que temos é a Vida. Por mais que queiramos, sempre será a vida que nos proporcionará momentos de reflexão e experiência que nos afastarão do dogmatismo a que nos querem submeter. A própria vida é a batalha contra quem luta e considera a batalha perdida. Porque a vida com maiúscula é Alá". Nessa mistura de biologismo transcendental, vitalismo voluntarista e teocratismo fundamentalista, o conferencista descobre um aliado filosófico decisivo:

> Não podem dominar, não podem tomar o lugar que Alá deu ao homem genuíno, ao homem autêntico. E essa palavra – autêntica – introduz em nosso discurso uma das pessoas que mais contribuíram para a filosofia do Ocidente: Heidegger. A autenticidade, como virtude que encontra correspondência na sinceridade, é introduzida em nosso discurso e conectada à nossa vida. É o que vai ajudar a transformar o mundo [...]. Não há neste nosso mundo uma ética ou metafísica que fale do Ser como o Islã faz, porque o Islã é a submissão dos seres ao Ser, e não há uma ética que fale do Ser como Heidegger falou. Gostaria de ler agora alguns parágrafos mostrando como Heidegger conclui a respeito do Ser. No final de sua obra, falando de *Das Sein* e do *Sein*, Heidegger diz: "O Ser é o vazio e ao mesmo tempo a abundância a partir da qual todos os seres conhecidos e experimentados ou desconhecidos, e ainda por experimentar, obtêm a forma essencial de seu próprio ser individual. O Ser é absolutamente universal, encontra-se em cada um dos seres e consequentemente é o mais comum. Perdeu toda a distinção ou talvez nunca a tenha tido. Ao mesmo tempo, o Ser é totalmente singular, sem que seu caráter único possa jamais ser alcançado por qualquer outro ser. Diante de qualquer ser que possa surgir, há sempre outro como ele é, quer dizer, outro ser igual sem importar a variedade de suas formas, mas o Ser não tem réplica. O Ser se apresenta a nós numa variedade de opostos que não podem ser coincidentes, uma vez que sua simples enumeração indica sua ligação interna. O Ser é ao mesmo tempo absolutamente vazio e totalmente abundante, Supremo, Universal e Único. O mais ininteligível e o mais resistente a qualquer conceito, já utilizado ou ainda por vir. O mais fidedigno e o mais abismal. O mais esquecido e o mais reservado". Isto é Martin Heidegger e isto é o que o Islã chama da *Tawhid*. Estamos esperando a mais de cinquenta anos para que o discurso de Heidegger aflore na filosofia. Ele foi denegrido na Escola de Frankfurt, e como não atingiram sua

altura, o melhor foi destruí-lo. Mas ele está emergindo. Está emergindo e produzindo pessoas que, com esta linguagem, atrevem-se a falar sobre o que até hoje está sendo proibido. Porque os que o chamam de "nazista" estão dizendo: "Você é culpado, peça-me perdão". E hoje querem igualar essa palavra a terrorista, e terrorista a muçulmano, de maneira que, se eu disser "sou muçulmano", o referencial é: "Terrorista. Nazista. Peça-me perdão. Abaixe-se. Não tenha orgulho. Não seja nobre. Viva no ressentimento". E nós muçulmanos dizemos: "Não. *La ilaha ila Allah*, não há um deus a não ser Alá" e "Não adoramos a dor" e "A sua dor não é maior do que a de outras pessoas". É isto o que a linguagem filosófica está desentranhando em nosso tempo e está abrindo para poder incidir em desculpabilizar o gênero dessa culpa insidiosa. *As-salamu alaikum*.[3]

Certamente, também na Espanha aparecem progressivamente os sinais de expansão do fundamentalismo islâmico mais radical. Há alguns anos, um religioso se permitia editar um folheto em que se instruía os homens sobre a melhor forma de espancar suas mulheres sem deixar marcas que os deixassem à mercê da justiça. Hoje, no final de 2009, a polícia descobre que, em Toledo, porque não usava o véu, uma mulher marroquina residente na Espanha recebeu de dois compatriotas, que não eram seus parentes, uma surra tão violenta que acabou sofrendo um aborto.

8. HEIDEGGER, SHAMIL BASAYEV, DOKU UMAROV E O EMIRADO DO CÁUCASO

Na Proclamação do Emirado do Cáucaso, emitida em 2006 pela agência Kali-Yuga, o órgão publicitário oficial dos jihadistas chechenos, pode-se ler uma afirmação surpreendente:

> Nenhum periódico do dia nem de outras datas próximas informará o que esta Agência difunde com o objetivo de que as pessoas que se

---

[3] *As-salamu alaikum* [Que a paz esteja sobre vós]: expressão de cumprimento usual entre os muçulmanos. (N. T.)

interessam pelo que se passa no mundo não permaneçam na ignorância, acreditando nos dogmas sagrados da religião de montagem dos Estados Unidos como o Novo Jeová. Como verdade fundamental, imagina-se que Bush e Putin são os grandes inimigos. Para ajudar a romper com tais esquemas, queremos lhes apresentar Doku Umarov, um sobrevivente da rebelião chechena, e que substituiu Shamil Basayev, morto em combate, no comando do movimento independentista. Doku Umarov não é amigo de Putin nem de Bush, porque, seguindo à sua maneira aquilo que foi formulado por Heidegger, considera os dois "metafisicamente iguais". Doku Umarov acha que a guerra das nações, própria da Modernidade, deve ser substituída pela Guerra das Civilizações, como na Antiguidade e na Idade Média, quer dizer, tal qual tinha existido sempre na história antes que a humanidade acreditasse com fanatismo naquela religião crematista, pela qual se aceita o dogma de que o homem é comandado pela economia, que fatalmente governa seu destino. (Agência Kali-Yuga, Emirado do Cáucaso é Proclamado", <http://groups.msn.com/ReportedelKaliYuga/whatsnew.msnw>)

Esse texto é um documento muito importante para tornar manifesto outro caso de recepção da presença da filosofia heideggeriana nas organizações islâmicas mais radicais. É significativo em si mesmo, porque se trata da proclamação de um Emirado, a maior instituição no contexto da *jihad*, a pretensa Guerra Santa, e relativo a um espaço geográfico decisivo em termos geopolíticos. Os Emirados constituem federações de Estados e, no Oriente Médio, seu chefe, o emir, é o comandante militar, governador de uma província e alto funcionário militar. O primeiro a se chamar assim foi o segundo califa, Umar ibn al-Jattab, e esse título foi utilizado por todos os seus sucessores até a abolição do califado em 1924. O *Jahlifah* (sucessor/ vicário), por sua vez, designa os sucessores de Maomé, que teriam herdado dele todos os seus poderes, exceto o dom da profecia, e com isso a capacidade de conduzir um reino teocrático absolutista. Os califados tiveram uma grande vitalidade histórica até o século X, como, por exemplo, o da dinastia Abássida (750-1258), que reuniu dezenas de califas. O último califado sobreviveu subordinado inteiramente à dinastia dos Mamelucos, de 1517 até 1924, com sua sede em Istambul, e submetido ao Império Otomano. Desapareceu completamente com o advento da República da Turquia. Todos os muçulmanos modernos consideram a abolição do califado como um acontecimento desastroso, e sua restauração constitui uma exigência fundamental de todos os seus programas políticos. Por isso o documento que comentamos aqui constitui algo de muito importante, e a alusão formal e decisiva a um momento essencial da filosofia de Martin Heidegger promove, sem reservas, "o terror que Hitler exerce" sobre seus inimigos. O documento afirma:

> A proclamação do Emirado do Cáucaso ocorreu em 22 de novembro de 2006. É o espaço geográfico que pretende agrupar um conjunto de territórios que pertenceram à ex-União Soviética e que em alguns casos continuam fazendo parte da atual República russa, e têm em comum o fato de contar com a maioria de muçulmanos. Fazem parte do novo Emirado as seguintes regiões: Daguestão, Chechênia, Inguchétia, Ossétia, a estepe de Nogay e um conjunto de áreas da região da Cabárdia-Balcária e de Carachai-Circássia. O novo emir é Doku Umarov, um sobrevivente da rebelião chechena contra a ocupação russa. Merece destaque a ligação estreita entre esse movimento e a Al-Qaeda, pois nos dois casos se mantém como metas o emirado e a substituição da legislação vigente de caráter infiel e moderna pela tradicional *sharia*, ou lei islâmica.

É exatamente assim que na Declaração de Princípios do Novo Emirado se proclama

> a necessidade de "combater os infiéis". Nós, os mujahidins, expulsaremos os infiéis e restabeleceremos a *sharia* de Alá em nossa terra. De agora em diante estas terras deixarão de se chamar "República Norte-Caucasiana" ou outras denominações, para voltar a fazer parte do Islã tradicional. Esta região se encontra atualmente ocupada por infiéis, e é Dar al-Harb, território de guerra; nós a transformaremos em Dar al-Islã, estabelecendo a *sharia*. Hoje em dia no Afeganistão, no Iraque,

na Somália e na Palestina nossos irmãos estão combatendo com heroísmo. Todo aquele que atacar o Islã é nosso inimigo. Nosso inimigo não é somente a Rússia, mas também os Estados Unidos e Israel.

O pensamento de Heidegger, em sua extrema e fundamentalista repulsa nazifascista a toda forma de modernidade, já aparecia em 1949 na ideologia de Sayyid Qubt, o fundador do islamismo mais extremado. Aqui, hoje, fortalecendo no mais alto nível o terrorismo checheno, o heideggerianismo fecha o círculo infernal, tornando manifesto todo o seu potencial de inumanidade.

9. HEIDEGGER PARA UMA EUROPA ISLAMITA: AHMED RAMI E SUA REDE INFORMATIVA RÁDIO ISLÃ. HEIDEGGER E A ONTOLOGIA PARA O TERRORISMO

A presença revitalizadora da filosofia de Martin Heidegger nas organizações e personalidades extremistas neonazistas e neofascistas se revela, em geral, na utilização de conceitos ligados indiretamente à teoria e à práxis política. É o caso de sua crítica reacionária e irracionalista à modernidade e à técnica, ou de sua promoção neorromântica da ecologia. Trata-se aí de um heideggerianismo mais ou menos depurado. Só no caso de sua vigência no mundo islâmico fundamentalista é possível verificar a presença dos momentos nazistas mais brutais do pensamento de Heidegger, daqueles que ele elaborou durante sua participação ativa na "revolução" do socialismo alemão. Por exemplo, os textos surgidos na "Manifestação da Ciência Alemã para Adolf Hitler", celebrada em Leipzig em 1933. Eu revelei e examinei o tema em *Heidegger e o Nazismo* (op. cit., p. 253 ss.), e desde seu início constitui uma peça antológica: "O povo alemão foi chamado a votar pelo Führer, mas o Führer não solicita nada ao povo. Melhor dizendo: é ele quem concede ao povo a possibilidade da mais alta decisão: saber se o povo em sua totalidade quer ou não sua própria existência. O povo, amanhã, escolhe nada menos do que seu próprio futuro". Textos como esse foram lidos junto a Heidegger pelos mais ilustres cientistas alemães nazistas, entre eles o professor Eugen Fischer, perito em eugenia e figura emblemática para a política de esterilização e extermínio. Heidegger se mobilizou para conseguir o financiamento de um livro com todos esses textos, traduzido e editado de forma luxuosa, a fim de ser enviado a todos os países "cultos" do mundo.

Em sua carta como *Rektor-Führer* aos colegas, registrou de próprio punho a indicação mais reveladora de seu antissemitismo: "Parece-me certamente supérfluo dizer que entre os colaboradores e assinantes não deverá aparecer nenhum não ariano. Martin Heidegger". Esse texto completo, incluindo o de Fischer, foi publicado recentemente pela rede informativa Rádio Islã, de Ahmed Rami, com uma capa em que se coloca o texto de Heidegger como o mais importante. A rede islâmica é difundida a partir de Estocolmo, em sueco, francês, alemão, inglês e norueguês. Seu redator-chefe, Ahmed Rami, foi nesse meio-tempo condenado a seis meses na Suécia por suas grosserias antissemitas e nazistas. O texto de Heidegger aparece ao lado de outros, como o de Robert Faurisson, o negacionista que conta com Heidegger entre seus pares, e naturalmente os Protocolos dos Sábios do Sião. Rami é um ex-oficial do Exército marroquino que, em 1972, tentou assassinar o rei Hassan II no contexto de um golpe de Estado pró-islamita.

Como em outros casos, e sem perguntar muito, foi acolhido pelo governo social-democrata sueco e recebido pessoalmente como "herói" por Olof Palme. Em 1993, Ahmed Rami publicou também uma entrevista com o lendário major Otto Ernst Remer, que havia exterminado os envolvidos no atentado a Hitler de 1944. Depois da guerra, transformou-se num dos neonazistas mais proeminentes, cofundador e vice-presidente do Sozialistische Reichspartei. Refugiou-se primeiro na Síria e na Espanha, cujos governos o protegeram da justiça internacional. O proeminente revisionista suíço Jürgen Graf define assim o ativista Rami:

As sociedades islâmicas, inclusive aquelas como a iraniana, que se esforçam para ter uma política independente, sofrem com a falta de quadros militantes cultos e conhecedores da mentalidade, da história e da política ocidentais. Necessitam urgentemente de Ahmed Rami. Todos nós que desejamos algo de bom para os árabes e os muçulmanos, uma independência política e espiritual do imperialismo americano e sionista, ansiamos que surjam muitos Ahmed Rami. (Rádio Islã, *Ein Leben für die Freiheit*, <http://radioislam.org/einsleb.htm>)

Rami se explica sem deixar dúvidas: "Muitas e muitas vezes os grandes condutores espirituais da humanidade pensaram em que constitui a essência do mal e da perversidade. Chegaram à conclusão de que, se o demônio existe, ele está presente e se expressa na Torá judaica ou no Talmud, e sabem que eles são o Testamento do Demônio. Os Protocolos dos Sábios do Sião encarnam esses textos satânicos. (Rádio Islã, Ahmed Rami, *Ein moderner Hexenprozess*, <www.radio-islam.org/deutsch/deutsch.htm>).

Entre esta doutrina e a filosofia de Martin Heidegger, existe uma ligação sombria. Em nossa época, os horrores do terrorismo islâmico não conhecem limites. A *jihad* contra todos os "infiéis" e sua proclamação "Odiamos mais os judeus do que amamos nossos filhos" incluem algo assim como um Holocausto planetário. Já em 1938, antes que os nazistas tivessem desencadeado a guerra total para dominar o mundo, Martin Heidegger havia escrito aquele que Rainer Marten chamou de "o texto mais terrível concebido por um filósofo". Do mesmo modo como os islamitas distinguem qualitativamente entre muçulmanos e "infiéis", Heidegger distinguia entre seres "autênticos" e "inautênticos", entre povos que assumem histórica e ontologicamente a "verdade do Ser" e os que constitutivamente são incapazes disso. Naquela época, Heidegger já via entre estes últimos, acima de tudo os americanos, uma "massa humana" que não é um povo, os criadores da modernidade, e que ele denunciava como os construtores do gigantismo. Heidegger convida ao seu extermínio: "Não há nenhuma evidência mais consistente do abandono do Ser do que isto: o fato de que a massa humana que se desanuvia no gigantesco e em sua construção não tem sequer a dignidade de encontrar seu próprio aniquilamento pelo caminho mais curto (Martin Heidegger, *Beiträge zur Philosophie*: *Vom Ereignis* (*Gesamtausgabe*, vol. 65), Frankfurt am Maim, 1989, p. 113).

10. UMAR IBRAHIM VADILLO: MARTIN HEIDEGGER E UMA CRÍTICA ISLÂMICA DA ECONOMIA. "HEIDEGGER FOR MUSLIMS" (2005)

Nas reflexões anteriores sobre os vínculos de personalidades ou instituições islâmicas fundamentalistas com o pensamento de Heidegger, os pontos em comum são o irracionalismo e o Ocidente, isto é, contra a tolerância e o senso comum, o agressivo culto romântico alienado pelo "heroico" e pelo "primitivo originário", a ligação irracional a símbolos como "o chão", "o sangue" e "dominar" o mundo a partir do "Povo" superior. Os "não alemães" e os "infiéis" devem ser "resgatados" pelos "autênticos" e pelos "fiéis", ainda que contra sua vontade. A crítica à Civilização e à Técnica se baseia nesses preconceitos radicais e irrenunciáveis.

O texto do religioso Umar Ibrahim Vadillo nos situa diante de um horizonte muito diferente. Trata-se aqui de uma tentativa islamita de penetrar no elo mais relevante da modernidade ocidental: a economia. Ela talvez seja um assunto vital para a concretização dos princípios da modernidade na sociedade liberal, aquela que cria condições de possibilidade da vida histórica e social. A ligação da ideologia contida no Corão com a atividade econômica não vem de longa data: é possível consultar dados gerais confiáveis nos textos da Comunidade Muçulmana Ahmadi, como "O Islã e a Economia" (<http://islamahmadiyya.es>), ou os textos de Ahmad Mohamad do Banco Islâmico de Desenvolvimento relativos ao *zakat*[4] (<http://www.reingexcom/Islam-Economia.shtml>). Mas foi no texto de Umar Ibrahim Vadillo que encontrei pela primeira vez uma afirmação da relação transcendental que um economista islâmico estabelece entre sua religião e a filosofia de Heidegger. Os resultados de suas conclusões são certamente medíocres e sem substância filosófica ou econômica, mas a influência do autor no mundo islâmico dá a seus textos um nível de importância social. Sua significação geopolítica, religiosa e proselitista deve ser levada em conta.

A instituição de onde Umar Ibrahim exerce seu proselitismo é o Dallas College, localizado num ponto nevrálgico dos Estados Unidos. O Dallas College, na Cidade do Cabo, foi fundado pelo religioso e pedagogo Abd al-Qadir com "a função de educar e criar uma nova geração dotada de capacidade de condução espiritual em nível nacional e internacional para a expansão doutrinária muçulmana" (Dallas College, "Leadership for Young Muslims", <www.dallascollegect.com/?page_id=2>). É alucinante verificar todo o material informativo que ilustra a intensa atividade desse centro destinado a influenciar e doutrinar a juventude norte-americana, e também naturalmente a de fala hispânica, com os dogmas islâmicos. Se pensarmos no intenso uso conspiratório de que os movimentos totalitários lançam mão, aproveitando as vantagens da sociedade livre, podemos calcular a importância dessas escolas instaladas no meio dos Estados Unidos. Essa atividade que promove a destruição da sociedade livre e sua substituição por outra, articulada segundo a *sharia*, é certamente o fundamento ideológico-operacional do recrutamento massivo de jihadistas para a Guerra Santa. Isso não começou com as Torres Gêmeas nem há de terminar na Paris de nossos dias. Nas dúzias

---

[4] *Zakat*: tributo religioso considerado o terceiro dos cinco pilares do Islã e traduzido erroneamente como "esmola". Significa, literalmente, "crescer" ou "aumentar". Seu pagamento anual é obrigatório para todos os muçulmanos. (N. T.)

de mesquitas que são toleradas em Madri, Paris, Berlim, Londres, Roma, Estocolmo, Amsterdam e também em Caracas, funcionam escolas como o Dallas College.

O texto que me interessa aqui, "Heidegger for Muslims" [Heidegger para Muçulmanos],[5] é um típico paper daqueles que são entregues nos *colleges* norte-americanos, facilmente memorizáveis e que podem ser usados posteriormente para doutrinação. É um conjunto de quatro capítulos em que Ibrahim procura demonstrar suas teses.

Umar Ibrahim Vadillo é um intelectual islamita de prestígio internacional e de uma sólida formação. Estudou economia e filosofia em Freiburg im Breisgau, a cidade universitária de Heidegger, e leciona como catedrático de economia e islamismo na Malásia, na Indonésia e no Marrocos. É presidente da Islamic World Trade Organisation-Islamic Mint. Sua obra mais importante é *Uma Crítica Islâmica da Economia*, de 2005 (<www.eumed.net/libros>). O que se informa sobre seu importante papel no mundo da economia e das finanças é: "O professor Umar Ibrahim Vadillo é o precursor na introdução do dinar[6] de ouro para as transações comerciais entre o Iêmen e o resto dos países árabes, e também em seu comércio internacional, com a intenção de minimizar a dependência do dólar americano. A Malásia começou a usar antes de 2005 o dinar de ouro em suas transações comerciais (<https://www.oroyfinanzas.com/tag/profesor-omar-ibrahim-vadillo/>).

11. "HEIDEGGER PARA MUÇULMANOS"

Na Introdução, Umar Ibrahim enuncia a importância, as possibilidades e também os limites de se ocupar espiritualmente com o pensamento heideggeriano:

---

[5] Disponível em: <http://www.slideserve.co.uk/heidegger-for-muslims-shaykh-umar-ibrahim-vadillo>. (N. T.)

[6] Moeda nacional de diversos países, em geral árabes. (N. T.)

Antes de tudo, temos que saber o que um muçulmano pode esperar do estudo de Heidegger. Ele não era um muçulmano, e também não pode nos ajudar a obter respostas sobre o Islã. Em compensação, Heidegger pode nos ajudar a entender o caminho do pensamento que predominou no Ocidente e que se expandiu em todo o mundo. Heidegger o chama de Metafísica. Seu caminho próprio é a filosofia, na medida em que recuperou e restaurou o verdadeiro sentido do termo, segundo sua origem e a intenção de seus pais: os Gregos Antigos. Platão e Aristóteles foram os iniciadores da filosofia ao modo ocidental, um caminho falso que levou ao "Esquecimento do Ser". Heidegger foi quem deixou claro que, por esse caminho, não se pode chegar a pensar a Verdade, que aquilo que a Metafísica chama de "verdade" não é "a Verdade". (Op. cit., p. 2)

Pela mão de Martin Heidegger, Vadillo explica que

nas escolas ocidentais se afirma que o pensar é o pensar da ciência, da tecnologia, da teologia, da psicologia, etc. É daqui que Heidegger emerge, na medida em que ele nos faz pensar o impensável, a saber, que o nosso caminho é um caminho equivocado. Que o pensamento com o qual criamos tudo o que está à nossa volta – a tecnologia, a democracia [sic – VF], a economia e até Deus – é um caminho falso. Foi uma coisa chocante. É por isso que Heidegger é tão importante, e justamente também para nós, muçulmanos. Em certo sentido, Heidegger, sem saber, estava falando conosco, e para nós... (Op. cit., p. 3)

E mais:

Heidegger, no entanto, deixou coisas a serem resolvidas. Com ele, acabaram a metafísica ocidental e também a democracia. Mas ele só assinala vagamente o caminho a seguir. Só engrandece o "poético", o âmbito em que as coisas se revelam por si mesmas. Nada mais. É uma coisa importante, porque ninguém também diz nada sobre o caminho aberto. Isso é natural, porque a solução para o enigma do pensar e da filosofia é uma só: o Islã. Só o Islã pode ir mais além. O único destino que o pensar ocidental pode ter, para o próprio Ocidente, é o Islã. É por isso que se pode dizer que Heidegger fala para nós, porque somente nós, muçulmanos, podemos resolver os problemas do pensar. (Op. cit., p. 3-4)

Assim, Heidegger tem também a função transcendental de libertar os muçulmanos do lastro prejudicial da tradição ocidental, algo que teria começado com Averróis, ajudando-os a redescobrir o Islã em sua pureza originária. Por outro lado, parece altamente sugestiva a explicação de Umar Ibrahim sobre "quem" foi Heidegger (p. 4): "Escreveu mais de cem livros e sua obra ainda não foi totalmente publicada, e por isso se pode dizer que ainda não terminamos de descobri-lo". Certamente Ibrahim não desperdiça nenhuma palavra para explicar a ligação do pensador com o nazifascismo.

Na Primeira Lição, num parágrafo chamado "Advertência", Ibrahim afirma que, ao percorrer o caminho do pensamento com Heidegger, "superamos a superstição que nos chega até hoje, e com Heidegger ficamos preparados para uma grande aventura, aquela que nos fará compreender melhor e com grande alegria o nosso Islã" (op. cit., p. 5). Na Segunda Lição, "Pensamento e Verdade", Ibrahim anuncia que o conceito heideggeriano de verdade como revelação opera de uma forma análoga à compreensão sufista da "Verdade". A célebre e notável afirmação de Heidegger – "a ciência não pensa" – representou certamente um verdadeiro "choque" em todo o Ocidente, porque colocou definitivamente em questão o "essencialismo" em que a ciência se baseia. Ibrahim o chama inclusive de "uma superstição" (op. cit., p. 7).

É por isso que a pergunta "O que é Alá?" jamais poderia ser respondida com um "que", um "como" ou um "quem", porque Alá transcende tudo isso. Em relação a Alá, nunca somos observadores, mas sempre somente observados. É o que os sufis chamam de *Ihsan*[7] (op. cit., p. 9). Com isso, altera-se totalmente a "relação" entre a Verdade e o Pensamento. A teologia se pergunta pela verdade e responde que ela é Deus. Com isso, descobre somente "Deus, mas não Alá, exatamente porque a teologia não pensa" (op. cit., p. 9). O famoso

---

[7] Perfeição, excelência. (N. T.)

"senso comum" e "o óbvio" são apenas falácias e preconceitos: "O senso comum é cego para aquilo que filosoficamente se deve chamar de visão essencial" (op. cit., p. 10). Com isso, Ibrahim coloca certamente em questão a viga mestra sobre a qual se baseiam a filosofia, a vida cotidiana e a filosofia política da Revolução Americana: o senso comum, que fundamenta a igualdade, a tolerância e a racionalidade compartilhada e compartilhável. O muçulmano, por definição, adere a um pensamento que só pode receber "iluminação" a partir de uma instância sagrada, essencialmente inalcançável e incompreensível. Inclusive o "cristianismo genérico" norte-americano (Jacques Maritain) pressupõe uma continuidade entre a razão e o dogma da fé, aqui atacados frontalmente como o sistema em que os jovens da América do Norte são educados.

Mas Heidegger deve servir inclusive para distinguir entre o islamismo ortodoxo e o impróprio. "Dizemos *Allahul Haqq*, mas podemos entender isso sem relação com o Um, e reduzi-lo à pura concordância entre o julgamento e o objeto" (op. cit., p. 11). "É uma situação análoga à descoberta por Heidegger em relação à compreensão originária de Parmênides e Heráclito, diferentemente do que afirmaram Platão, Aristóteles, Descartes, Leibniz, Hegel, Schopenhauer e Nietzsche" (op. cit., p. 12).

Na Terceira Lição, Ibrahim volta a se distanciar – via Heidegger – da relação que a versão do Ser e do Pensamento teve no Islã, segundo Ibn Rushd (Averróis). Mas, antes de mais nada, ele aponta violentamente não só contra a filosofia ocidental, mas particularmente contra o cristianismo. Não é a filosofia do Ocidente, mas justamente sua religião, o que "escondeu o Ser": "É o cristianismo, é esta religião tardia, que ignora e destrói o pensamento dos gregos, fazendo com que o Ser caia no esquecimento" (op. cit., p. 19).

Na Quarta e última Lição, Ibrahim tematiza inicialmente a noção heideggeriana de "homem" e sua reelaboração no pensamento islâmico. Com Martin Heidegger, o tradicional "animal racional" teria ficado definitivamente superado no *Dasein* [todos os islamitas conservam o termo alemão!]. O *Dasein* é assim o ente ocupado de seu ser na *Lichtung* (sic), e com isso é Heidegger quem supera definitivamente toda forma de "humanismo". Todo o pensar – e também o científico – fundamentado no essencialismo cartesiano substancialista deve ser esquecido. Trata-se da proeminência definitiva da "existência sobre a essência" (op. cit., p. 24). Também o sem sentido do que significa "ser pessoa". No entanto, a condição absoluta para entrar na *Lichtung*, e compreender assim o Ser, é ser uma existência "autêntica". Isso só acontece quando o *Dasein* integra seu ser à Morte:

> Autêntico é relembrar Morte e Verdade. Aqui e então se revela para nós como e onde devemos introduzir Heidegger em nosso território. Para os sufis, o que elimina os véus que encobrem o ser não é a análise científica e analítica da criação, mas a lembrança/ *dhikr* de Alá (Verdade) a cada momento e a lembrança permanente da Morte. O *Sahaba* (fiel) não para nunca de repetir para si mesmo muitas e muitas vezes: "Morte! Morte!". Para o *kuffar* (infiel), em compensação, a morte só tem o significado do ser biológico. Para nós, a Morte é a relação integral com Alá. (Op. cit., p. 29)

A partir de tudo isso, Ibrahim pretende uma crítica da economia política que deveria resultar de uma síntese com Heidegger entendido dessa maneira. Ele afirma que os conceitos fundamentais da economia ocidental fazem parte da visão "metafísica", pré-heideggeriana, do real e da natureza do ser humano. Acima de tudo, diz que é falso afirmar que a economia é o fator essencial e constitutivo da vida do homem. É o que deve ficar claro quando ele analisa os dois conceitos fundamentais da economia: a Propriedade e o Valor. A propriedade é uma noção equivocada. "Ser Proprietário" não coincide com a realidade, porque ela exige que a "propriedade seja exercida". A compra da metade mais 1% das ações de uma empresa transforma seu proprietário no verdadeiro possuidor, e aquele que pode impor sua vontade sobre o resto dos acionistas minoritários. Com base nisso, valendo-se da fraude implícita nessa situação, o proprietário de fato pode controlar não só empresas, mas também, como sistema, todo o mundo. A "usura" é a "virtude" em que se baseia o sistema que faz dos seres humanos "seres inautênticos":

> No Islã, ter direito a ser proprietário significa poder exercer a propriedade. Numa copropriedade, todos os proprietários formais são proprietários reais e, qualquer que seja sua participação total, têm o status de proprietários. Têm propriedade proporcional. Nesse sentido, a lei islâmica preserva a propriedade existencial porque não pode ser de outra forma. O intercâmbio não muçulmano é sempre uma fraude, porque sempre a outra parte está convencida de que sua utilidade é maior do que a do outro. Se não fosse assim, não haveria intercâmbio... A *Riba* (usura) é o fundamento de todo intercâmbio não islâmico. (Op. cit., p. 30)

É o que se fundamenta no esquecimento de que "a existência está acima da essência".

Certamente, mal se pode compreender que Ibrahim propicie uma economia sem comércio que outorgue vantagens, ao menos relativas segundo tempo e oportunidade. Cabe então lembrar que os impostos, o *zakat*, arrecadados de acordo com a riqueza líquida de cada pessoa, são distribuídos pelo Estado, e com isso são fonte das maiores injustiças. Basta observar os pomposos estilos de vida dos chefes de Estado islâmicos e dos chefes tribais, com seus povos condenados à pobreza, à miséria e à ignorância. Sobre isso, Umar Ibrahim Vadillo nem sequer chegou a compartilhar o populismo nazifascista que Heidegger defendeu em sua versão extremista do nacional-socialismo.

12. HEIDEGGER, O ISLAMISMO IRANIANO E A AMÉRICA LATINA

O convertido argentino ao Islã Ángel Hussain Ali Molina, um importante ideólogo sunita, publicou recentemente um significativo artigo intitulado: "Mulla Sadra, a Filosofia Islâmica e Heidegger.

Encontros e Perspectivas no Mundo Iraniano" (<http://islammdp.blogspot.com.br/2010/12/mulla-sadra-la-filosofia-islamica-y.html >).

O texto, que figura sob o cabeçalho genérico "Islã em Mar Del Plata", torna manifesta a intenção estratégica de introduzir na América Latina o islamismo em geral e, em sua variante mais radical, o fundamentalismo sunita iraniano. Ele se inscreve por sua vez no projeto político de instalar em todos os países latino-americanos repúblicas islâmicas, em que se impõe agressivamente a *sharia*, a lei islâmica que reprime com toda a violência qualquer forma de pluralidade ideológica e política, castigando inclusive com a pena de morte e impondo uma discriminação feroz contra as mulheres.

O vínculo com o islamismo que esse estudo atribui à filosofia de Martin Heidegger é muito importante, porque – como vimos mais acima – é exatamente na República Islâmica do Irã, em sua Revolução Islâmica, onde se pode encontrar a maior representatividade da filosofia heideggeriana. No filosófico e no político. É por isso que, como absoluta consequência, o ensaio de Hussain Ali Molina termina definindo sua opção filosófica como uma convocatória à ação. O mundo livre e civilizado sabe, a essas altura, o que isso significa na boca de um muçulmano iraniano, particularmente no que se refere à legitimidade e à segurança do Estado de Israel e dos seres humanos que vivem nele.

O estudo começa com uma declaração genérica:

> Explorar o universo filosófico islâmico pressupõe questionar a validade e o sentido dos conceitos de que usualmente nos servimos para nos definirmos em termos culturais. Reafirma-se aqui imediatamente a função relevante do iranólogo francês Henri Corbin, que constata que a filosofia islâmica apenas "transladou" seu centro de produção para Al Shraq, o Oriente do mundo islâmico, especialmente para o espaço cultural persa.

O "desconhecimento" do Ocidente em relação a isso implica a incompreensão da política, particularmente a mais recente. Exemplo disso é a Revolução Islâmica do Irã em 1979, encabeçada por um aiatolá herdeiro da tradição islâmica persa que floresceu sob a dinastia Safari no século XVI. Hussain Molina acrescenta: "São os resultados das novas e originais produções atravessadas pelo entrelaçamento ideológico-simbólico do Islã xiita".

Mulla Sadra (Sadr al-Din Shirazi) é apresentado como o expoente mais importante desse período de resplendor cultural iniciado por volta de 1500, e como o pensador exerceu maior influência em todas as gerações de pensadores muçulmanos: "Mulla Sadra soube se concentrar em todas as vicissitudes de ser, num esforço que só pode ser comparado com o que o filósofo alemão Martin Heidegger empreenderia no século XX". Mulla Sadra teve uma enorme influência política no Irã nos séculos XVII e XVIII, mas também estabeleceu os fundamentos filosóficos de movimentos revolucionários da segunda metade do século XX. "Sua escola, a de Isfahan", afirma Molina, "ao pensar o homem como projeto, e também a comunidade e sua organização, ganha um caráter dinâmico." Molina acrescenta: "Sob o imperativo do Ser estipulado no Corão, o homem se lança à realização como criatura que pergunta pelo ser e na qualidade de membro de uma comunidade sempre mutante que deve despertar as comunidades do torpor intelectual. A transformação política e social é obrigatória e necessária [...]. É o que o próprio aiatolá Khomeini destaca".

Certamente, o ideólogo Hussain Molina procura reunir os motivos gerais e particulares com que Heidegger fundamentou filosoficamente o nazismo, utilizando sua própria filosofia com o islamismo tradicional no pensamento de Mulla Sadra. "Os historiadores ocidentais especializados no assim chamado pensamento árabe – Rafael R. Guerreiro e Miguel Ruz Hernández – teriam se enganado ao afirmar que a filosofia islâmica desapareceu enquanto tal depois da morte de Averróis (Ibn Rushd), quer dizer, desde que seus pensadores abandonaram os modelos gregos."

Justamente é Martin Heidegger quem, de forma análoga, distancia-se de um modo revolucionário da crença de que só existe um pensamento clássico e paradigmático ocidental:

> Para Heidegger, em compensação, a ideia da filosofia ocidental é ser Metafísica, pensar o ser do ente sem chegar a se ocupar do próprio ser. O "esquecimento do ser" é o que constitui a própria matriz do pensamento ocidental. O sábio Mulla Sadra e sua escola se caracterizam, da mesma forma, por se colocar à margem de "tarefas metafísicas" no sentido da crítica heideggeriana. É o que se reflete no Kitab al Mashair (o Livro dos conhecimentos ontológicos), traduzido para o francês por Henri Corbin.

Mulla Sadra nasceu em 1570 em Shiraz (atual Irã) e é uma figura central do assim chamado Renascimento Safari, liderado pela dinastia Safari, que impôs o Islã como religião de Estado na vertente xiita. Até então, era uma escola heterodoxa. Suas referências fundamentais eram Ibn Sing e Ibn Arabi de Múrcia. No Oriente a tradição, diferentemente da versão ocidental, é entendida como o Depositário de um conhecimento chamado *Ishraqui* (que pode ser traduzido simultaneamente como *oriental* e *luminoso*). O Oriente é, portanto, o berço da luz de todo conhecimento verdadeiro e transcendente. O Ocidente é o lugar onde a luz morre, o espaço da decadência.

A recuperação do pensamento de Avicena pelo Ocidente é uma mutilação de suas origens. É justamente a partir daí que Mulla Sadra fará sua crítica das ideias muçulmanas imperantes e atribuirá a elas o esquecimento do ser, um esquecimento em que é substituído por "um ente superior". Por isso Hussain Ali Molina afirma: "Para Mulla Sadra, a metafísica essencialista é produto da entronização do ente, a tentativa de coisificar o ser do ente". Aceitar isso, tentar superar o ente, é um ato violento e revolucionário, que altera tudo o que é puramente vigente. Exige que se transcenda à comodidade e à preguiça intelectual que pressupõe a aceitação dessa tirania. A filosofia se transforma assim interiormente, a partir de si mesma, em práxis revolucionária, contra a "tirania" da inautenticidade ontológica. O mulá Molina cita um dos Ditos Proféticos (*Ahadiz*) que têm "uma categoria só inferior ao Corão e exigem uma exegese mística". Nesse dito Mulla Sadra "se oculta num dito do Profeta que tematiza as centelhas luminosas do ser operando as transformações existenciais inerentes à intensidade com que o ser é revelado. Porque o existir indagador, a intensidade revelada, implicará também a transformação do ente".

Hussain Molina faz, com tudo isso, uma simbiose improvisada e imaginativa de generalidades heideggerianas com o pensamento iraniano, e ao fazer isso conclui apresentando propostas revolucionárias de políticas autoritárias. O comentarista iraniano moderno Ashtiyan, diz Molina,

> afirma com razão que a doutrina sadriana é fundamentalmente revolucionária na medida em que nenhuma essência é anterior a seu ato de existir, e rompe com toda a tradição islâmica anterior. Mulla Sadra supera, junto com Heidegger, a ideia do deus ocidental. Quando Heidegger, em sua entrevista a *Der Spiegel*, diz que "só um deus pode nos salvar", pensa em um totalmente outro em relação aos deuses já havidos, e mais ainda em relação aos dos cristãos...

Cabe fazer aqui um comentário fundamental sobre as arbitrariedades de Molina. O Deus da nossa civilização e cultura ocidentais não procede na verdade do Ocidente: é o Deus dos judeus assumido pelos cristãos. É muito importante levar em conta que os islamitas, como Nietzsche e Heidegger, pensam e proclamam decididamente que o Deus que deve ser declarado como "morto" só pode ser o Deus judaico-cristão. E, como na verdade não é possível imaginar os judeus sem Deus, a conclamação do niilismo pagão ou neopagão equivale a exterminar os judeus já no pensamento. É por isso que o mulá Molina afirma que o deus "que é preciso abandonar é o filho da metafísica, o deus que na opinião de Nietzsche deveria morrer porque é compassivo com o inferior e o fraco. É o Deus dos infiéis". É aquele que, segundo todo islamita, deve desaparecer inclusive porque os próprios infiéis o assassinaram. É o deus da Declaração Universal dos Direitos Humanos, da tolerância e do consenso, redescoberto pelo Iluminismo francês e americano. "Não é estranho que o islamólogo Henri Corbin tenha sido o primeiro a tornar manifesta a equivalência entre os dois pensadores, na condição de primeiro tradutor de Heidegger para o francês. Em Corbin, o primeiro interesse é comprovar a ideia comum da revelação (*kashf al-mahjub*) daquilo que está oculto."

Molina cita Mulla Sadra mesmo numa fantasiosa e pitoresca súplica islamita-heideggeriana:

> Que o Senhor me guie para superar a ideia das quididades[8] e o subjetivo da existência. Louvado seja Deus que me fez ver que as existências são realidades primordiais e as quididades não exalam de modo algum o perfume da existência.
>
> [...]
>
> O descuido do ser pela filosofia islâmica tradicional é a origem de erros graves. Para Mulla Sadra, como ele mesmo havia escrito, a questão do ser é o fundamento dos princípios teosóficos e teológicos. Os segredos e arcanos escaparão a quem esquecer o ser.

Isso, segundo Molina, é o que foi feito e tentado por Martin Heidegger, que tenta resgatar o ser que a filosofia ocidental abandonou por trás dos véus do ôntico. É, nas suas palavras, "a falta mais grave da filosofia europeia, já que, longe de ser um simples descuido da memória, trata-se de uma construção discursiva sobre a qual se construiu a matriz do pensamento ocidental" (Corbin). Os autores islâmicos assumem assim a agressividade heideggeriana contra a *ratio*. Eles a unem ao pensador decisivo do islamismo sunita iraniano e articulam as duas "vertentes" numa filosofia para a práxis revolucionária

---

[8] Quididade: categoria da filosofia escolástica que designa aquilo que é fundamental ou essencial (em alguma coisa); a essência de algo. (N. T.)

violenta, numa "convocatória para a ação" a todos os latino-americanos (<http://www.redislam.net 2013/07>).

O texto anterior faz parte de toda uma série de publicações periódicas de um centro de propaganda islâmica pró-iraniana, instalado na Argentina, mas que fornece informação a todos os países do subcontinente. Seu programa estratégico reza: "Rumo à confirmação de um Islã nacional e popular". O texto revela certamente uma ligação orgânica com setores peronistas criptofascistas e populistas. O programa informativo revela um conteúdo bem característico: Islã/ Oração/ Corão/ Suna/ Xiismo/ Mulher/ Ocidente/ América Latina/ Bases Militares/ Bin Laden/ Brasil/ Che Guevara/ Colonos Judeus/ Quarta Frota Naval/ Heidegger/ Irmãos Muçulmanos/ Irã/ Islã latino-americano/ Judeus/ *Sharia*/ *Jihad*. Em outro ensaio ("Sobre o Medo Construído e as Alternativas", *Islã Revista*, n. 46), Hussain Ali Molina afirma combater os grandes meios de comunicação no Ocidente na hora de apresentar determinado perfil do Islã e do islâmico, voltado para desmoralizar a concepção do mundo a partir das coordenadas do Sagrado Corão. "Os meios de comunicação numa época de primazia da técnica, como diz Heidegger, comportam-se como meios da luta ideológica num espaço mundial em que procura impor os valores e padrões de comportamento das potências hegemônicas." Molina promove assim uma crítica ao sistema liberal e democrático – uma ordem que difunde certamente suas ideias próprias, mas que, ao fazer isso, garante a liberdade dos possíveis contraditores. Ou seja, diferentemente dos regimes totalitários baseados em ideias como as de Mulla Sadra e Martin Heidegger. "Queremos destacar os profundos valores espirituais emanados do Sagrado Corão, sobre uma forma de vida comunitária plena." A concepção nazifascista da "Comunidade do Povo" (*Volksgemeinschaft*), comandada por um Führer esclarecido e insubstituível é vinculada aqui à "vida comunitária plena" islâmica ou nazifascista, que discrimina os seres humanos em "fiéis" e "infiéis", arianos ou judeus, com direitos diferenciados.

Numa espécie de súplica ou invocação, a organização Islã Indo-Americano, da qual o mulá Molina faz parte, proclama: "Louvado seja o Todo-Poderoso; Suas bênçãos sejam para o Profeta Maomé (P.B.D.) e para sua nobre família. Convencidos da importância de desenvolver um Islã atento à especificidade indo-americana, que haverá de enriquecer a Comunidade Islâmica Mundial, tornaremos a Verdade manifesta". O caráter exclusivista da Verdade Islâmica como a verdade absoluta é característica desse tipo de totalitarismo. Por outro lado, a denominação "Indo-americana" procura certamente estabelecer um vínculo direto entre os fiéis islamitas e os indígenas "ou povos originários", também discriminando as culturas "hispânicas" ou latinas e somando-se às vertentes neorracistas de "povos primitivos", que também veem na filosofia de Heidegger uma fonte de inspiração.

O mundo civilizado, nos dias atuais e nos passados, e também o que procura ser civilizado, chama a atenção – às vezes com espanto – para o que significa o islamismo fundamentalista, sempre ligado ao terrorismo ou, no mínimo, à discriminação mais radical. Que a filosofia de Heidegger apareça aqui no meio de um projeto que promove a implantação de sociedades e comunidades teocráticas muçulmanas em toda a América (o continente emblemático da liberdade e da tolerância) é um fato extremamente grave.

Capítulo 5 | Heidegger na América Latina: Nazi-Heideggeriano Norberto Ceresole, o Nacional-Bolchevique Heinz Dieterich e o Populista Antissemita Hugo Chávez

1. A SITUAÇÃO OBJETIVA NA VENEZUELA: O SOCIALISMO DO SÉCULO XXI COMO LOCAL DE ENCONTRO DO MARXISMO E DO NEOFASCISMO

Minha intenção inicial era estudar o heideggerianismo no neofascismo espanhol, mas não encontrei nenhum texto que tivesse um mínimo de relevância. Luis Sánchez de Movellan, por exemplo, apenas repete as generalidades dos franceses, alemães e italianos já comentados, em particular a respeito do antissemitismo ("No 'americanismo', Heidegger vê a ameaça mais direta contra o 'próprio'", Luis Sánchez de Movellan, "Heidegger e o Americanismo", em <www.geocities.com>). Eugenio Gil repete incansavelmente os lugares-comuns, e só afirma de forma improvisada que "o tema da técnica em Heidegger é uma antologia ecológica" (Eugenio Gil, "Heidegger e a Técnica", em <usuários.lycos.es/tabularium/archivo04.html>). O argentino Abel Posse também não reflete sobre nada de novo, mas pelo menos reafirma, com uma citação de Heidegger, a convicção neofascista do mestre: "As projeções possíveis do socialismo hoje devem ser conduzidas e guiadas por uma elite que, no entanto, tem que se manter alheia a toda vontade de poder" (Abel Posse, "Martin Heidegger e o Caminho do Campo", em <http://www.geocities.ws/>). Outro argentino, Carlos Dufour, numa homenagem a Giorgio Locchi, proclama uma filosofia pessoal indefinível, "o supra-humanismo", e aproveita para dizer que "o último Heidegger escreve a palavra "*Sein*" entre rabiscos porque nas fronteiras do pensamento as palavras só podem se expressar quando culminam no rito do suicídio [...]" (Carlos Dufour, "Discurso Mítico na Weltanschauung Supra-Humanista", em <http://fni.cl/textos/otros/discurso-weltanschauung-suprahumanista>).

O ápice inatingível da torpeza é alcançado pelo barcelonês Abel Cutillas, que procura testemunhar torpemente seu heideggerianismo com aforismos carentes de qualquer agudeza, afirmando, por exemplo, que "o Holocausto foi, de certo modo, uma homenagem aos judeus: reconhece-os como povo escolhido" e que "Auschwitz é o clímax das ciências sociais" (A. Cutillas, *Vive Tue*, Fonoll, 2006, p. 13, 27). Certamente é uma novidade a existência de um "Liceo Martin Heidegger – Em Busca da Existência Integral", instalado já faz dez anos no Equador, e onde se educam crianças equatorianas nos cursos primário e secundário. O colégio está obviamente vinculado à Companhia de Jesus, dos jesuítas, porque oferece (entre outras coisas) cursos de "link" sobre Heidegger e Loyola, outro "Curso de Indução para Professores" com o título: Inácio e Martin Heidegger. Certamente chama a atenção que uma ordem religiosa que se esforça com insistência para mostrar uma face "progressista" promova rituais que incluem "Cerimônias de Incorporação" em que são entregues "Medalhas ao Espírito Heideggeriano".

A presença de elementos genéricos constitutivos do pensamento heideggeriano em movimentos políticos sociais deve ser analisada em dois sentidos. Primeiro, de acordo com sua utilização por partidos, organizações ou dirigentes, no contexto de movimentos que podem ser caracterizados, obviamente, segundo seus programas a respeito da sociedade, e nas instituições estatais em que se articulam o poder e os mecanismos que assegurem sua legitimidade. Segundo, de acordo com as propostas filosóficas claramente identificáveis no leque de concepções de mundo vigentes. Embora pareça insólito nos dois sentidos, o movimento político-social que Hugo Chávez procura impor aos venezuelanos oferece um número expressivo de características que permitem verificar a presença de momentos neofascistas perceptíveis na obra de Heidegger e no assim chamado "bolivarianismo" chavista. Apesar do comportamento primitivo de seus atores e do grotesco de sua práxis intelectual, o problema tem relevância histórica não apenas na América Latina.

No quebra-cabeça ideológico que o sustenta, articulam-se o neomarxismo, que procura sobreviver de forma desesperada e dogmática num mundo incompatível com suas categorias tradicionais, e o apelo "revolucionário" a uma nomenclatura irracionalista ("as raízes", "povos", "etnias", "terra", "identidades nacionais", "nichos ecológicos", "gêneros" e "minorias"), que tenta substituir de forma oportunista a nomenclatura tradicional do marxismo autêntico ("classes", "exploração", "contradição"). Por trás do confucionismo primitivo dos novos "esquerdistas", esconde-se também uma ligação crescente entre a assim chamada "extrema direita" (fascismo, nazifascismo) e a "extrema esquerda" (revolucionarismo populista, mobilizações de etnias, anarcoterrorismo espontaneísta, "castro-guevarismo", etc.).

Está aparecendo no mundo ocidental, desenvolvido ou não, um novo conjunto de forças que se consideram uma alternativa ao mundo novo surgido depois do colapso do marxismo. Em 1989, por exemplo, tentou-se organizar no Chile um congresso de fascistas a fim de relembrar o primeiro centenário de nascimento de Adolf Hitler. Minha primeira constatação do aparecimento desse novo conglomerado foi saber que, entre as novas organizações que asseguravam sua presença no evento, surgiu uma Frente Nacional Socialista integrada na Frente Zapatista de Libertação Nacional Mexicana. Mais tarde, vi desfilarem juntos na Alemanha oriental (Magdeburgo, Saxônia e outros lugares) neonazistas e socialistas nacionais que tinham descoberto as generosidades sociais do regime comunista. Pouco tempo depois, vi marcharem unidas as bandeiras neonazistas e comunistas nas ruas de Moscou, e assisti ao renascimento dos "nacional-bolcheviques" na Alemanha, na Rússia e na Itália.

O regime "bolivariano" que se define como "chavismo", quer dizer, usando o nome do Comandante (Caudilho), sem o qual não tem assunto, pertence a esse novo conglomerado. É verdade que, como tinha dito Marx, em *O 18 de Brumário de Luís Bonaparte*, "na História as coisas acontecem primeiro como tragédia e depois, quando se repete, como farsa". Mas na medida em que também dessa vez são milhares (se não forem milhões) as vidas comprometidas, o assunto merece ser levado a sério, quer dizer, analisado rigorosamente. O regime de Chávez já mostrou seu verdadeiro rosto ideológico e político, e com toda a clareza. Ele anulou *de facto* e *de iure*[1] a separação dos poderes do Estado, manipulando a formação do Poder Legislativo e exercendo domínio e pressão sobre o Poder Judiciário. Transformou as Forças Armadas numa guarda pretoriana sob o comando do Comandante. Anunciou a anulação do pluripartidarismo (inclusive para os partidos da esquerda tradicional) e já deu início a um processo agressivo de neutralização dos meios de comunicação de massas, a começar pela mais importante e tradicional cadeira de televisão.

As denúncias e os relatórios da Anistia Internacional revelam um aumento vertiginoso da repressão política e do uso indiscriminado da polícia para exercer a mais extrema violência contra cidadãos não adeptos ao regime. O relatório anual de 2006 da Anistia Internacional sobre a situação dos direitos humanos na Venezuela constata um número crescente de transgressões promovidas pela polícia, como homicídios de supostos delinquentes. Entre 2000 e 2006 morreram mais de 6.100 pessoas nas mãos de policiais em 5.500 incidentes. Dos 6 mil policiais implicados, apenas 517 foram acusados, e menos de 250 estavam presos. Homicídios, "desaparecimentos" e

---

[1] Em latim no original: de fato e de direito. (N. T.)

sequestros foram constantes em seis estados. Mas 98 em cada 100 ficaram impunes. Com procedimentos administrativos e de arrecadação de impostos, pressionou-se para restringir a liberdade de expressão (cf. Ignacio Illañes, *El Mercúrio*, 28 set. 2006). Em 2007, a principal cadeia de televisão de oposição ao regime foi fechada. A tudo isso veio se somar, nos últimos tempos, uma série de pronunciamentos contra os judeus, agressões contra as instituições da comunidade judaica venezuelana, o tradicional nivelamento entre ações das Forças Armadas de Israel contra palestinos e o Holocausto, a comparação entre uma suposta agressividade dos políticos israelenses com o extermínio sistemático e bestial de Adolf Hitler: "O presidente venezuelano Hugo Chávez afirmou na sexta-feira, dia 4, num programa da cadeia de televisão árabe Al Jazeera que 'os israelenses estão fazendo o que Hitler fez contra os judeus', e em seu programa de televisão *Alô, Presidente* disse que o Estado de Israel era culpado de 'um novo Holocausto'. Em reação, Israel retirou seu embaixador de Caracas. A comunidade judaica reagiu com indignação: "Estamos profundamente preocupados com essas declarações que demonizam Israel e com o antissemitismo disfarçado em termos antissionistas. Com isso, outros vão justificar a violência contra os judeus" (Wikinoticias (Beta), "Chaves Equipara a Ofensiva Israelense no Líbano com o Holocausto", 10 ago. 2006).

Nos últimos tempos, Hugo Chávez e seu governo não apenas fizeram propaganda de seu mais extremo antissemitismo, como também permitiram a agressão contra instituições judaico-venezuelanas, particularmente escolas para crianças judias, sem nenhuma justificação coerente. O juiz de controle Mikael Moreno, ex-membro da polícia e a quem na época tinham sido imputados dois crimes, deu e fez executar uma ordem de invasão para que um encorpado destacamento de policiais armados entrasse inutilmente em busca de armas e explosivos na Escola Hebraica de Caracas no momento em que 1:500 crianças inocentes tinham aula. Isso acontecia ao mesmo tempo que

Chávez: primeiro, visitava os "irmãos" do Irã; e depois se deslocava para a Líbia, para receber o Prêmio para os Direitos Humanos criado *ad hoc* pelo coronel Kadafi. Essa política chegou a tal extremo que, quando Chávez quis lavar as mãos diante da consternada opinião pública mundial, convidando-se para visitar uma sinagoga de Caracas, a comunidade judaica não aceitou recebê-lo como visitante do templo: "Uma solicitação recente do presidente socialista venezuelano Hugo Chávez para fazer uma visita oficial a uma sinagoga de Jabad, em Caracas, foi recusada por seu rabino, Moshe Ferman. Jabad Lubavitch é um movimento judaico com quase 2 mil instituições em todo o mundo, integrante do Movimento Hassídico" (*Notis Israel, Semanarios de Achalidad*, 27 fev. 2007).

Em absoluta coerência com essa política discriminatória antijudaica, Chávez consolidou relações de privilégio político e econômico não só com o amplo espectro do mundo árabe, mas especialmente com Kadafi, Hezbollah e Ahmadinejad no Irã, o único político que, ao mesmo tempo que aspira a possuir armas atômicas, defendeu (depois de Hitler) o extermínio dos judeus e de seu Estado.

> Chávez saiu em campo para apoiar o programa nuclear iraniano, e também para acusar Israel de realizar um novo Holocausto no Líbano. "Estamos furiosos com a visita de Ahmadinejad", disse o líder judeu venezuelano Pressneer, citando a negação do Holocausto pelo presidente iraniano e seus projetos de apagar Israel do mapa. O jornalista Sammy Eppel contabilizou 195 mensagens antissemitas em meios oficiais e pró-governamentais nos 65 dias que culminam em 31 de agosto. "São frequentes os grafites na sinagoga de Mariperez." (José Orozco, "Judeus Venezuelanos Temem pela Relação entre Chávez e Ahmadinejad", *Jerusalém Post*, 19 set. 2006)

Nessas circunstâncias, e levando-se em conta a relação de Chávez inclusive com aqueles que organizam "encontros internacionais" para reunir em Teerã os "cientistas" mais destacados que negam a realidade histórica do Holocausto, perguntar se a "Revolução Bolivariana" é um regime antissemita é uma questão meramente retórica e encobridora. Seria a mesma coisa que se colocar a questão de se os intelectuais como Gianni Vattimo, que louvavam indiscriminadamente o Estado islâmico do Irã, são ou não antissemitas e filofascistas. Neste livro, é uma pergunta sem sentido.[2]

O Comitê de Relações Exteriores do Senado dos Estados Unidos informou que na América Latina existem

> grupos dispersos de pessoas, na Venezuela e na Guiana, assim como na tríplice fronteira Argentina-Paraguai-Brasil, que são suportes ideológicos, financeiros e logísticos de grupos terroristas do Oriente Médio. Na Venezuela, país com 22 milhões de habitantes, a colônia judaica, em redução crescente, alcança apenas 15 mil pessoas. Em compensação, a comunidade muçulmana supera os 200 mil, sobretudo sunitas. A mesquita Ibrahim de Caracas, com capacidade para 3.500 fiéis, é a maior da América Latina, promovida pelo Ministério de Assuntos Islâmicos do Reino da Arábia Saudita, e é um importante centro de doutrinamento e ativismo muçulmano. (Isaac Caro, *Fundamentalismos Islâmicos: Guerra contra o Ocidente e a América Latina*, Santiago, 2001, p. 143-44)

Tudo isso se refere ao ambiente objetivo em que Hugo Chávez define suas decisões e leva a cabo seus objetivos. Mas também no plano subjetivo é possível encontrar os fundamentos ideológicos que agem e formam as indicações e sugestões executadas sem escrúpulos por Chávez. Na verdade, os teóricos que formaram Chávez, ideológica e politicamente, são dois: Norberto Ceresole e Heinz Dieterich, um nazista e um alemão de face política no mínimo incerta.

---

[2] "Prestemos atenção no comportamento das associações e federações israelitas-sionistas que confabulam na Venezuela para se apoderarem de nossas finanças, das indústrias, do comércio, da construção, e até para se infiltrarem nos cargos públicos e na política. Provavelmente será preciso outra vez expulsá-los do país, como outras nações já fizeram, razão pela qual os judeus sempre estão em êxodo apátrida." (Tarek Muci Nacir, "Os Judeus Sionistas", *El Diario de Caracas*, 2 dez. 2006)

2. O NEONAZISTA HEIDEGGERIANO NORBERTO CERESOLE, CONSELHEIRO DE CHÁVEZ

Norberto Ceresole foi o mais importante assessor de Hugo Chávez, que ele conheceu em 1994. Sociólogo, na Argentina, em 1970, ele foi um importante dirigente da guerrilha peronista, o Exército Revolucionário do Povo, o ERP-22, Montoneros. Era chamado de "um autêntico revolucionário contra a Ordem Mundial ianque", e com isso nunca teve problemas para se integrar no conglomerado indefinível que é o peronismo. Teve formação militar na Escola Superior de Guerra da União Soviética e mais tarde assessorou politicamente o grupo de oficiais golpistas comandados pelo coronel Aldo Rico. Assessorou também, com mediação soviética e cubana, o general peruano Juan Velasco Alvarado. A partir de 1976, Ceresole viajou à Espanha, onde dirigiu em Madri um Instituto de Estudos Latino-Americanos e compilou documentos doutrinais para o programa eleitoral do Partido da Democracia Social, em coordenação com Emilio Massera, membro da junta militar argentina de Videla. Foi acusado de assessorar a denúncia e a repressão de muitos de seus antigos companheiros do peronismo revolucionário:

> Assessorou Chávez, e através de sua obra mais importante, realça a função do caudilhismo como uma espécie de microditadura justificada, porque na América Latina não existiria uma classe dirigente revolucionária; portanto, o poder pode ser exercido legitimamente por uma pessoa, enquanto o Exército se torna o suporte do partido. (Paolo della Sala, "Forza Hugo Chávez, Bertinotti e già di lotta", *L'Opinione*, 13 maio 2006)
>
> [...]
>
> Em sua "Carta a Meus Amigos Iranianos", Ceresole revela como Ahmadinejad já tinha sido precocemente recebido por Chávez... (Op. cit., loc. cit.)

Seus escritos foram amplamente difundidos na Venezuela. Sua ideologia confusa, no entanto, exerceu grande influência sobre Chávez, e isso pode ser constatado em muitos pronunciamentos e discursos. Em seu *Caudillo, Ejército, Pueblo: La Venezuela del Presidente Chávez* [Caudilho, Exército, Povo: A Venezuela do Presidente Chávez] (1990), Ceresole enumera as principais características daquilo que se poderia chamar de filosofia política do neofascismo militarista de Chávez:

> O golpismo anterior – a necessária militarização da política – foi a condição *sine qua non* da existência de um Modelo Venezuelano pós-democrático. Daí que ninguém deva se surpreender com o aparecimento, no futuro imediato, de um "partido" cívico-militar por trás do caudilho nacional, do processo revolucionário venezuelano [...]. O modelo venezuelano não é uma construção teórica, e sim uma emergência da realidade. É o resultado de uma confluência de fatores que poderíamos definir como "físicos" (em oposição aos chamados fatores ideológicos) que não tinham sido pensados previamente. O resultado é uma relação básica entre um caudilho nacional e uma massa popular absolutamente majoritária que o designou, pessoalmente, como seu representante. (Op. cit., loc. cit., p. 4)

Portanto, um Povo e um Führer, que é uma realidade *física* inapelável. Essa proposta política de Ceresole pode ser percebida em suas outras obras, algumas das quais foram traduzidas para o árabe e para o persa. Na Espanha, *Terrorismo Fundamentalista Judío* [Terrorismo Fundamentalista Judaico] (1996), *España y los Judíos* [A Espanha e os Judeus] (1997), *Conquista del Imperio Americano* [Conquista do Império Americano] (1998), *Caracas, Buenos Aires, Jerusalén* [Caracas, Buenos Aires, Jerusalém] (2001) e *La Cuestión Judía en la América del Sur* [A Questão Judia na América Latina] (2003) foram publicadas pela Al-Andalus. Portanto, é paradigmaticamente visível em Ceresole um sincretismo da época: uma "confluência", em sua terminologia, de comunismo, nazismo, islamismo e terrorismo. O modelo da estrutura ceresoliana alinhada hierarquicamente – Caudilho-Exército-Povo – orientou estrategicamente o governo autoritário de Chávez, em que pese que por trás das rixas personalistas tivesse que voltar à Argentina. Sua substituição por assessores aparentemente mais próximos do marxismo costuma ser interpretada como uma superação do "ceresolismo".[3] Jorge Asís pode afirmar com razão que "a construção de Chávez como caudilho referencial para a América Latina significa o triunfo póstumo de Ceresole" (J. Asís, "O Triunfo Póstumo de Ceresole", em <http://www.jorgeasis.com>).[4]

Os analistas se perguntam, no entanto, o que significa chamar Norberto Ceresole de nazista, negacionista antissemita ou nacionalista populista. Ele mesmo define sua opção política em seu estudo *La Falsificación de la Realidad: La Argentina en el Espacio Geopolítico del Terrorismo Judío* [A Falsificação da Realidade: A Argentina no Espaço Geopolítico do Terrorismo Judaico] (Madri, 1998), e é exatamente ali que aparece o pensamento de Martin Heidegger como uma figura paradigmática, porque Ceresole – como Heidegger – quer pensar o nazifascismo como uma alternativa que estava presente no nazismo tático, mas que foi distorcida pelos alemães, que não estiveram à sua altura e que, por isso mesmo, é uma reserva histórica para o futuro.

---

[3] Piero Armenti, por exemplo, pensa que Chávez não pode ser fascista por ser "internacionalista", nem militarista, porque para ele o Exército é uma "força popular formada por filhos do povo" para o povo, e porque "a Venezuela não carece de liberdade de expressão" (sic). Mas indiretamente reconhece que a peça fundamental é a vigência do caráter autoritário e "decisionista" que justifica um "estado de exceção", inclusive para reprimir rebeliões operárias (cf. Piero Armenti, "Chávez entre Norberto Ceresole e Heinz Dieterich", *L'Archivo*, 27 jul. 2007).

[4] O "ceresolismo" de Chávez é visível até hoje: "No plano interno, a revolução deve se sustentar numa espécie de democracia plebiscitária sobre as bases de uma concentração extrema de poder nas mãos de um 'Caudilho' ou 'Presidente', minimização ou eliminação dos partidos políticos e outras instituições intermediárias. As Forças Armadas são transformadas numa espécie de milícia politizada e proselitista a serviço do 'Projeto'. Ceresole deu a Chávez as ferramentas para estabelecer uma 'ponte' entre as concepções iniciais socialistas guevaristas com o difuso 'bolivarianismo'" (Aníbal Romero, em <anibalromero.net/Los.militares.pdf>).

No epílogo a seu ensaio intitulado "Cambio de Escenário" [Mudança de Cenário], Ceresole escreve:

> Neste século, o exemplo mais dramático de convergência germano-russa se produz a partir do final da Primeira Guerra Mundial, quando em determinados setores da Alemanha derrotada vai sendo gerada uma forte vontade de aliança com a Rússia bolchevique, que perdura até a chegada ao poder do partido nacional-socialista. A convergência entre o "revolucionarismo" russo e o nacional-conservadorismo alemão é tão lógica que torna explicável a ruptura entre bolcheviques e nacional-socialistas. Entre estes últimos, havia uma disputa de vida ou morte sobre modelos revolucionários diferentes [...]. A cultura alemã se diferenciou do Ocidente porque se colocou como a expressão de um mundo específico nórdico-germânico. Essa cultura define uma *Weltanschauung* que nasce de "um mundo independente e livre de influência de outros mundos". (N. Ceresole, op. cit., p. 440)

Enquanto se produz uma aproximação ideológica entre Dostoiévski e Spengler, entre a *Kultur* alemã e o nacionalismo russo, e "enquanto Spengler vê na Rússia a promessa de uma cultura nova, e Haushofer pensa numa revolução mundial com seu centro na Alemanha", justamente ali no meio iria nascer um processo espiritual de diferenciação na filosofia de Martin Heidegger: "As grandes categorias da diferenciação espiritual alemã, herdeira direta da Grécia, em relação a um Ocidente mais romano do que grego, são o produto da obra de Martin Heidegger. Por isso é necessário retornar a Heidegger para perguntar sobre o futuro da Alemanha nesta Europa 'liberada'".

Ceresole abre então sua reflexão sobre Heidegger com uma citação significativa da entrevista póstuma: "Sei pela experiência e pela história humanas que tudo que é essencial e grande só pôde surgir quando o homem tinha uma pátria e estava enraizado numa tradição". Depois de enumerar os pontos conhecidos da ligação político-administrativa do pensador como *Rektor* da NSDAP, Ceresole afirma:

Em 27 de maio de 1933, no ato solene em que assumiu o cargo, Heidegger pronuncia seu famoso discurso "A Autoafirmação da Universidade Alemã". Ali, coloca ideias "políticas" capitais que estavam em estado "metafísico" em sua obra magna *Ser e Tempo* (1927). Heidegger proclama a autonomia da universidade alemã para colocá-la a serviço das necessidades do povo alemão. A pesquisa alemã não será mais para uma abstrata "humanidade", mas para a comunidade alemã. Heidegger apresenta sua demissão apenas um ano depois de ter assumido o reitorado. Ela coincide com o "caso Röhm", quer dizer, com a liquidação do setor mais radical do nacional-socialismo. Havia uma coincidência extraordinária entre o radicalismo filosófico de Heidegger e o radicalismo (no sentido alemão do termo) político de Ernst Röhm. O que unia os dois era a definição semelhante que faziam sobre a natureza do *socialismo alemão*, entendido como *comunidade do povo*. Quando Röhm é assassinado, o filósofo se "exila" em sua cátedra. Mas nunca "rompe com o regime". [...] Entre 1934 e 1945 só olhou com desprezo ideólogos que, como Rosenberg, foram "menores" e acima de tudo "oportunistas". O nacional-socialismo havia perdido a oportunidade de dispor de um *Führer* do *Ser Alemão*. Também não se discute mais a "convergência" entre a metafísica de Heidegger e a emergência do nacional-socialismo, e desde *Ser e Tempo* (1927) e de suas ideias expressas *post mortem* existe um princípio de continuidade absoluta...
(N. Ceresole, op. cit., p. 442)

Até aqui, Norberto Ceresole repete algumas teses fundamentais de meu livro *Heidegger e o Nazismo*, e inclusive mais adiante ele se atreve a assumir a mais importante exigência heideggeriana colocada na época por mim: não só sua pretensão geopolítico-espiritual de mudar a capital universal de Roma para a Alemanha, mas a de afirmar a essencial superioridade ontológico-histórica dos alemães, seu espírito e sua palavra. É por isso que Ceresole vai citar os textos em que Heidegger formulou as características gerais de sua proposta política, o socialismo alemão:

Em 1991, um dos principais estudiosos da vida e da obra de Martin Heidegger, Víctor Farías, editou na Espanha, como documento bilíngue, um trabalho essencial para a compreensão do pensamento heideggeriano e, sobretudo, para se descobrir a ligação desse pensamento com a realidade política alemã daquele momento: *Lógica: Lecciones de M. Heidegger (Semestre de Verano de 1934) en el Legado de Helene Weiss* (Madri, 1991). Essa "Lógica" de Heidegger é uma grande fundamentação de princípios e ideias que o nacional-socialismo "oficial" foi, no fim das contas, incapaz de desenvolver com tanta coerência. Entre o nacional-socialismo "oficial" que o próprio Heidegger chamava de "vulgar" e a visão do *Ser* alemão expressa por Heidegger, existe um mundo de distância, mas numa mesma direção de pensamento [...]. O pensamento "oficial" nacional-socialista hoje nos parece primitivo e realmente "vulgar". Sem dúvida, trata-se de um pensamento menor, comparativamente falando. Nesse sentido, é possível afirmar que Heidegger é a expressão maior do *socialismo alemão*, compreendido como *comunidade do povo*; enquanto o nacional-socialismo, no que se refere à história do pensamento, ficará relegado a uma obscura instância secundária. Nesse exato sentido, Heidegger se "distanciou do regime" em 1934. Não seria melhor afirmar que "o regime" se distanciou de Heidegger? A fidelidade de Heidegger ao nacional-socialismo é na verdade fidelidade a si mesmo, fidelidade ao Ser alemão, que ninguém expressou melhor do que o próprio Heidegger. Há em seu pensamento uma certeza radical sobre a superioridade espiritual alemã. A Alemanha não é uma "sociedade", um contrato entre indivíduos isolados (essa herança nefasta do Iluminismo objetivada na Revolução Francesa), mas um "povo", uma comunidade de destino imposta não apenas pela vontade humana, mas acima de tudo pela evolução do Ser alemão. Como comunidade de destino, a ideia do *Führerprinzip* é essencial para se encarregar da própria existência nacional. (N. Ceresole, op. cit., p. 444)

Heidegger foi isso, mas sua vigência espiritual recomeça sempre, como no ano 2000, num artigo ainda mais explícito a respeito do papel decisivo que ele atribuía a Martin Heidegger na estruturação e na função de seu projeto político na revolução "bolivariana":

Minha obra tem um objetivo: contribuir com uma nova concepção de uma Revolução de raiz nova, e apostar a vida por ela. Essa revolução, como transgressão, não terá nenhum compromisso ideológico com nenhuma das formas adotadas pelo pensamento num passado já definitivamente morto. Sabendo que o "mau exemplo" já se espalha por toda a América Meridional, só acudirá à História como fonte insubstituível de conhecimento, mas nunca procurando paralelismos impossíveis, ou pretendendo resgatar modelos já inexistentes e, portanto, irreproduzíveis. O passado nunca voltará a ser presente, a não ser como grandeza (real ou simplesmente desejada). "Uma revolução completa de nosso Ser é uma necessidade da história, supondo-se que somos história" (Martin Heidegger, *Lógica*, 1934). (N. Ceresole, "El Presidente Chávez en el Espacio de la América Meridional", Analítica.com, Venezuela, 1 set. 2000)

Ceresole integra seu legado diante do problema analisado em seu livro: a necessidade de utilizá-lo na luta contra os judeus: "Nesse sentido, voltar hoje a Heidegger, depois de analisar o comportamento político do judaísmo a partir da criação do Estado de Israel, depois de saber que o 'Holocausto' é apenas um mito que encerra uma extraordinária capacidade de destruição [...], voltar hoje a Heidegger equivale a nos reencontrarmos com uma Alemanha que se encontra, uma vez mais, em estado ainda virtual..." (N. Ceresole, op. cit., p. 444).

A partir de todo esse fundo filosófico-político não se pode estranhar que Ceresole o tenha empregado na criação de um Führer venezuelano, e que seus esforços tenham sido bem-sucedidos. De resto, acaba sendo curioso que, depois da morte de Perón, ele tenha fugido de Buenos Aires e se instalado em Hamburgo, na Alemanha, trabalhando como "analista de informação". Viveu em Altona, onde conheceu sua esposa, Brunhilde.

3. O ALEMÃO NACIONAL-BOLCHEVIQUE HEINZ DIETERICH COMO SUCESSOR DE CERESOLE

A substituição de Ceresole pelo alemão Heinz Dieterich como assessor ideológico mais importante do "bolivarianismo" de Hugo

Chávez costuma ser interpretada como a troca de um fundamentalista neonazista por um novo marxista. Dieterich nunca conseguiu definir com precisão conceitual o que é "o socialismo do século XXI" e o que o diferencia qualitativamente dos socialismos "científicos" e "reais" do século XX. Do ponto de vista do rigor científico, Dieterich faz parte de toda uma plêiade de intelectuais esquerdistas alemães que carecem não só de antecedentes acadêmicos e do rigor científico de Marx, Rosa Luxemburgo, Trótski, Lukács e Gramsci, inclusive quando seu projeto terminara em fracasso. Dieterich se parece mais com um dos inúmeros ativistas alemães que, sob a desculpa de esquerdismo, abrem caminhos para a presença alemã no subdesenvolvido Terceiro Mundo. A leitura de seus ensaios revela, no entanto, mais do que um estudo e recepção *light* da conceitualização do socialismo científico. Nenhum de seus textos define de modo algum uma proposição exata sobre o que deve ser o Estado, as instituições, a ideologia, o processo de conquista e legitimação do poder político, a relação entre os poderes de Estado e as formações indispensáveis como partidos, igrejas e sindicatos. Também não fala nada sobre a vigência dos direitos civis e humanos, nem muito menos sobre as funções do Caudilho e das Forças Armadas naquilo que Dieterich denomina midiaticamente "socialismo do século XXI" ou "democracia participativa". No *Porta-Voz Bolivariano*, procura tornar verbalmente compreensível o que se atribui a ele:

> O ser humano existe dentro de quatro relações sociais básicas: econômica, política, militar e cultural. "Socialismo do Século XXI" ou "Democracia Participativa", que são sinônimos na minha teoria da civilização global pós-capitalista, significam que as maiorias tenham o maior grau historicamente possível (sic) nas instituições econômicas, políticas, culturais e militares que regem sua vida. No econômico, significa a substituição da economia de mercado crematística[5]

---

[5] *Crematística*: ciência da produção das riquezas, arte de adquirir bens e os conservar da forma mais proveitosa. (N. T.)

por uma economia sustentável, orientada nas necessidades básicas da população: o valor (*time imputs*) como princípio operativo e de contabilidade; a equivalência como sistema de intercâmbio; e a incidência real dos cidadãos e trabalhadores (sic) em níveis macroeconômico (nação), mesoeconômico (município) e microeconômico (empresa). (Heinz Dieterich, entrevista em *Porta-Voz Bolivariano*, 8 abr. 2007)

No entanto, esse charlatanismo de Dieterich tem um sentido político e tático muito importante: na medida em que não introduz nenhuma variante qualitativa séria no modelo que Chávez implementará sob a influência do "heideggeriano" Ceresole, este continua em plena vigência. Dieterich complementa o trabalho ideológico de Ceresole e permite sua vigência posterior, seu "triunfo póstumo".[6] Mas ali onde à primeira vista alguém poderia constatar apenas uma mediocridade intelectual, um marxismo *light*, esconde-se algo muitíssimo mais significativo e que expressa novamente a mancomunação ideológica neofascista e marxista de nossos dias. De fato, se alguém ler os textos publicados pelo "marxista" alemão Dieterich, terá várias surpresas. No prefácio a seu livro *Hugo Chávez com Bolívar e o Povo* (2000), já no título é possível observar a analogia com a estrutura neofascista enunciada também por Ceresole em seu livro *Caudilho, Exército, Povo: A Venezuela do Presidente*

---

[6] A distribuição de recursos estatais através de organizações como os "Círculos Bolivarianos", as "missões" e as "milícias" permite a Chávez o controle absoluto dos setores pobres, instaurando um populismo de base perfeitamente comparável ao nazifascismo e ao fascismo italiano. Com isso, Chávez, Dieterich e Ceresole roubam as bandeiras de "igualitarismo" da esquerda e também da "redistribuição" reformista. As "missões" tiram os trabalhadores do mercado e lhes entrega salários de fome, sem cobertura social, desestabilizam de passagem o mercado de trabalho formal e de contrato coletivo. Ninguém pode usufruir dos "benefícios" das missões sem aceitar as exigências do Estado e sem ser um fiel "revolucionário". Enquanto a pauperização, a indigência e a desnutrição aumentam, os revolucionários chavistas da elite atribuem a si mesmos rendas enormes, através de designações financeiras e salários dezenas de vezes mais altos do que os dos trabalhadores.

Chávez.[7] O texto do prefácio foi publicado novamente como artigo no ano 2000 para as "eleições" posteriores. Nele, Dieterich deixa ver com toda a naturalidade um ângulo ideológico surpreendente:

> "Viva a mestiçagem, abaixo os puros!", resumia meus sentimentos naquela madrugada de 25 de março, quando saía do Palácio de Miraflores em Caracas, não muito longe da casa onde Simón Bolívar nasceu para libertar as hoje balcanizadas repúblicas de Peru, Bolívia, Equador, Colômbia e Venezuela. Eu havia conversado com o "filho espiritual" do Libertador, o tenente-coronel Hugo Chávez, ex-militar, ex-preso político e presidente em exercício da República da Venezuela. Viva a mestiçagem! – ou, o que é a mesma coisa: "Viva a dialética concreta!". (Heinz Dieterich, "Hugo Chávez, com Bolívar e o Povo", em <www.rebelion.org>)

A tradução de Dieterich de um fato político (a tomada do poder) como o equivalente a um triunfo da "mestiçagem" é um ato de racismo teorético indiscutível. "Mestiço" é um termo que não tem nada a fazer numa análise política progressista e racional da sociedade. Só um ideólogo de procedência fascistoide (consciente ou não) consegue misturar teoria racial ("mestiço" ou "puro") com conceitos políticos racionais.

Numa dissertação – *Políticas Educativas e Identidade na América Latina e Caribe* –, Dieterich faz uso novamente de outro conceito que provém das terminologias criptofascistas mais radicais: a "identidade" que *sempre* é "nacional": "A identidade é um elemento decisivo para a escravidão ou a libertação dos povos porque, durante a história, os exploradores procuraram destruí-la, pois necessitavam gerenciar a percepção. Em compensação, aquele que constrói uma identidade própria pode controlar sua vida. Porque, se um povo não tem onde recriar a nação (sic), é porque não tem autoestima nem identidade" (Heinz

---

[7] O culto à personalidade "condutora" de Chávez se reflete também no título do livro hagiográfico da marxista "estruturalista" Marta Hernecker: *Hugo Chávez: um Homem, um Povo.*

Dieterich, *Políticas Educativas e Identidade na América Latina e Caribe*. Extramares, Cecilia Bustamante, p. 1). O voluntarismo decisionista de Schmitt e Heidegger (a nação é recriada na decisão de um povo por si mesmo, sua "identidade" ou mesmidade) se torna visível. Mais ainda, o germano-mexicano propõe diretamente uma nova nação agressivamente expansionista: "Dieterich assinalou que, para transformar nossa situação, é necessário um Estado regional entre Peru, Bolívia e Equador" (loc. cit.). "Existe, por outro lado", diz Dieterich, "um Eixo do Mal do Pacífico, formado por Chile, Colômbia e Peru, que deve ser combatido aprofundando-se o Eixo do Bem do Mercosul" (Heinz Dieterich: "...Se Não Fizerem Reformas em Cuba...", *Ideologia y Socialismo del Siglo XXI*, <aporrea.org>, p. 1, mar. 2007).

Mas o elemento específico e inconfundível do discurso do sucessor de Ceresole como *preceptor* de Chávez é dizer que esse "Viva a mestiçagem!" é equivalente a "Viva a dialética concreta!". Se Marx afirmava que ele tinha colocado a dialética com os pés no chão quando a vinculou à realidade social material, Dieterich proclama que pode colocar a dialética em relação com "o concreto" quando a vincula à realidade racial (mestiça). Com isso, o "marxista" Dieterich procura proclamar a confluência – conceptualmente impossível – do racismo com o bolchevismo. O "nacional-bolchevismo" de origem alemã, fundamentado na Revolução Conservadora Alemã, que antecedeu e promoveu o nazismo, é a estrutura conceitual que dá vida à proposta do suposto professor alemão-mexicano instalado no Palácio de Miraflores, "não muito longe da casa onde Simón Bolívar nasceu para libertar as hoje 'balcanizadas' repúblicas de Peru, Bolívia, Colômbia e Venezuela". O alemão Dieterich "balcaniza" assim países autônomos e – numa linguagem que traz evocações muito ruins – propõe "desbalcanizá-las" num novo grande império bolivariano, em algo assim como uma volta à "origem" (op. cit., p. 1).

Mas esse jogo confuso e suspeito não termina aí. Em *El Nacional* (24 jul. 2006, p. 2), Dieterich caracteriza assim o futuro programa político venezuelano: "É necessário chegar a uma etapa final. Nesta última etapa, o socialismo não será para o desenvolvimento individual, mas será o que foi num início originário: quando os Gregos formularam a economia política. Economia significava dar de comer aos cidadãos, algo que com o tempo se transformou numa máquina para o lucro. A ideia é retornar à origem" (Piero Armenti, op. cit., p. 6).

Cabe observar como também, analogamente, Heidegger exige o retorno às origens gregas da *pólis* como a condição necessária para instaurar uma política nacional.[8] Outro alemão que nos recomenda um "retorno aos gregos" a fim de esconder sua identidade genérica com a proposta neofascista de Ceresole, Dieterich diz que coloca o acento político estratégico na "classe média", fazendo crer que com isso está se opondo à tese de Ceresole. Este, como neonazista, procurava consequentemente fazer da "Comunidade do Povo" venezuelano o sujeito histórico bolivariano neofascista. Numa formulação antológica, Dieterich fala – para quem conseguir entender – de sua proposta nos seguintes termos:

> A dupla deficiência estrutural da sociedade burguesa – ser antiética e disfuncional para as necessidades das maiorias – é o que a torna obsoleta e a condena a ser substituída pelo *Socialismo do Século XXI* e sua nova institucionalidade: a democracia participativa, a economia democraticamente planificada de equivalências, o Estado não classista e, consequentemente, o cidadão racional-ético-estético... (Heinz Dieterich, O *Socialismo do Século XXI*, Prefácio à edição mexicana)[9]

---

[8] Ver *Heidegger y el Nazismo*, p. 443 ss.

[9] O livro *El Socialismo del Siglo XXI*, de Dieterich, é promovido por sinal pela Distribuidora Continente Indiano, que também oferece em seu catálogo os livros de Ceresole: *Caudillo, Ejército, Pueblo: La Venezuela del Comandante Chávez* e *Palestina, la Única Víctima del Holocausto*. Também figuram no catálogo as obras de Richard Wagner, Arthur Moeller van den Bruck, Alain de Benoist, Julius Evola, Benito Mussolini, Adolfo Hitler, José A. Primo de Rivera, Ernst Jünger, Martin Heidegger, Oswald Spengler, Muhammad Kadafi, Alfred Rosenberg e Jorge González von Marées.

Mas aqui também Dieterich deixa entrever inequívocos componentes ideológicos criptofascistas. Numa entrevista concedida ao jornal *Rotfuchs*, citada em *Junge Welt* (11 fev. 2006) sob o título "Der Führer als Identitätstifter" [O Caudilho como Criador de Identidade], o "conselheiro de Hugo Chávez" explica as coisas em alemão:

> Em toda forma de culto à personalidade, há dois componentes: os cultos oportunistas à personalidade, contra os quais Raúl Castro advertiu muitas vezes; e uma identificação das massas com uma personalidade condutora (*"Führungspersönlichkeit"*). Esta segunda forma é a que predomina na Venezuela e, como acredito, também em Cuba. Dou importância a esse culto porque ele torna possível a mobilização necessária das massas para as transformações revolucionárias. Um movimento de massas decidido e consciente das transformações não é possível sem a identificação com personalidades condutoras. Devido ao fato de que Fidel Castro, Hugo Chávez e Evo Morales são homens éticos, não representam nenhum perigo... (Loc. cit., p. 8)

É claro que aqui Heinz Dieterich não está falando do guia (*Leiter*), mas legitima com isso seus atores "criadores de identidade", de "povos decididos por si mesmos", reunindo como todo fascista o vínculo Povo e Mesmidade excludente. Mas com isso o sucessor de Ceresole vai também legitimar a agressão, o extermínio de seus inimigos. A Agência Bolivariana de Notícias (ABN) anunciou há algumas semanas que "o teórico do socialismo do século XXI, Heinz Dieterich, pensa que o presidente do Irã, Mahmoud Ahmadinejad, cometeu um erro (sic) quando disse que era 'preciso apagar Israel do mapa', porque deu aos Estados Unidos um pretexto para justificar um ataque nuclear preventivo" (<www.avn.info.ve>). A reprimenda solidária de Dieterich não reprova absolutamente em Ahmadinejad seu objetivo real de exterminar, dessa vez, definitivamente os judeus. Ela apenas reprova o fato de pôr em risco a vida da comunidade islâmica iraniana. Não resta dúvida de que Norberto Ceresole continua primitivo e transformado, mas vivo em Dieterich. Tal como ele, Ceresole vivia – também a seu modo – como Martin Heidegger.

Este livro começou relatando uma historieta bastante singular: a surpresa de ver em 2004 na televisão alemã um desfile de neonazistas carregando uma faixa com uma frase paradigmática de Martin Heidegger. Agora eu gostaria de encerrar[10] com outra surpresa: com uma declaração insólita que li na Indymedia (Agência Cultural dos Movimentos Indígenas Peruanos), feita por um estudante de filosofia de Cusco:

> Sinto como o sangue inca corre pelas minhas veias, como a filosofia inca se uniu em minha mente. A cada dia busco mais pelos incas e gostaria de ser o novo Pachacutec[11] pós-moderno ao estilo do sangue peruano indígena que carrego. É preciso partir do Ser-Aí, como diz Heidegger, porque só assim descobriremos o que é ser peruano. Já hoje o que existe é um hibridismo cultural, não temos identidade, não somos um povo unido... (J. Baca, "Identidad Indígena, la Discriminación y el Poder Índio", *Juventud Tawanstinsuyana*, Cusco, p. 1)

---

[10] A presente edição inclui ainda três capítulos inéditos, um deles sobre Alexander Dugin e o neofascismo imperialista russo. (N. E.)

[11] Nono governante do Império Inca e seu primeiro imperador entre os anos 1438 e 1471-1472.

Capítulo 6 | Martin Heidegger, Alexander Dugin e o Neofascismo Imperialista Russo

No semanário alemão *Zeit* (n. 47, 13 nov. 2014), o articulista político Eggert Blum comenta em seu artigo "Die Marke Heidegger" as redes sociais e financeiras da família Heidegger em torno da pouco confiável edição das *Obras Completas* do pensador. Ele conclui seu texto fazendo alusão aos estreitos laços entre o chefe da *Gesamtausgabe*[1] – Friedrich-Wilhelm von Herrmann – e o ultranacionalista russo Alexander Dugin. Como em outros casos, essa colaboração política se fundamenta em coincidências sistemáticas entre os dois pensadores, e por isso o trabalho do epígono Von Herrmann é uma coisa plenamente consequente. Esse personagem representa também a Heidegger-Gesellschaft, uma instituição que, paulatinamente, foi ganhando funções propagandísticas cada vez mais radicais. Dugin é um articulista político muito conhecido e relevante nos círculos ideológicos neofascistas e imperialistas russos. Também pertence há anos à equipe político-teórica que alimenta a política de Vladimir Putin em sua vertente mais violenta de política exterior expansionista, e ainda, é claro, na configuração de um Estado autoritário que vai minando sistematicamente os poucos elementos democráticos do período posterior ao colapso do comunismo soviético. Isso se expressa com brutalidade na invasão da Ucrânia, no apoio aos terroristas que organizam

---

[1] Em alemão, no original: Edição Completa. (N. T.)

massacres entre a população civil, atentados a aviões comerciais com centenas de vítimas, e suas ameaças permanentes à estabilidade e ao consenso europeus. Usa inclusive para isso uma chantagem aberta com o fornecimento de materiais energéticos. Por todas essas razões, não chega a ser surpreendente que a Ucrânia tenha até proibido Alexander Dugin de entrar em seu território.

Essa atitude, assim como a da Rússia e a de Dugin, baseia-se certamente em assuntos mais profundos do que simples táticas políticas circunstanciais e, é claro, acima de tudo, numa atitude agressiva e destruidora dos princípios de racionalidade em que se fundamentam o consenso e o respeito mútuo, que tornam possível a convivência civilizada. O desprezo radical que Heidegger coloca como questão de princípio, o ressentimento dos europeus que não suportam a primazia do pensamento fundador das revoluções americana, inglesa e francesa, e com isso seu sucesso político, tudo isso o transforma, para Dugin e seus pares, numa figura emblemática da filosofia. Para ambos, torna-se fundamental substituir a explicação historiográfica e séria e baseada em "mitos" (os "gregos") e em processos que contêm mais de imagens do que de conceitos ("História do Ser"). Seu programa em comum é nada menos do que "o extermínio da Europa ocidental", e embora a bússola agressiva do russo mostre algumas diferenças com a de Heidegger, as metas genéricas permanecem as mesmas. Certamente o que interessa aqui não é mostrar o caráter primitivo, inexato e até "delirante" do heideggerianismo de Dugin, e sim a existência de uma práxis no mínimo análoga, fundamentada em princípios comuns e que se institui num movimento político-cultural ameaçador.

O filósofo-filósofo Carlos Martinez-Cava (www.elmanifesto.com), admirador do russo, caracteriza seu pensamento da seguinte forma: "Se a formulação da obra de Alexander Dugin tem alguma relevância, é sua reivindicação de Martin Heidegger, com o que coincide em sua irritação com o liberalismo como fonte do pensamento calculista e do niilismo ocidental". Martinez situa Alexander Dugin no meio da rede de neo-heideggerianos do neofascismo europeu: "É uma das figuras mais controversas e mobilizadoras da Nova Direita, formada por pensadores como Alain de Benoist, Guillaume Faye e Dominique Venner...". Como no nazifascismo tradicional, para Dugin a reflexão histórica deve se basear na geopolítica. "No mundo bipolarizado, nascido da dominação comercial e política dos Estados Unidos sobre a Europa, que foi ocupada após a Normandia, a Europa é vista como uma parte mesma da América do Norte rica e próspera" (loc. cit.). Alexander Dugin define então seu assim chamado "Eurasianismo" como uma Quarta Teoria Política que deve explicar o colapso do capitalismo, do marxismo e do nazifascismo, e sucedê-los na condução e na base espiritual de um novo mundo. Nele, a Rússia deveria se transformar no novo centro dominador e dirigente.

O eurasianismo não vê a Rússia como um país, mas como uma civilização. Por conta disso, ela deve ser comparada não a países europeus ou asiáticos, mas com a Europa ou o Islã, ou as civilizações hindus. Rússia-Eurásia consiste em elementos modernos e pré-modernos, de culturas e etnias europeias e orientais. Essa identidade particular deve ser reconhecida e reafirmada no marco de um novo projeto de integração. O eurasianismo nega a universalidade da civilização ocidental e a unidimensionalidade do processo histórico (dirigida para o liberalismo, a democracia, os direitos humanos, a economia de mercado). O Ocidente é somente o mundo hipertrofiado e insolente com megalomania. É o caso mais abjeto de *hybris*.[2] A humanidade precisa lutar contra o Ocidente, com o objetivo de colocar suas pretensões dentro de limites legítimos.

A agressão neoimperialista russa ocupa a função irrenunciável própria de um elemento constitutivo: "Como animador de um grande espaço econômico e cultural, a missão do movimento euroasiático é

---

[2] *Hybris*, ou *hubris*: palavra de origem grega que define o sentimento de orgulho exagerado, confiança excessiva, presunção ou arrogância. (N. T.)

lutar contra a hegemonia liberal e entabular uma aliança com o Irã, a Turquia e os países árabes do Oriente Próximo" (loc. cit.). É exatamente nesse ponto que a Quarta Teoria se entronca com o heideggerianismo mais agressivo:

> O sujeito da Quarta Teoria é o *Dasein* que Heidegger descreveu em suas obras. Não o indivíduo como no liberalismo, nem o de classe como no marxismo, nem a raça/Estado como no nacional-socialismo/fascismo. O *Dasein* deve ser libertado da forma inautêntica da existência. O *Dasein* é plural e depende da cultura, e por isso o mundo deve ser multipolar. Cada cultura, etnia ou religião tem seu próprio *Dasein*. Não são necessariamente contraditórios, e sim diferentes. Estamos fazendo um chamado à revolução mundial existencial dos *Daseins* das sociedades humanas unidas pela luta contra-hegemônica, contra a globalização ocidental e o universalismo liberal, assim como contra a dominação dos Estados Unidos. (Loc. cit.)

David Beetschen, outro discípulo do russo, em seu destacado artigo "Alexander Dugin", chega a afirmar então:

> Só sob a direção espiritual de Heidegger se pode garantir uma renovação da filosofia russa. É imprescindível, junto com Heidegger, superar o subjetivismo de Kant e ir mais além do "Ser Humano" (*Mensch*) através do *Dasein* (e Dugin o escreve sempre em alemão!). O *Dasein* "autêntico" supera ontologicamente o "*Man*" ou "ser das massas". Nesse ponto, Alexander Dugin articula seu pensamento justamente nos conceitos que Heidegger propõe já em *Ser e Tempo,* para lançar as bases de seu nazifascismo posterior. A re-realização, a re-atualização da existência levada a cabo pelos "heróis" em sua luta originária, e que constitui a "tarefa futura" dos *Daseins* individuais ou coletivos. (David Beetschen, "Dugin und Heidegger", em <http://www.blauennarzisse.de/index.php/anstoss>)

Alexander Dugin, nesse ínterim, já escreveu dois volumes sobre Heidegger e se propõe a continuar aprofundando sua tentativa de transformá-lo num camarada de luta. No programa que Alexander Dugin se propõe realizar no futuro, alinha-se desse modo uma política revolucionária extraordinariamente agressiva e vinculada diretamente ao terrorismo mais radical:

> O sangue será derramado cada vez mais. Só quando todos os muçulmanos apontarem suas armas contra os ocidentais e se unirem à batalha eurasianista final, o derramamento de sangue cessará. O império continua dividindo, mas já não pode controlar tudo efetivamente. E assim começa a dividir, e isso é tudo. Não consegue governar, só matar. Por isso precisamos devolver golpe por golpe. [...] Admiro o Irã, o xiismo e o sufismo, a tradição espiritual que luta contra a modernidade apontando para o seu centro. Só me agrada o Islã tradicional. Entendo o futuro existencialmente como o horizonte da existência autêntica do *Dasein*, como *Ereignis* [evento criptofânico], a chegada do último deus (*letzte Gott*). Mas esse futuro é incompatível com o Logos em decomposição da história ocidental. O Ocidente atual, os Estados Unidos e parte da Europa devem ser aniquilados e a humanidade deve ser reconstruída num terreno totalmente diferente, enfrentando a Morte e o Abismo. Deverá haver um Novo Começo da Filosofia ou… nada de nada. Amanhã será tarde demais. A vigília significa a Revolução e a Guerra.

Seu discípulo Giuliano Adriano Malvicini, por sua vez, intensifica o vínculo de seu mestre com a filosofia de Heidegger:

> O ideal do "homem diferenciado" é algo equivalente a um mito heroico normativo. São os "pastores do Ser" de Heidegger. Esse tipo de individualidade heroica é semelhante à figura heideggeriana do autêntico *Dasein* resoluto. Toma sobre os ombros a missão conservadora de batalhar contra a diáspora, a morte, o caos, as ilusões e o insidioso processo de decadência e perda do sentido. Eles veem como sua responsabilidade desencadear a guerra contra a entropia do tempo que desperta e flui.

Só o herói, como em *Ser e Tempo*, pode libertar o Povo, passivo e incapaz de tomar seu destino nas mãos e decidir como na democracia liberal. Nessa proposta fascista radical está vivo o *Dasein* heideggeriano autêntico. O Führer fica assim perfeitamente perfilado: "Sua individualidade e sua integridade estão baseadas no confronto aberto com a morte, transformando o limite da morte de um processo passivo de entropia numa decisão ativa, uma responsabilidade, fundamentada num "possível-ser-como-um-todo". Quando o indivíduo triunfa sobre as forças da morte, ele é divinizado, ou é inclusive superior aos deuses" (op. cit., loc. cit.).

Por último, é muito importante destacar que na proposta neofascista de Dugin é possível encontrar as mesmas características do programa político concreto que levaram Heidegger a definir seu compromisso com os nazistas populistas. Os estudos que procuram compreender o nazismo do filósofo, escritos quase sempre por "filósofos de profissão", costumam ignorar este assunto decisivo, que não é outro senão o da relação essencial da filosofia com a história política.

Desde a primeira edição de meu livro *Heidegger e o Nazismo*, até a última (Mallorca, 2010. p. 123-44), revelei a identificação fanática do pensador com a facção populista de Röhm, Strasser e Nickisch, a proletarização da Reichswehr, a "socialização" progressiva do capital e da propriedade num Estado de Trabalhadores do Punho e da Testa. A divisa desses populistas era, certamente, típica e precisa: "O inimigo está na Direita!". O colapso desse "Socialismo Alemão" ou nazismo populista foi o que levou Heidegger a se afastar violentamente da práxis política concreta, do "nazismo medíocre" e burocrático, para se situar na trincheira – solidária certamente – de uma oposição interna e mais radical. É justamente a variante que, como agora nestes tempos de Alexander Dugin e Vladimir Putin ou na década de 1930, foi chamado da mesma forma: o nacional-bolchevismo. No ponto de convergência entre os dois totalitarismos que agrediram toda a humanidade e que pretendem retomar sua luta.

Capítulo 7 | Os Herdeiros Espirituais de Heidegger Promovem o Assassinato dos Imigrantes Muçulmanos

As incoerências da política europeia em geral e da imigração massiva em particular acabaram produzindo em nossos dias uma situação dramática que atinge formas insólitas de crueldade. Os países e povos muçulmanos, que fizeram grandes conquistas culturais em sua longa história – mas sem terem sido capazes de construir e consolidar as instituições fundamentais da civilização –, transferiram suas tradicionais guerras autodestrutivas da Síria, Líbia, Iraque, Paquistão, Afeganistão e parte da África para um cenário monstruoso. Isso acabou gerando uma explosão migratória de milhões de seres humanos sem bússola racional e guiados por um instinto primitivo de preservação, não hesitando até mesmo em expor seus próprios filhos ao martírio e à fome.

A Europa, e em particular a Alemanha, reagiu de forma caótica e improvisada, sem levar suficientemente em conta os sentimentos, a mentalidade e as tradições de seus cidadãos. A isso veio se somar o fato de que nessas massas de imigrantes os grupos terroristas infiltram seus membros, que, no futuro, deverão atentar contra a vida e a propriedade dos países que os acolhem. Isso provoca muitas vezes reações censuráveis, mas inevitáveis em sociedades muito conservadoras. Particularmente na Alemanha, o fenômeno cria uma situação insustentável também em seu governo – que parece sem saída – e desperta forças racistas e totalitárias que declaram ser chegada a hora de formar grupos violentos e radicais baseados em massas guiadas por uma estratégia aceitável para grandes segmentos de cidadãos que se veem ameaçados na vida diária. As forças criptonazistas, racistas e xenófobas crescem velozmente e por todos os cantos.

No capítulo anterior, analisamos e documentamos a práxis política dos Identitäter austríacos que emergiram em 2013 sob a inspiração da filosofia de Heidegger – "o maior pensador de nosso tempo". Em 2016, essa explosão alcançou a Alemanha, e sob as bandeiras espirituais do heideggerianismo mais radical. Uma das formações mais violentas e sólidas, taticamente mais bem estruturadas do que os partidos abertamente nazistas como o NPD, é a Alternative für Deutschland (Alternativa para a Alemanha). A opinião pública internacional soube que na noite de Ano-Novo (2015-2016) ocorreram violentíssimos atos criminosos, agressões sexuais a centenas de mulheres em Colônia, Hamburgo e Bremen, assassinatos nos acampamentos de refugiados, atentados com granadas e também assaltos violentos ao comércio promovidos pelos próprios refugiados e por militantes de extrema direita. Entre as múltiplas organizações xenófobas e racistas que surgiram de forma mais ou menos espontânea na Alemanha, destaca-se certamente a AfD: eles deixam de lado a práxis puramente teoria e intelectualista da Neue Recht, qualificada de forma depreciativa como "gramscianismo de direita".

A Alternativa para a Alemanha tem como Führer indiscutível Björn Höcke, um dirigente particularmente violento e brilhante, e com uma grande influência sobre as massas reacionárias e conservadoras, a quem encanta com seus atos provocadores. Em seu discurso emblemático em Munique, no final de 2015, Höcke – que é parlamentar na Turíngia – definiu sua linha política e a de sua organização. Denunciou "o caos das massas de imigrantes fora de qualquer controle" e "a islamização do Ocidente" – e isso num ato que reuniu mais de 10 mil cidadãos tomados pelo fervor:

Quando falo em Erfurt e em outros lugares, sinto junto com as pessoas, entendo e encarno sua fúria. Mas, se tivermos vontade e a transportarmos para as ruas da Alemanha, poderemos expulsar este governo nas próximas eleições.

Nós alemães vamos ser reduzidos a uma minoria dentro de nosso país – por isso, precisamos mudar rapidamente a forma como entendemos a nós mesmos. A situação do nosso país é dramática, e a magnitude do desafio é tão gigantesca que mal podemos calcular. Nós não vamos entregar nosso país. Não vamos deixar que nos levem à extinção em nossa própria terra. Nem vamos também integrar estes seres sem educação – e muçulmanos. Eles são um peso, não um enriquecimento. Do jeito como as coisas estão indo, a Alemanha vai ser abolida e os próprios alemães é que irão pagar sua própria abolição. Se na Turíngia, por exemplo, 10 mil imigrantes cruzam diariamente a fronteira, em breve teremos uma população de 5,5 milhões de alemães ante a de 6 milhões de muçulmanos. Estas são as cifras de 2016! Muito obrigado, Sra. Merkel!!

Para frear esse processo fatal, são necessárias duas coisas. Uma delas é crucial: um novo (e revigorado) amor por nós mesmos. Não somos de modo algum obrigados a sacrificar nossa matéria e nossa substância espiritual e cultural. Trata-se de nossa autoafirmação. O povo alemão não tem apenas o direito, mas também o dever de preservar para nossos filhos um Futuro Alemão, e no centro da Europa. (<http://yahel.wordpress.com/2015/11/08alternative-für-deutschland>)

Num de seus recentes e mais importantes discursos – a saber, no contexto do Congresso do AfD que carregava o lema nazista Alemanha de Mil Anos –, Höcke afirmou "ser homem de palavras claras. Nós, como alemães, devemos nos perguntar seriamente quem somos e precisamos de uma palavra que defenda o 'Nós'. O povo alemão deve se afastar da matriz do 'espírito do tempo', deve se afastar de seu 'Esquecimento do Ser', e substituí-lo para sempre por sua 'Ordem do Ser'. Sim, eu sei, isto é Heidegger" (*Hohe Luft: Philosophische Zeitschrift*, n. 2, 2016).

Heidegger é proclamado como "o pensador-guia" do movimento que deve instaurar a Alemanha de Mil Anos. A proposta desse heideggerianismo combativo proclamou a violência mais radical. Seus representantes mais proeminentes exigiram explicitamente o emprego de armas de fogo contra os imigrantes que cruzarem as fronteiras – inclusive contra mulheres e crianças. Foi isso que legitimou a líder do AfD berlinense, Beatrix von Storch, parlamentar de seu partido e com vínculos familiares diretos com os assim chamados chileno-alemães residentes em Osorno. Diante das duras críticas, ela reiterou que a também líder do AfD, Frauke Petry, havia recomendado o uso de armas nas fronteiras. "A justiça federal deve dispor as ações policiais com suficientes inteligência e eficiência que tornem desnecessário o uso de armas ao máximo possível." O líder do AfD na Renânia do Norte/ Westfália, Marcus Pretzel, tinha proclamado a mesma coisa ao defender o uso de armas como *ultima ratio* – de uma forma análoga a Alexander Gauland, vice-diretor do AfD.

Esse partido está em condições de se transformar na terceira força política alemã, superando os esquerdistas e os Verdes (*Der Spiegel*, on-line, 4 fev. 2016).

Capítulo 8 | Heidegger e a Violência Neofascista nas Ruas de Viena: Martin Sellner e os *Identitäter* (Identitários)

No começo do livro eu recordava o aparecimento da frase final do discurso reitoral de Heidegger nos programas e desfiles agressivos do NPD neonazista alemão na década de 1990. Em 2015, essa frase ("Toda grandeza está no ataque") se deslocou também dos programas e enunciados teóricos da Nouvelle Droite [Nova Direita] para as brigas de rua e a violência urbana, em particular em Viena e Graz. Ali, pela primeira vez entre os heideggerianos, surgiu um movimento social e político denominado Identitäter (Identitários). Eles superam o horizonte das discussões teóricas e dão início a ação e "resistência" revolucionárias – naturalmente, conservando os princípios do criptofascismo. Isso recorda certamente os inícios do nazismo de Hitler nas ruas de Viena. Seu Führer e ideólogo máximo é Martin Sellner, à frente de outros jovens – em sua maioria homens – provenientes das reacionárias Associações de Estudantes (*Burschenschaften*).

No princípio, eles aderiram a manifestações abertamente nazifascistas, mas foram paulatinamente transformando seus programas com proposições de maiores expectativas na sociedade austríaca. Sellner e seu pessoal tinham participado de atos dos nazistas alemães, apoiaram o órgão neonazista Der Funke e estiveram presentes em homenagens aos ativistas mais radicais como Gottfried Küssel e Felix Budin – além de recordatórios ao nazista Walter Nowotny. As autoridades vienenses classificam os Identitäter como "próximos ao nacional-socialismo". A agência de notícias Austria Press Agency os define como "uma organização neofascista que certamente deve ser incluída entre os grupos proibidos e ilegais": "Suas manifestações são promovidas em todas as redes sociais dos grupos fascistas da França e da Alemanha". Em 2013, o órgão jurídico de Defesa da Constituição os classificava de forma semelhante.

Na Áustria, os Identitäter mantêm uma aparência não violenta, não se proclamando abertamente como antissemitas ou nazistas. Mas em outros países eles pregam a violência de maneira ostensiva. Na Alemanha, por exemplo, convidam abertamente à "luta em defesa de nossa herança etnocultural, mostrando músculos e ferros no campo de batalha para sairmos vitoriosos". É da França que provém o vídeo "Proclamação de Guerra Identitária" do Bloc Identitaire (Bloco Identitário). Os militantes austríacos saíram publicamente à luz em 2013, quando reocuparam a tradicional catedral Votivkirche, onde pessoas que solicitavam asilo tinham se refugiado, e as expulsaram violentamente. Instalaram cartazes e faixas alusivas à sua luta, e com isso provocaram contramanifestações violentas e criaram um ambiente de luta social aberta. Então, a partir de contatos com redes neonazistas alemãs, e particular em Dresden, expandiram seu raio de ação. Hoje, na Áustria, os Identitäter contam com pelo menos 1.500 militantes e um grupo de duzentos ativistas.

A caracterização que eles fizeram de sua ocupação da Votivkirche é reveladora:

> Foi na verdade uma reação que há muito tempo se fazia urgente e necessária. Contra o trabalho de penetração que nossa sociedade vem sofrendo. Recebemos um apoio massivo da população [...]. Os austríacos estão enfurecidos com essa verdadeira invasão. A igreja foi ocupada e liberada. Nós a entregamos finalmente ao pároco, que acabou compreendendo nossa motivação. Os patriotas devem sair de suas casas e locais particulares de encontro para ocupar finalmente as ruas de Viena. É fundamental criar uma consciência identitária... (*Sezession*, Viena, mar. 2013)

A reocupação da Votivkirche, uma das igrejas mais notáveis do século XIX, e enraizada na tradição austríaca, tinha um pano de fundo histórico muito relevante. Projetou-se no início o propósito de incluir nela um Mausoléu dos Austríacos Ilustres, que acabou não se realizando – mas pelo menos foram trasladados para lá os restos mortais do herói nacional Niklas Salm, o comandante das tropas austríacas durante o Cerco de Viena de 1529.

Os Identitäter, como revolucionários, criticam abertamente o Pós-Modernismo como um relativismo autodestrutivo e paralisado, sem vínculos com a luta e a resistência. Os pós-modernistas destroem a força e a solidez do Eu e da Tradição Cultural dos povos europeus. Diferentemente do racismo tradicional, os Identitäter propõem um "Etnopluralismo" e a "Igualdade dos Povos" que os valorizam por igual – desde que vivam no lugar que lhes cabe. O problemático, segundo Martin Sellner,

> é a miscelânea racial. Os políticos resolvem os problemas raciais com a importação massiva de imigrantes. Os políticos, e não os imigrantes, são os responsáveis pela destruição de nossos povos. Eles obedecem à crença numa "humanidade" única. É o pressuposto do imperialismo colonialista. Está se produzindo uma verdadeira "desocupação racial". O verdadeiro racismo consiste em aceitar a ideia indiferente de uma comunidade homogênea formada por seres humanos de "falsa cor de pele", religião ou opção sexual, seres que nunca poderiam nem deveriam pertencer a ela. Racismo é o que acontece quando jovens de língua alemã são agredidos em todos os cantos por bandos de turcos...

Os Identitäter defendem por isso os heróis marciais da história austríaca, mas afirmam que isso não constitui militarismo: "Nossos aliados são, certamente, os jovens e os estudantes, mas também todo o povo austríaco..." (W. Schwarz, *Der Identitäter*, 8 maio 2014). Sellner afirma:

> Quando falamos em Europa, nós Identitäter não estamos falando de uma "unidade política" nem de um "Estado". A Europa é, em última instância,

um conceito etnocultural. A raiz comum indo-germânica dos povos eslavos, germânicos e românicos atuais surgiu de uma Etnogênese, e o fato de ter se tornado nação é a base da Consciência e da Identidade da Europa. (Martin Sellner "Europa vs. Mensxchheitsunion", <http:// www identitäteren generation. info/euro/e.vs europa-ve-menschheitsunion>)

Em seu centro vive e habita um grande poder, mas ao mesmo tempo uma grande ameaça. Desde os Nibelungos até as lendas modernas como *O Senhor dos Anéis* se observam grandes vitórias contra grandes potências invasoras agressivas. Esse espaço de vida, florestas e costas sempre foi defendido com sucesso. Isso se viu ameaçado pelo Espírito do Universalismo dissolvente, pela loucura do Iluminismo, pela industrialização e pelo imperialismo alienador de identidades. As duas ideologias dominantes, o Marxismo e o Liberalismo, conduzem ao mesmo fim, que atraiçoa a verdadeira ideia de Europa (ibid.).

Em outro texto, Sellner afirma que a juventude atual sabe que "os povos da Europa estão envelhecidos, sem sangue nas veias, sem visão, transformados em seres decadentes": "O debate da 'imigração' é completamente absurdo como todos os tipos de multiculturalismo" (M. Sellner, "Der grosse Austausch-Definition", <https://www.identitäre--generaton.info/der-grosse-austausch-definition>). Como em todos os fascismos, Sellner e sua turma imaginam um horizonte apocalíptico:

> A Europa está diante de um abismo, um inferno insuportável de misturas interculturais. O culpado por isso, naturalmente, é antes de tudo "a política belicista e econômica imperialista dos Estados Unidos", a forma mais alta de degeneração racial e cultural […]. Por isso é urgente substituir os políticos antes que eles acabem com os povos. Quando nos dermos conta do perigo, emergirá uma imensa, massiva, democrática e patriótica Resistência. Essa é uma luta de ideias e conceitos. Nossa identidade supera toda pluralidade. (Ibid.)

"A Europa se transformou num ente 'Etnomasoquista', sua história se tornou um ato de autodestruição multicultural, carente de identidade própria e universalista. Está nas mãos de traidores e renegados" (Martin Sellner, "Wir und Identität (Teil 2) Identitäre Generation"). É no horizonte dessa luta frontal contra aqueles que destroem o futuro do Ocidente que aparece Martin Heidegger como um guia espiritual ilustre e decisivo. Heidegger "fala a partir de nossa missão e de nossa alma identitária": "O Alemão não se proclama ao mundo a fim de que ele cure seus males, mas diz aos Alemães que eles, em sua pertença à multiplicidade dos povos, transformem-se em parte da história do mundo" (Martin Heidegger, *Der Feldweg*, apud Martin Sellner, loc. cit.). Mais ainda: também é Heidegger quem formula a "visão identitária" como ninguém: "Crescer significa ampliar a largura do céu e ao mesmo tempo enraizar-se na escuridão da terra. Tudo isso se realiza dignamente quando o homem é as duas coisas ao mesmo tempo: quando cumpre as exigências do céu mais elevado e se conserva no cuidado da terra que o sustenta" (ibid.).

Martin Sellner expressou com frequência a importância estratégica de Heidegger para sua tarefa teórica, assim como para a práxis e a atividade de seu pessoal. Num livro publicado como *Gelassen in den Widerstand* [Serenos na Resistência (Viena, 2013)], ele escreve:

> Heidegger é o último grande pensador alemão. É o mestre do presente e da capacidade de pensar o Povo, a identidade, a Autoafirmação e a Pátria. Desde que comecei a pensar politicamente, sempre me concebi como um ativista. Quando, no começo dos meus vinte anos, o mundo conceitual da Nova Direita se abriu para mim, isso me levou a um certo distanciamento da ação. Estive bem perto de me transformar – erroneamente – num intelectual de direita e de confundir a Metapolítica com um trabalho puramente teórico. Foi justamente Heidegger que – à beira de eu me instalar na torre de marfim acadêmica – fez com que eu retrocedesse e me voltasse para a rua. Heidegger, no meu entendimento, é um pensador absolutamente político. É Heidegger quem nos leva, de forma absolutamente radical, a abandonar o nicho do pensamento apolítico. (*Sezession*, <http://www.sezession.de/52702/gelassen-in-den-widerstand-martin-sellner-und-heidegger>)

"Heidegger supera a tradição conservadora e nos leva a realizar o *Dasein* como Missão e Decisão. Ser chamado à resistência significa entregar-se e se compreender a partir da Mudança, do Ataque, do Perigo. Isso é Serenidade e Política, e nos permite o acesso ao Mistério da Europa Misteriosa..." (loc. cit.).

Martin Sellner e os Identitários foram discípulos fiéis da filosofia agressiva e reacionária de Martin Heidegger. Com ações de resistência numerosas e frequentes, eles mantêm viva uma práxis protonazista. E, embora eles também não formulem programas políticos de Estado, Sociedade e Economia, seu revolucionarismo é causador de agitação permanente. Recentemente, *Die Presse* (31 maio 2015) informava que "o Movimento Identitário ocupou a Agência para os Direitos Fundamentais em Viena".

Referências Bibliográficas

BENOIST, Alain de. *Comunismo y Nazismo: 25 Reflexiones sobre el Totalitarismo en el Siglo XX (1917-1989)*. Madrid: Áltera, 2005.

CERESOLE, Norberto, "El Presidente Chavez en el Espacio de la America Meridional". Disponível em : <www. analitica com>. Acesso em jan. de 2017.

DUFOUR, Carlos. "El Discurso Mítico en la Weltanschauung Suprahumanista". *Ciudad de los Césares*, Santiago do Chile, n. 33, jan. 2012. Disponível em: <http://fni.cl/textos/otros/discurso-weltanschauung-suprahumanista>.

EVOLA, Julius. *Cavalcare la Tigre*. Roma: Edizioni Mediterranee, 2006.

_____. *Rebelion contra el Mundo Moderno*. Buenos Aires: Herakles, 1994.

FAYE, Guilherme. *El Archeofuturismo*. Barcelona: Titania, 2010.

FOUCAULT, Michel. *Der Wille zum Wissen, Sexualität und Wahrheit*. Dartmund: Suhrkamp, 1987.

HILL, Ray e ANDREW, Bell. *The Other Face of Terror*. London: Grafton, 1988.

KREBS, Pierre. *Im Kampf um das Wesen Ethnosuizid in der multirassischen Gesellschaft der judäochristlichen Zivilisation des Westens oder ethnokulturelle Neugeburt. Demokratie indoeuropäischer Prägung?*. Dortmund, 1997.

POMORIN, Jürgen e REINHARD, Junge. *Die Neonazis*. Dortmund: Weltkreis, 1978.

RAMADAN, Taric. *El Islam Minoritario: Como Ser Musulmán en la Europa Laica*. Madrid: Bellaterra, 2002.

_____. *Islam, le Face à Face des Civilisations*. Lyon: Tawhid, 2005.

SCHMIDT, Michael. *La Alemania Neonazi y Sus Ramificaciones en España y Europa*. Madrid: Anaya & Mario Muchnik, 1999.
THOMÄ, Dieter (Ed.). *Heidegger-Handbuch. Leben – Werk – Wirkung*. Vol. 2. Stuttgart: J. B. Metzler, 2013.

Groupement de Recherche et d'Études pour la Civilisation Européenne, <http://grece-fr.com. Acesso em: jan. 2017>.
Junge freiheit, <www.jungefreiheit.de>. Acesso em: jan. 2017.
Junges forum, <www.junges-forum.eu>. Acesso em: jan. 2017.

Você também poderá interessar-se por:

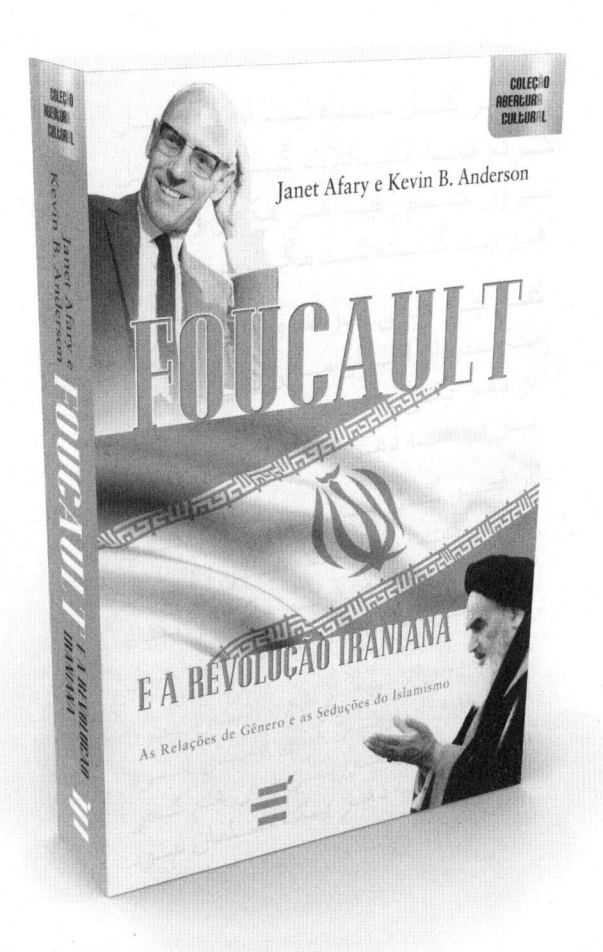

Durante a Revolução Iraniana que pôs no poder o aiatolá Khomeini, em 1978, Foucault visitou o Irã duas vezes como correspondente do jornal italiano Corriere della Sera, escrevendo artigos entusiasmados em defesa da Revolução. Os autores da presente obra analisam esses escritos e sua repercussão, em contraste com a obra e as ideias do filósofo francês, evidenciando suas contradições.

Sobre a ascensão do nazismo, leia também:

EMMANUEL FAYE

HEIDEGGER
a introdução do nazismo na filosofia

Sem jamais dissociar reflexão filosófica e investigação histórica, Emmanuel Faye mostra que o relacionamento de Heidegger com o nacional-socialismo não pode ser resumido a um equívoco temporário de um homem cuja obra continuaria a merecer admiração e respeito. Ao participar da elaboração da doutrina hitleriana e posar de "guia espiritual" do nazismo, Heidegger, em vez de enriquecer a filosofia, empenhou-se em destruir por meio dela todo pensamento, toda humanidade. É tarefa urgente frustrar tal intenção.

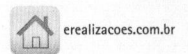

facebook.com/erealizacoeseditora twitter.com/erealizacoes instagram.com/erealizacoes youtube.com/editorae

issuu.com/editora_e erealizacoes.com.br atendimento@erealizacoes.com.br